MARTIN DROSCHKE
NORBERT KRINES

CRAFT BEER FÜHRER FRANKEN

ARS VIVENDI

Bei der Realisierung dieses Buches ließen wir größtmögliche Sorgfalt walten. Falls dennoch Informationen falsch oder inzwischen überholt sein sollten, bedauern wir dies, können aber auf keinen Fall eine Haftung übernehmen.

Bildnachweis:
Brauerei Kundmüller: S. 159; Braumanufaktur und Mälzerei Weyermann: S. 149; Deutsche Bierakademie: S. 125; Die Bierothek Bamberg: S. 131; Martin Droschke: S. 15, 35, 41, 47, 52, 55, 61, 76, 79, 86, 99, 100, 102, 105, 132, 137, 160, 167, 180, 186, 189, 199, 203, 204, 211, 214, 219, 220, 223, 225; Annina Himpel: S. 23; Christopher Hoffmann: S. 43; Christian Jung/fotolia: S. 71; Klosterbrauerei Weißenohe: S. 115; Norbert Krines: S. 26, 29, 31, 44, 48, 51, 56, 59, 72, 75, 85, 89, 95, 96, 106, 108, 111, 139, 140, 144, 150, 155, 156, 174, 177, 179, 183, 184, 190, 195, 200, 207, 208; Marion Munz-Krines: S. 37; Joachim Sator: S. 117; St. Erhard GmbH: S. 143.

Erste Auflage April 2016

www.arsvivendi.com

Lektorat: Nils Ebert
Umschlaggestaltung: Annina Himpel
Satz: Annina Himpel
Druck: Beltz, Bad Langensalza
Printed in Germany

ISBN 978-3-86913-638-7

INHALT

FRANKEN – THE HOME OF CRAFT BEER?

Langsam schiebt sich die Sonne über den Hügel am Horizont. Die Farbe des Himmels wechselt von Blau ins Rötlich-Orange. Die Gäste auf dem Bierkeller beeindruckt das wenig. Zu einem geseufzten: »Ah, wie schön« kommt es immer nur ein paar Tische weiter, dort, wo die Invasiven, die noch nicht integrierten Zuzügler, unter sich sind. Bierkrüge scheppern beim Zuprosten, Geschirr klappert, Grillen zirpen, und irgendwo in der Ferne verkünden Kirchturmglocken, dass sich auch dieser Tag an den Stundenrhythmus halten wird. Gesprächsfetzen und Gelächter hallen vom Hügel hinab ins Tal. Und immer wieder das grell dumpfe Geräusch von Krügen, die gegeneinander gestoßen werden – synkopisch, um den Gleichtakt der Ewigkeit aufzubrechen. Gäbe es so etwas wie den akustischen Fingerabdruck einer Region, für Franken läge er in diesem Geräusch.

Für Biertrinker ist Franken der Himmel auf Erden – und das gleich in mehrerlei Hinsicht. Denn keine Region auf der Welt bietet mehr Brauereien auf solch kleinem Raum. Zwischen Aschaffenburg und Hof, dem Rennsteig und der Altmühl steht Pi mal Daumen jede vierte deutsche Brauerei. Die wahre Hauptstadt des Bieres, Bamberg, kann bei nur 72 000 Einwohnern gar zehn Brauereien ihr Eigen nennen. Im Umkreis von wenigen Autominuten schafft es das Zentrum fränkischer Bierseligkeit locker auf über 100 Braustätten. Den Rekord hält die oberfränkische Gemeinde Aufseß mit vier Brauereien in ihrem Gemeindegebiet – bei nicht mal 1 500 Einwohnern. Wollten Berlin, München oder gar New York da mithalten, müssten dort viele Tausend Sudkessel neu aufgestellt werden.

Aber nicht nur die schiere Masse begeistert Bierfreunde aus aller Welt. Es ist die unvergleichliche Mischung aus Tradition, Lebensart und dem fast schon unverschämt niedrigen Preisniveau bei gleichzeitig hoher handwerklicher Bierqualität, die es so nirgends sonst gibt. Der Karten spielende Stammtisch ist hier keine Tourismus-Kulisse, ebenso wenig wie das aus Holzfässern gezapfte Rauchbier, die im Brauerei-Eingang ihr Bier trinkenden »Stehgammler« oder der Braukessel, der noch wie vor Jahrhunderten mit Holz befeuert wird. Wer gelebte Tradition sucht, wird nirgends so sehr fündig wie in Franken.

Zugegeben, diese Bierromantik macht es den Franken schwerer als anderen, bei neuen Trends auf dem Biermarkt immer vorne mit dabei zu sein. Während alle Welt von Craft Beer spricht, sitzen die Franken gemütlich mit ihrem Seidla Zwickel auf dem Bierkeller. Beim Stichwort Craft Beer hat man eher bärtige Hipster, die in mit Dutzenden von Zapfhähnen ausgestatteten Szenekneipen abhängen, oder coole Twens in Musik-Clubs mit hämmernden Beats vor Augen. Großstädter, open-minded, social-media-affin und gut betucht, die via Smartphone stets ein Like für alles und jeden parat haben. Leute, über die die Franken naserümpfend sagen, dass sie schon übermorgen auf den nächsten Zug aufspringen würden, und dass sie spätestens dann, wenn ihre Füße vom Trittbrettfahren wund seien, zu schätzen wüssten, welche Biervielfalt man hierzulande direkt vor der Haustüre habe: das schwerrauchige »Schlenkerla«, das ungespundete »Mahr's U«, das kernige »Huppendorfer Vollbier« oder das steintrockene »Keesmann Herrenpils«. Wer braucht da neuartige, aus den fernen belgischen, britischen oder US-amerikanischen Bierkulturen entlehnte, auf trendy gebürstete Sorten wie Witbier, Pale Ale und Stout?

Craft Beer in Franken, das empfinden viele zu Recht als trüge man Eulen nach Athen. Wo sonst brauen Hunderte schon seit Generationen genau das, was man heute für das Allerneueste hält: handwerkliches, ehrliches, einzigartiges Bier ... und das weit weg von der irren Vision der Industriebrauereien, es könne ein Produkt geben, das den Geschmack eines jeden träfe bei einer Weltbevölkerung von 7,4 Milliarden Menschen. Der fränkische Biertourismus boomt, weil die regionale Braulandschaft großflächig immer noch so tickt wie vor 30, 50, ja vor 100 Jahren.

Weil das, was die durstigen Kalifornier, Japaner, Australier oder Schweden am urigen Bierfranken so entzückt, der Region freilich ganz beiläufig auch das Image eines leicht angestaubten Raritätenkabinetts aufdrückt, haben wir im Frühjahr 2015 begonnen, nach Orten zu suchen, an denen sich ein Identitätswandel Bahn bricht. Denn die Wahrnehmung Frankens als Region, deren größtes Glück es ist, im eigenen Konservatismus zu schmoren wie ein Schäuferla im Bratensaft, würde auf lange Sicht den Tod ihrer Vielfalt bedeuten. Sie sagen, das sei aber eine weit hergeholte Behauptung? Mitnichten! Der Gast erwartet, dass das Seidla noch so wenig kostet wie vor 25 Jahren. Wenn dann bei einem gefühlt über 24-stündigem Arbeitstag und einer siebentägigen Arbeitswoche in Brauerei und Gastwirtschaft dennoch zu wenig Geld da ist, um die Brauanlage endlich zu modernisieren oder um Personal einzustellen, das der Oma jeden Sonntag dabei hilft, mindestens 200 Knödel zu drehen, folgt die Einsicht, dass sich im Schatzkästlein der preisgünstigen Bierromantik doch langsam etwas ändern muss.

Und die junge Generation lässt sich da viel einfallen! Andreas Dorn (s. S. 60f.), Nachfolger in der *Brauerei Wiethaler*, ist ein schönes Beispiel. Er zeigt, dass die Freiheit, mit einer völlig neuen Art von Bier aus der Tradition auszuscheren, zu einem gelingenden Generationswechsel beitragen kann. Denn Craft Beer, wie wir es für dieses Buch definieren, bringt überregionale, ja internationale Anerkennung und öffnet völlig neue Vertriebsmöglichkeiten. Mehr davon! Auch für unsere durstigen Kehlen, die nach drei Jahrzehnten Lager, Pils, Märzen und Bock abzustumpfen drohen und deshalb so glücklich sind, dass sie jetzt mit immer neuen Geschmackserlebnissen durchspült werden.

Obzwar die fränkischen Kleinbrauereien und ihre traditionellen Sorten in den USA als Idealbeispiele einer florierenden Craft-Beer-Kultur gelten, soll es doch in diesem Buch speziell um jene Brauereien, Wirtshäuser und Institutionen gehen, die über den Tellerrand dessen hinausblicken, was hierzulande bei Bier als »normal« gilt. Die Neugierde kann geografischer Natur sein – wie beim bereits genannten Andreas Dorn, der sich auf das obergärige Bierstil-Terrain Großbritanniens begeben hat. Sie kann brautechnisch sein – wie bei Andreas Seufert, einer der Schlüsselfiguren der fränkischen Craft-Beer-Szene (s. S. 220ff.), der seinen Sud auch mal mit glühenden Basaltsteinen kocht, die bei ihm auf der Rhön überall herumliegen. Oder sie findet auf dem juristisch heiß umkämpften, weil mit dem Reinheitsgebot belegten Feld der Zutaten statt. Christian Hans Müller (s. S. 210ff.) etwa jongliert bei seinen Kreationen auch mal mit zwölf Malzsorten, Andreas Seufert braut mit Süßholz, Szechuanpfeffer oder Unmengen von Honig, und Urban Winkler (s. S. 112ff.) gibt neben Hopfen auch Wiesenkräuter ins Bier. Ganz extrem: David Hertl (s. S. 161ff.), bei dem es keine Grenze mehr zwischen Bier und Wein gibt.

Und plötzlich merkt man: Franken ist weltläufig, nimmt am globalen Run auf nie Geschmecktes teil, spielt mit in der ersten Liga, dort, wo die Vorreiter gerade neu definieren, was ein wirklich gutes Bier ist.

Übrigens: Wenn Braumeister und Braumeisterinnen in Franken mit neuen Rezepten experimentieren, exotische Hopfensorten aus Neuseeland verbrauen, die vor drei Jahren noch niemand kannte, obergärige und untergärige Bierstile mischen, oder wie Urban Winkler auf der Weide hinter dem Brauhaus saisonale Kräuter sammeln, dann machen sie eigentlich genau das, was vor der um 1840 einsetzenden Industrialisierung des Brauwesens gang und gäbe war. Kräuter- und Gewürzbiere hatten noch viele Generationen nach 1516, dem

Jahr der Einführung des Reinheitsgebotes, eine rege Tradition, als Genussmittel wie als »Medizin«. Und nicht nur in Bamberg waren Brauer auch gleichzeitig Büttner, die die Holzfässer und -bottiche, in denen sie ihr Bier vergoren und lagerten, selbst herstellen und ausbessern konnten. Wie sich Holz und Fasspech auf den Geschmack eines Biers auswirken, musste jeder Brauer wissen. Auch in Franken wurden Biere zu Großvaters Zeiten noch während der Lagerung mit besonderen Hopfensorten veredelt, man hatte ja nicht nur Spalt, sondern einige eigene Anbaugebiete direkt vor der Haustür.

Tatsächlich haben wir bei unseren vielen Gesprächen mit den in diesem Buch porträtierten Brauern eines immer wieder gehört. »Wir machen ja nicht viel anders.« Dieser Satz gilt übrigens weltweit. Wenig von dem, was Gourmets als absolutes Neuland feiern, hat es nicht irgendwann irgendwo schon einmal gegeben. Man selbst hat es nur nie getrunken, bzw. nicht zu trinken bekommen. Freilich wird mancher über die in diesem Buch beschriebenen exotischen Sorten den Kopf schütteln. Aber am Ende werden hoffentlich der Durst und die Wissbegier siegen. Auch die Neugierde auf die vielen weiteren Hopfenkünstler und Braurebellen, die zwischen unserem Redaktionsschluss und dem Moment, in dem Sie diese Zeilen lesen, mit Sicherheit neue Brauereien und Craft-Beer-Kneipen aufgemacht haben werden, um das Bierland Franken zu verändern. Gewiss gibt es inzwischen noch viel mehr zu entdecken. Wir müssen ohnehin gestehen, dass wir bei den Wirtshäusern und Getränkemärkten nur die wichtigsten haben aufnehmen können. Craft Beer erobert sich momentan allerorten seinen Platz, der Anspruch auf Vollständigkeit hätte hier den Rahmen eines Buches gesprengt.

Im folgenden Kapitel versuchen wir zuallererst, der Definition des Trend-Begriffs Craft Beer auf die Spur zu kommen. Damit Sie die mit Fachvokabular und seltsamen Maßeinheiten wie »IBU« gespickten Flaschenetiketten und Bierkarten interpretieren können, haben wir im Schlussteil ein Glossar der internationalen Bierstile und Bierbegriffe sowie eine Übersicht zu Malzen, Hopfensorten und Hefen zusammengestellt. Ein besonderes Anliegen ist uns überdies, einen genauen Blick auf den Zankapfel Reinheitsgebot zu werfen, dessen Geschichte, Verbote und Spielräume deutlich komplizierter sind, als man gemeinhin glaubt. Wichtig war es uns auch, nicht nur über die Szene zu schreiben, sondern in Interviews einige der Schlüsselfiguren selbst zu Wort kommen zu lassen.

Alle, die mit der neuen fränkischen Bierkultur noch nicht vertraut sind, möchten wir an dieser Stelle darauf hinweisen, dass die beschriebenen Bierkreationen als Beispiele zu betrachten und zuvorderst dazu gedacht sind, eine Vorstellung von der Philosophie des Brauers zu geben. Craft Beer wird in der Regel in Größenordnungen von höchstens 3000 Litern gebraut. Ist ein Sud verkauft, bedeutet dies nicht automatisch, dass dieselbe Sorte noch einmal aufgelegt wird. Wenn Sie sich durch die beschriebenen Brauereien trinken, kann es also gut vorkommen, dass es die erwähnten Bierkreationen nicht mehr oder gerade nicht gibt. Dafür werden Sie andere, neuere Sorten angeboten bekommen.

Wenn Sie also das nächste Mal glücklich auf einem Bierkeller sitzen, die Abendsonne genießen, mit Ihrem Steinkrug dem Nebenmann zuprosten und das Geschirr klappern lassen ... und wenn dann von irgendwoher der Ruf erschallt »Gell, gibst mir noch eins von dem neuen Fruchtbier da! Das schmeckt fei!« ... dann, ja dann können Sie sich beruhigt zurücklehnen und sich denken: »Ja, Craft Beer ist wieder nach Hause gekommen!«

In diesem Sinn: Schockieren Sie Ihren Gaumen. Trinken Sie neugierig!

I love
Craft
Beer

CRAFT BEER – WAS IST DAS ÜBERHAUPT?

Eine einfache Frage, auf die es keine einfache Antwort gibt. Klar ist letztlich nur eines, nämlich dass für den deutschen und damit auch für den fränkischen Markt keine einheitliche Definition existiert.

Craft Beer bezeichnet zuallererst eine Revolution, die in den 1980er-Jahren in den USA entstand und von dort über die ganze Welt geschwappt ist. Engagierte Hobby- und Kleinbrauer wollten die langweiligen Geschmacksmonopole von *Anheuser-Busch*, *Miller* und Co. nicht mehr hinnehmen. Sie dürsteten nach ehrlichem Bier mit Geschmack, beschlossen, die Sache selbst in die Hand zu nehmen und gründeten Handwerksbrauereien. Und sie haben sich dafür eine Art Drei-Punkte-Manifest gegeben:

Craft Beer ist traditionelles, handwerklich gebrautes Bier! In den USA ist das nach wie vor ein wichtiges Unterscheidungsmerkmal. Aber in Franken? Nach dieser Definition hätte fast jede Brauerei im Nordwesten Bayerns schon seit Jahrhunderten nichts anderes als Craft Beer gebraut! Die Attribute »handwerklich« und »traditionell« eignen sich in Franken nicht für eine Begriffsbestimmung, selbst wenn sie der Region schmeicheln.

Craft Beer kommt von kleinen Brauereien! Aber wann ist eine Brauerei »groß«? In den USA liegt die Grenze bei drei Prozent des Gesamtausstoßes aller nationalen Brauereien bzw. bei 7,15 Millionen Hektolitern pro Jahr. In Deutschland würden nach dieser Richtschnur nahezu alle Brauereien Craft Beer brauen.

Einzige Ausnahme: Die *Radeberger*-Gruppe mit einem Ausstoß von über elf Millionen Hektolitern (*Radeberger*, *Jever*, *Berliner Kindl*, *Tucher* usw.). Mit der 3-Prozent-Regel läge die Obergrenze für eine »kleine Brauerei« in Deutschland übrigens immer noch bei weit über zwei Millionen Hektolitern.

Craft Beer kommt von freien Brauereien! In den USA darf sich die Industrie mit maximal 25 Prozent an einer Craft-Beer-Brewery beteiligen. Auch in Deutschland ist die Unabhängigkeit einer Brauerei ein wichtiges Thema. Wer zu einer der großen Brauereigruppen gehört, ist nicht »craft«. Da sind sich alle Craft-Brauer einig – außer die von *Beck's* und *Köstritzer* vielleicht, die sich mittlerweile an Pale Ale und Witbier versuchen.

Am besten trifft es vielleicht Christian Hans Müller, Gründer von *Hanscraft & Co.* (s. S. 210ff.) und Country Manager der *Global Association of Craft Beer Brewers*: »Für uns ist Craft Beer kein Produkt, sondern eine Philosophie, gelebt von kleinen, unabhängigen und handwerklich geprägten Brauereien, die Kreativität, Experiment und die Liebe zum Rohstoff in ihrem Fokus sehen und eine großartige, weltweit gelebte Brautradition als Inspiration betrachten.«

Was eine Craft-Beer-Brauerei anders macht als die klassische Industriebrauerei, lässt sich am einfachsten mit einer Gegenüberstellung zeigen, die sich die Freiheit herausnimmt, ganz klar parteiisch – und damit unfair zu sein. Man möge uns verzeihen, dass wir die »Großen« auf Klischees reduzieren, damit ein glasklarer Unterschied und somit ein greifbarer Eindruck entsteht. Die Realität des Brauwesens ist selbstverständlich viel komplexer.

Eindeutige Trennlinien sind schon deshalb schwer zu ziehen, weil es auch eine Kunst ist, aus Rohstoffen – deren Qualität naturgemäß schwankt – Bier zu brauen, das über lange Jahre Flasche für Flasche identisch schmeckt.

Auch ein Blick auf die Bierpreise ist in diesem Zusammenhang erhellend: Für ein Industriebier will der Konsument gerade einmal 80 Cent ausgeben. Der Preis für ein Craft Beer gleicher Menge beginnt bei 2,50 Euro, kann aber auch 20 Euro betragen. Dass wir es also mit ganz unterschiedlichen Trinkertypen und Käufergruppen zu tun haben, versteht sich von selbst.

BIERSTILE/VIELFALT

Industriebier

Die Brauerei beschränkt sich auf die zwei traditionell fränkischen bzw. bayerischen Grundbiertypen und richtet ihre Anlage auf Effizienz aus:
1. Lager (untergärig, hell und dunkel, Bock), die dann durch geringfügige Änderungen von Rezeptur und Brauverfahren zum Pils, Märzen, Export, Vollbier, Kellerbier etc. werden
2. Weizen (obergärig, hell und dunkel)

Craft Beer

Die Brauerei blickt über den Tellerrand der regionalen Biertradition hinaus und hat den Ehrgeiz, eine höhere Vielfalt und Bandbreite an Geschmackserlebnissen anzubieten. Auch historische Bierstile wiederzuentdecken hält sie für interessant – selbst dann, wenn die Rezeptur Zutaten aufzählt, die das Reinheitsgebot verbietet, wie zum Beispiel Kräuter und Gewürze.
Bierstile: s. Glossar, S. 244ff.

WASSER

Industriebier

Ungünstiges Brauwasser stört den Geschmack und verschlechtert vor allem die Effizienz der Brauanlage. Deshalb »strippen« Großbrauereien ihr »Quellwasser« bis aufs blanke H_2O, um es danach genau so chemisch wieder aufzubauen, wie sie es für den gewünschten Bierstil benötigen. »Natürlich« ist das nicht, aber im Rahmen des Reinheitsgebots aber erlaubt.

Craft Beer

Wasser ist nicht gleich Wasser, das wissen auch Craft-Beer-Brauer. Dennoch ist die chemische Veränderung des Wassers tabu. Ungünstiges Brauwasser kann zum Beispiel durch die Zugabe von Sauermalz verbessert werden.

MALZ

Industriebier

Industriebrauereien setzen auf eine möglichst kleine Auswahl an Rohstoffen – auch beim Malz. Helle Biere lassen sich auch mit den Zutaten »Farbebier« / »Röstmalzbier« dunkel färben. Spezialmalze sind zu teuer und aufwendig in der Verarbeitung.

Craft Beer

Das Malz gibt dem Bier seinen Körper. Und der darf bei Craft Beer durchaus voll und üppig sein. Entsprechend viele Spezialmalze werden eingesetzt, gerne auch aus Dinkel, Emmer, Roggen etc. Ungemälzte Röstgerste kommt als Brauzutat ebenfalls infrage, auch wenn sie dem Reinheitsgebot in heutiger Form eigentlich widerspricht.
Hopfen, Malz & Hefe: s. S. 236ff.

HOPFEN

Industriebier

Hopfen ist der teuerste Rohstoff im Bier – und so wird er auch verwendet. Vielen Großbrauereien kommt es vor allem auf technische Werte wie den α-Säuregehalt (wichtig für die Bitterkeit und Haltbarkeit) an. Deshalb setzen sie vornehmlich Bitterhopfen – und auch hier häufig wenig unterschiedliche Sorten – ein.
Da Hopfen ein sensibler Naturrohstoff ist, wird stattdessen häufig Hopfenextrakt verwendet. Der lässt sich einfacher lagern und leichter verarbeiten.

Craft Beer

Hopfen ist die Spielwiese für Craft-Beer-Brauer! Es gibt 200 Hopfensorten – und jede gibt dem Bier ein anderes Aroma. So wie Sterneköche mit unzähligen erlesenen Gewürzen jonglieren, spielen Brauer mit der Vielfalt der Hopfensorten. Verwendet werden vor allem die teureren Aromahopfen. Diese werden nicht nur während des Kochens, sondern auch während der Reifung eingesetzt, denn so entfalten sie ihr volles Aroma. (s. Hopfenstopfen, S. 249)
Hopfen, Malz & Hefe: s. S. 236ff.

HEFE

Industriebier

Industriebrauereien beschränken sich auf zwei Hefetypen: untergärig und obergärig. Wobei die meisten Brauereien ein und denselben untergärigen Hefestamm verwenden.

Craft Beer

Natürlich gibt es auch bei Craft-Beer-Brauern untergärige und obergärige Bierhefen. Aber die meisten setzen auf obergärige Ale-Hefen, weil sie dem Bier eine reiche Fruchtaromatik geben. Außerdem blicken sie auch über den Tellerrand hinaus: Champagner-Hefe, Wein-Hefe, belgische Klosterbier-Hefe.
Milchsäure ist eine weitere Möglichkeit für die Gärung.
Hopfen, Malz & Hefe: s. S. 236ff.

REIFEBEHÄLTNIS

Industriebier

Verwendet werden ausschließlich Tanks aus Edelstahl. Diese sind hygienisch und leicht zu reinigen.

Craft Beer

Natürlich lieben auch Craft-Beer-Brauer Edelstahl. Aber wenn es um das Reifen des Bieres geht, denken sie weiter. In Holzfässern nimmt es dessen charakteristische Aromen an, oxidiert aber auch ein wenig. Gepichte und ungepichte Holzfässer, vorbelegte Wein- und Whiskyfässer sind nur einige Möglichkeiten unter vielen.

ZEIT

Industriebier

Klar braucht Bier seine Zeit zum Gären und Reifen. Aber lange Lagerzeiten machen es nur unnötig teuer!
Lange soll dagegen die Haltbarkeit sein. Dafür sorgen Filtration, Stabilisatoren und Wärmebehandlung.

Craft Beer

Bier lebt – und es braucht Zeit, um voll auszureifen und seinen Geschmack zu entwickeln. Aber es darf sein Aroma auch während der Lagerung verändern. Denn Craft Beer wird nicht wie Industriebier tot filtriert und erhitzt. Craft-Beer-Freunde trinken hopfenbetonte Ales deshalb lieber frisch.
Bei anderen Bierstilen ist es ähnlich wie beim Wein: Sie brauchen eine lange Reifezeit, in der sie ihr Aroma entwickeln. Damit kann man spielen. Im Extremfall lagern Starkbiere vor der Abfüllung bis zu einem Jahr oder länger im Holzfass – und sind danach noch mehrere Jahre haltbar. Dass sie dabei ihr Aroma verändern, ist wie beim Wein gewollt.

VERFÜGBARKEIT

Industriebier

Erklärtes Ziel ist es, dass ein Bier immer zu 100 Prozent gleich aussieht und schmeckt – und dass es jederzeit in vielen Geschäften und Gaststätten zu bekommen ist.

Craft Beer

Von einem Qualitätswein mit Lage und Jahrgang auf dem Etikett gibt es naturgemäß nur eine begrenzte Anzahl an Flaschen. Ähnlich verhält es sich bei vielen Craft Bieren. Gerade von den edlen Sorten wird häufig nur ein Sud gebraut – im Jahr oder überhaupt. Deshalb sind immer nur ausgewählte und ständig andere Biere erhältlich.

TRINKANLEITUNG

Industriebier

Nicht nötig! Jeder weiß doch, wie man Bier trinkt.

Craft Beer

Ja, bitte! Craft Beer hat oft einen »Beipackzettel« auf dem Etikett oder der Webseite. Das Wissen über Bierstil, Trinktemperatur, Glasform, Geschichte und die Besonderheit des Rezepts gehören selbstverständlich zum vollendeten Genuss.

EINSTELLUNG ZUM REINHEITSGEBOT

Industriebier

Das Reinheitsgebot wird nicht hinterfragt. Wozu auch? Es ist ein weltweit bekanntes Qualitätssiegel und die Voraussetzung dafür, dass deutsches Bier auf dem heimischen und internationalen Markt bestehen kann. Andere Zutaten als Wasser, Malz, Hopfen und Hefe haben im Bier nichts zu suchen. ABER: Filtrationshilfsmittel, Stabilisatoren, die chemische Aufbereitung des Brauwassers usw., die erlaubt sind, werden von Großbrauereien selbstverständlich (und stillschweigend) genutzt.

Craft Beer

Wasser, Malz, Hopfen und Hefe? Gerne! Andere Zutaten muss keiner zwingend benutzen. ABER: Wer sich kreativ mit unkonventionellen Zutaten austoben will, der soll das in Deutschland ebenfalls dürfen. Schließlich erfordern andere Bierstile Zutaten jenseits des Reinheitsgebots: Ein belgisches Witbier geht nicht ohne Orangenschalen und Koriandersamen, ein klassisches Stout nicht ohne Röstgerste. Deshalb rufen viele Craft-Beer-Brauer nach einer raschen Reform des starren Reinheitsgebots, weil es sie in ihrer Kreativität einengt. Alle Zutaten müssen natürlich sein und auf dem Etikett angegeben werden. Chemie, egal in welcher Form, hat im Bier nichts zu suchen!

KREATION EINER NEUEN SORTE

Industriebier

Natürlich gibt es neue Sorten, aber die beschränken sich beispielsweise gerade sehr gut verkäuflichen alkoholfreien Biere und Biermischgetränke.

Craft Beer

Die Szene ist in Bewegung. Craft Beer wird ständig neu erfunden, Craft-Beer-Brauer spielen und experimentieren.
Regelmäßig neue Biere anzubieten, ist ein Muss.

IN UND UM NÜRNBERG

Wie kommt es, dass sich die zweitgrößte Stadt Bayerns und ihre kleinen Schwestern Fürth und Erlangen so schwer damit tun, ihr eigenes Bier zu lieben? Böse Zungen sprechen von einem Trauma, verursacht durch eine über Jahrzehnte tobende Übernahmeschlacht. An deren Ende hatte sich die heute selbst vom *Oetker*-Konzern geschluckte *Tucher* nahezu alle Biermarken einverleibt. Das Ergebnis sind die immer gleichen Biere an den Zapfhähnen der Stadt. Craft Beer ist in Nürnberg noch ein kleines Pflänzchen. Aber mit dem Potenzial eines Heilkrauts. Möge es wuchern!

Altstadthof – Hausbrauerei & Whiskydestille, Bergstr. 19–21, 90403 Nürnberg, Tel. 09 11/2 44 98 59, www.hausbrauerei-altstadthof.de, Bezug: über die Webseite.

Brauereiladen, So–Do 10.30–17.00, Fr u. Sa 10.30–18.30, Mittagspause 13.15–13.45, Führungen durch die Felsengänge, tägl. mit unterschiedlichen Themenschwerpunkten: www.historische-felsengaenge.de

Bräustüberl, Tel. 09 11/22 72 17, So–Do 11.00–24.00, Fr u. Sa 11.00–1.00, im Sommer Biergarten im Innenhof: Mo–Sa 11.00–20.00, So 11.00–15.00.

Schmelztiegel, Tel. 09 11/20 39 82, www.schmelztiegel.com, Mi u. Do 18.00–2.00, Fr u. Sa 18.00–3.00, Informationen zu Terminen u. Tasting-Abenden: über die Webseite.

ALTSTADTHOF, NÜRNBERG

BIER-RENAISSANCE IM SCHATTEN DER BURG

Oh du fleißige Leber, du treues, nimmermüdes Organ, bist du gut in Form? Hat man dich auf einen Marathon eingestimmt, bei dem du mit einer ordentlich hohen Schrittfrequenz das weite Feld des neuen Bierfrankens durchquerst, beginnend in dessen Zentrum, in Nürnberg? Gleich beim ersten Buchstaben des fränkischen Craft-Beer-Alphabets, dem A wie *Altstadthof*, wird sich zeigen, ob du gut trainiert bist. Dieser erste Hotspot der neuen Bierkultur liegt nicht nur an einer der steilsten Straßen, die sich von der Nürnberger Sebalduskirche, der Landmarke der nördlichen Altstadt, auf den Burgberg hinauf ziehen, auch die Mehrzahl der Getränke, die dort selbst hergestellt werden, weist hohe Prozente auf. Der *Altstadthof* ist ein labyrinthisches Elysium des Genusses, dessen Braumeister und Inhaber Reinhard Engel noch mehr Schnäpse destilliert, als er Biersorten braut. Es würde seiner 1984 gegründeten und kontinuierlich erweiterten Manufaktur nicht gerecht werden, wenn man sie auf jene Flüssigkeit reduzierte, die sie berühmt gemacht hat, das Nürnberger Rotbier. Und doch ist dieser Bierstil, den Reinhard Engel vor dem Aussterben bewahrt hat und der dank ihm zur Paradedisziplin Nürnberger Kreativbrauer wiederaufgestiegen ist, natürlich der erste von vielen Gründen, seine *Hausbrauerei* zu besuchen.

Dass die Nürnberger das Rotbier als ihre historische Spezialität und zumindest inoffiziell auch als ihre Erfindung betrachten dürfen, verdanken sie der Bürokratie des Mittelalters. 1302 legte der Rat der Freien Reichsstadt eine Brauordnung fest. In diesem lokalen Reinheitsgebot wurde die kupferfarbene Sorte erstmals urkundlich erwähnt. Ob sie zu dieser Zeit nicht auch anderenorts gebraut wurde, wird wohl für immer ein Geheimnis bleiben. Möglich ist es. Die Urkunde deklariert das Rotbier als untergärig. Ganzjährig konnte es daher nur an Orten entstehen, die wie Nürnberg auf weichen Fels gebaut sind. Untergärige Hefe benötigt eine Temperatur von um die 8 °C – und genau diese herrscht das ganze Jahr über in den Kellern, die man in den Burgberg hineingemeißelt hatte. 1579 gab es in Nürnberg 35 Rotbierbrauereien, eine neue städtische Bierordnung stutzte 1700 ihre Anzahl auf 24 zurück. Eine von ihnen war das *Rote Brauhaus*, das bis 1905 dort den Sudkessel unter Feuer hielt, wo heute Reinhard Engel den Durst nach original Historischem löscht.

Handverlesen: die Spezialitäten-Auswahl der *Pro BIER Boutique* im Altstadthof

Steht man zum ersten Mal vor dem von außen eher unscheinbar anmutenden *Altstadthof*, sollte man sich zunächst im kleinen *Brauereiladen*, in dem alle Eigenkreationen aufgereiht sind, einen Überblick verschaffen. Die erste Überraschung: Reinhard Engel braut auch eine obergärige und damit historisch völlig absurde Variante, die »Rote Weisse«. Ganzjährig gibt es auch ein Helles und ein Dunkles, obendrauf saisonal wechselnde Böcke, ein leichtes Sommerbier und den bierähnlichen »Winterwärmer«, der mit selbst hergestelltem Malzlikör verfeinert, mit Kardamom, Zimt, Pfeffer, Nelken und Vanille gewürzt und wie Glühwein heiß getrunken wird. Überdies wird seit 1999 aus jedem Bier auch ein Schnaps destilliert. Wer sich die historischen Felsenkeller bei einer Führung zeigen lassen will, kann hier zudem seine Eintrittskarte lösen.

Ein Durchgang trennt den *Brauereiladen* vom *Bräustüberl*, dem traditionell fränkischen Lokal des *Altstadthofs*. Er führt in einen bewirteten Innenhof. Gleich rechts erlauben große Fenster einen Blick in das Sudhaus, dessen Technik auf dem Stand des 19. Jahrhunderts gehalten ist. Eine Schaufront weiter kann man den Destillen bei der Arbeit zusehen. Schräg gegenüber schmeichelt ein weiteres Schaufenster, hinter dem sich zahllose kleine Holzfässer aneinanderschmiegen, dem Auge. In ihnen reift der mehrfach preisgekrönte Whisky »Ayrer's«, den der *Altstadthof* seit 2005 brennt. Oh, meine liebe Leber! Links von der Fassparade wartet die *Pro Bier Boutique* mit der eigentlichen Überraschung auf. Seit 2014 verabschiedet sich der *Altstadthof* Zug um Zug vom Image einer dem Gestern huldigenden Bio-Brauerei und verwandelt sich in Nürnbergs bestsortierte Galerie für neue Bierkunst. Die gut 50 handverlesenen regionalen und mehrheitlich internationalen Craft-Beer-Kompositionen, die in der Boutique ausgestellt werden, sind nur ein Appetizer.

Draußen auf der Bergstraße führt ein Nebeneingang in das neue Kellerlokal des *Altstadthofs*, den *Schmelztiegel*. 18 India Pale Ales aus aller Welt – um nur von einem Bierstil zu sprechen – führt die Karte derzeit auf. Prognose: steigend. Wer sich durch diesen repräsentativen Katalog des Extravaganten und Anderen durchgetrunken und obendrein einen fachkundig geleiteten Tasting-Abend mitgemacht hat, kann mit Recht von sich behaupten, gemeinsam mit seiner Leber die weite Welt des Craft Beers bereist zu haben.

Würden gerne aus ihrem Kühlschrank befreit: wohltemperierte Mitnahmeflaschen

RotBier
HAUSBRAUEREI ALTSTADTHOF
HAUSBRAUEREI
ALTSTADTHOF
NÜRNBERG
Original Nürnberger Biergenuss
e 2 LTR.
BCS-Öko-Garantie, Kontroll-Nr.:
DE-001-Öko-Kontrollstelle

EPPELEIN & FRIENDS, NÜRNBERG

DER FRÄNKISCHE ROBIN HOOD

Es war einmal, vor langer Zeit … Ein Nürnberger Patrizier saß am Fenster und zählte in Gedanken die Goldmünzen, die er mit dem Eintreffen einer neuen Ladung Glas aus Böhmen verdienen würde. Und plötzlich schallte es durch die Gassen: »Der Eppelein von Gailingen hat den Kaufmannszug überfallen!« Als Held des Volkes ging der um 1320 geborene Raubritter in die Stadtgeschichte ein – und in Anbetracht der heutigen Nürnberger Biereinfalt ist es wahrlich nicht verkehrt, seine Taten in lebendiger Erinnerung zu halten. Überall in der Frankenmetropole hat sich die *Tucher Bräu*, die zum Riesen *Radeberger* (und damit zum *Oetker*-Konzern) gehört, breitgemacht. Und dementsprechend dominieren die Konzernmarken die Zapfhähne der Stadt.

Eppelein & Friends – den Namen, den Karsten Buroh seiner 2015 gegründeten Brauerei gegeben hat, darf und soll man ein wenig wie eine »Kriegserklärung des kleinen Mannes« verstehen. Eine rein rhetorische freilich. Einen Hektoliter in der Woche kann *Eppelein & Friends* mit seiner Anlage brauen. Nicht viel. Und mehr als 5 000 Flaschen pro Sorte sollen es auch in Zukunft nicht werden. Aus Sicht des Platzhirschs ist das natürlich eine lächerlich geringe Menge. Und dennoch könnten Burohs 0,33-Liter-Fläschchen India Pale Ale und Amber dem Bier-Patrizier gefährlich werden, haben sie doch schon so manchen Kneipengeher dazu verleitet, Konzernbiere links liegen zu lassen und sich der Craft-Beer-Rebellion anzuschließen.

Karsten Buroh ist Quereinsteiger. Er hat sich das Brauen selbst beigebracht und für seine ausgefeilten Hobbysude so viel Applaus geerntet, dass er beschloss, seinen eigentlichen Beruf als Marktforscher an den Nagel zu hängen. Sein Konzept, die an Unterforderung leidenden Geschmacksrezeptoren der Nürnberger mit Bieren zu reanimieren, die aus der Starre jahrhundertelang gepflegter Traditionen ausbrechen, ist wohlkalkuliert. Quer brauen lautet die Devise. Den Gaumen fordern, ihn zum Beispiel das Ur-Nürnberger Rotbier als »Franconian Red«, als kupferfarbenes, obergäriges Ale ganz neu erleben lassen. Oder ihm mit dem »Sigena Mandarina« beweisen, dass ein Leichtbier mit weniger als 3,5 Prozent Alkohol keinesfalls langweilig, sondern vollmundig wie ein Fruchtcocktail schmecken kann. Nur am Ende geht es dem Braurebellen Karsten Buroh hoffentlich nicht wie dem berühmten Eppelein von Gailingen. Den haben die Großkopferten am Ende doch gekriegt …

Eppelein & Friends, Feldgasse 43, 90489 Nürnberg,
Tel. 01 72/8 34 23 23, www.eppeleinfriends.de,
Bezug und Bezugsquellen: über die Webseite.

Direktverkauf:
Der Vollrath-Laden, Hahnenbalz 35, 90411 Nürnberg,
Mo–Do 9.00–16.00 u. Fr 9.00–12.00,
während des Christkindlesmarkts im Dez auch 9.00–12.00.

»Man kopiert nicht mehr blind alles ...«
Interview mit Karsten Buroh, *Eppelein & Friends*

Ob *Schanzenbräu*, *Altstadthof* oder eine der kleineren, noch jüngeren Brauereien: Wer in und um Nürnberg als kreativer Brauer Aufsehen erregen will, setzt auch ein Rotbier auf seine Sortimentsliste. Karsten Buroh von der Biermanufaktur *Eppelein & Friends* bietet eine Variante, die dem Gaumen durch eine besonders füllige Aromenkomposition schmeichelt. Zugleich könnte sein Rotbier strenggläubige Traditionalisten provozieren. Wir haben uns von ihm erzählen lassen, weshalb für Craft-Beer-Brauer wie ihn historische Rezepturen eine belebende Anregung, aber keineswegs eine einengende Verpflichtung sind.

Mit dem Rotbier hat Nürnberg seine eigene, wiederentdeckte historische Biersorte. Was ist das Besondere an dieser regionalen Spezialität, wie ist seine Geschichte?

Karsten Buroh: Das originale Nürnberger Rotbier wird bereits seit dem frühen Mittelalter zunächst nach eigenen Braugesetzen, und später – aber erst seit 1806 und nicht 1516, habe ich irgendwo gelesen – nach dem bayerischen Reinheitsgebot gebraut. Es handelt sich traditionell um ein untergäriges Bier, das meist ausschließlich mit Gerstenmalz gebraut wird. Die kupferrote Färbung des Bieres kommt von bestimmten Spezialmalzen, wie beispielsweise rotem Karamellmalz oder Melanoidinmalz. Letzteres klingt vom Namen her zwar ziemlich »schlimm«, ist aber lediglich ein speziell hergestelltes Gerstenmalz mit vielen sogenannten »Dextrinen«, also mit nicht vergärbaren Zuckermolekülen, was dem eigentlich recht herben Bier einen kernig-fruchtigen Geschmack verleiht.

Diese Spezialität ist wirklich regional?

Karsten Buroh: Rotbiere gibt es mittlerweile in vielen Gegenden, nicht nur in Mittelfranken. In und um Hamburg herum ist Rotbier ebenfalls recht populär. Das beste Beispiel ist »Duckstein« ... und der angelsächsische – obergärige – Zweig des Rotbiers, das Red Ale, ist vor allem in Irland schon sehr lange weitverbreitet. Hier ist *Kilkenny* das beste Beispiel. Das »Franconian Red« aus meiner Mikrobrauerei ist eigentlich an die irischen Red Ales angelehnt, also obergärig, und neben deutschen Hopfensorten findet auch der englische East Kent Goldings Verwendung. Eine ganz kleine »Schippe« helles Weizenmalz macht das Bier zudem etwas spritziger.

Sie brauen Ihr Rotbier also entgegen der Tradition mit obergäriger Hefe. Wie und warum haben Sie die überlieferte Rezeptur verlassen?

Karsten Buroh: Vorwiegend aus zwei Gründen. Zum einen lassen obergärige Hefen höhere Vergärungstemperaturen zu. Für sehr kleine Brauereien, die über keine oder nur wenig technische Möglichkeiten für eine kühle Vergärung verfügen, ist das schon mal eine Erleichterung. Zum anderen tragen obergärige Hefen zu einem fruchtigeren Geschmackserlebnis bei, was vor allem in den Sommermonaten dazu führen kann, lieber zu einem süffigen Red Ale zu greifen als zu einem »knochentrockenen« Pils. Rotbier – ob nun ober- oder untergärig – ist quasi ein »Ganzjahresbier«. Wobei ich mich der Rotbier-Tradition schon ein wenig verpflichtet fühle, jedoch mehr der angelsächsischen als der fränkischen. Aber, um mein Gewissen zu beruhigen, sind die meisten Hopfensorten aus dieser Gegend. Ein fränkisch-britischer »Hybrid« sozusagen.

Sie sind nicht der einzige regionale Brauer, der sich die Freiheit nimmt, diesen historischen Bierstil neu zu interpretieren. Ist das Verschmelzen von fränkischen und internationalen Komponenten typisch für Craft-Beer-Brauereien und Teil der Craft-Beer-Philosophie?

Karsten Buroh: Ja, das glaube ich schon. Denn schließlich muss man nicht das Rad neu erfinden, sondern kann beide Komponenten gut miteinander kombinieren. Man kann sich aus allen regionalen Traditionen das Beste heraussuchen und aus diesem Mix viele interessante neue Biere kreieren. Zum Beispiel schmecken die meisten in Bayern gebrauten IPAs, also India Pale Ales, etwas »weicher« und haben einen ausgeprägteren Malzkörper als ihre amerikanischen »Vorbilder«, die von der Bitterung manchmal doch ziemlich ins Extreme gehen. Auch werden deutsche und ausländische Hopfensorten gerne miteinander kombiniert. Ich denke, dass sich auf diese Weise in den nächsten Jahren die deutsche – und damit auch die junge fränkische – Craft-Beer-Szene von ihrem großen Vorbild, der amerikanischen Bewegung, emanzipieren und eigene Wege gehen wird.

Es ist also durchaus eine Idee, sich parallel ein deutsches und ein US-amerikanisches IPA einzuschenken, um im Direktvergleich den feinen, aber klaren Unterschied herauszuschmecken, wie bei einer Weinprobe?

Karsten Buroh: Apropos riechen und schmecken: Für manche »Traditionalisten« sieht es vielleicht etwas merkwürdig aus, aber riechen Sie zuerst einmal intensiv am Glas, in dem sich ein gutes IPA befindet, bevor Sie den ersten Schluck nehmen. Am besten mit geschlossenen Augen. So was ist immer wieder ein Erlebnis.

Wenn ich mir anschaue, was Sie alles brauen, dann finde ich ein wahres Füllhorn an Bierstilen aus ganz Europa und den USA. Kommt es zu einer Verschmelzung fremder Überlieferungen mit der regionalen fränkischen Brautradition?

Karsten Buroh: Zunächst einmal suche ich mir Anregungen aus bereits bestehenden Originalrezepten, zum Beispiel aus Großbritannien, den USA – oder neuerdings sogar Deutschland. Dann überlege ich mir, ob dieses Bier so in dieser Form auch »franken-kompatibel« sein könnte. Das IPA – quasi die »Mutter aller Craft Biere« – ist hier ein sehr gutes Beispiel. Wenn ich mich sklavisch an ein Original-»West Coast«-Rezept aus den USA hielte, könnte die zum Teil heftige Bitterness dieses Bieres gestandene Mittelfranken, die traditionell etwas schwächer gehopfte, süffige Biere bevorzugen, abschrecken. Unser »Hop!Hop!Hop!«-IPA hat »nur« eine 50 auf der Skala der *International Bitterness Unit* (IBU), das liegt eher im unteren Bereich dieses Bierstils, ist aber schon eine andere Liga gegenüber einem fränkischen Pils mit lediglich 25 bis 30 IBUs. Trotzdem kann man deutsche IPAs in der Regel ganz gut trinken, weil durch die Beimischung dunklerer Malzsorten die ursprünglich vorhandene heftige Bitterness des Hopfens etwas abgemildert wird, und bestimmte »Flavour-Hops« die Fruchtigkeit im Bier erhöhen. Die traditionelle Methode des »Hopfenstopfens«, einer nachgeschobenen zusätzlichen Hopfengabe – fast ausgestorben und erst von der Craft-Beer-Szene wieder neu entdeckt – bringt dann zusätzlich noch einen intensiven Biergeschmack hervor, ohne die Bitterness zu erhöhen. Die meisten deutschen IPAs riechen und schmecken mittlerweile ausbalancierter als ihre amerikanischen Vorbilder, finde ich. Man kopiert nicht mehr blind all das, was so über den großen Teich geschwappt kommt, und das ist gut so. Drinkability ist wichtig. 100 IBUs braucht kein Mensch.

SIGENA-
MANDARINA
RED
AMBER
3,30€
3,20€
1,90€
2,90€

JOH. BARTH & SOHN, NÜRNBERG

GRÜNES GOLD AUS DER FRANKENMETROPOLE

Als ausgesprochene »Hopheads« – Hopfenfreaks – sind die Nürnberger nicht verschrien. Wie auch? Die lokale Spezialität ist das Rotbier, und die besticht zuallererst durch ihre reiche Malzaromatik. Auch das Alltagsbier, das unter diversen Sortennamen offerierte typisch fränkische Lager: So richtig hopfig ist es nicht. Es wundert also kaum, wenn nur wenige Nürnberger Bierliebhaber wissen, dass ihre Stadt im 19. Jahrhundert regelrecht im grünen Gold versunken war.

Der frühe Bau der Eisenbahn und die kurzen Wege in gleich drei Anbaugebiete – Hersbruck, Lauf und Spalt – machten aus Nürnberg das Mekka des Hopfenhandels. Zudem waren Stadt und Umland voll von Brauereien, die nach immer größeren Chargen riefen. 1846 wurden in Nürnberg gerade einmal rund 4700 Zentner Hopfen umgesetzt. Vier Jahrzehnte später sollen es dagegen so viele Ballen gewesen sein, dass man sie auf Gehwegen und Straßen hatte lagern müssen. Mit 82 000 Zentnern ging 1895 als Rekordjahr in die Stadtgeschichte ein. Von 160 Hopfendarren – Trockenböden für die grünen Dolden – und von 364 Hopfenhändlern und -handlungen wissen die Historiker zu berichten. Übrig geblieben ist nur *Joh. Barth & Sohn*. Deren Gründer Johann Barth hatte in der Fränkischen Schweiz eine kleine Brauerei betrieben, bevor er bereits 1794 in Nürnberg in den Hopfenhandel einstieg. Wer heute in Deutschland Dolden braucht, landet früher oder später bei Regine Barth, die die Firma heute mit zwei ihrer Cousins führt.

Der Schatzkammer der Bieraromatik einen Besuch abzustatten, bleibt dem normalsterblichen Bierliebhaber leider verwehrt (als Hobbybrauer finden Sie im Ellingener Onlineshop *Hopfen der Welt* ihr Glück, s. S. 70f.). Gemeinsam mit anderen Unternehmen der Familie hält die Barth-Haas-Gruppe 30 Prozent Marktanteil, ist auf allen Kontinenten aktiv und holt für die heimischen Brauer die rarsten und neuesten Hopfen nach Franken, den Tsingtao Flower aus China zum Beispiel mit seinen Tabak- und Cassis-Noten, oder den würzig-fruchtigen Southern Dawn aus Südafrika. Damit sich niemand im Dschungel der Sorten verirrt, gibt *Joh. Barth & Sohn* das große *Hopfenaromabuch* heraus, eine Bibel der Brauwelt. In drei Bänden wurden bislang 132 Züchtungen aus zwölf Ländern detailliert beschrieben. Es dürfte sich von selbst verstehen, dass nur die besten ihres Fachs zur Mitarbeit gebeten wurden, Karl Schiffner zum Beispiel, Weltmeister der Biersommeliers 2009, und »the nose« Frank Rittler, Medienliebling unter den deutschen Parfümeuren.

Eine unbekannte Facette Nürnbergs:
Weltzentrum des Hopfenhandels

Joh. Barth&Sohn
7
Joh. Barth & Sohn, Freiligrathstr. 7/9, 90482 Nürnberg,
Tel. 09 11/5 48 90, www.barthhaasgroup.com

»Craft-Beer-Brauer benutzen die zehn- bis zwanzigfache Menge« – Interview mit Mark Zunkel, *Joh. Barth & Son*

Kein Stoff elektrisiert Craft-Beer-Brauer so sehr wie Hopfen. Beim Gewürz des Bieres kann es ihnen nicht exotisch genug sein, möchte man meinen. Neu gezüchtete, sogenannte Flavour-Hops (Aromahopfen) aus den USA, aus Australien und Neuseeland gehören mittlerweile zu ihrem Standardrepertoire. Ständig kommen weitere Sorten auf den Markt, die nie dagewesene Geschmacksnuancen möglich machen. Wo wird die Reise auf dem Hopfenmarkt hingehen? Welche Aromen bringt uns die Zukunft? Und geht den »Hopfenjunkies« irgendwann ihr Stoff aus? Wir haben uns mit Mark Zunkel, Technical Manager bei *Joh. Barth & Sohn* und Mitbegründer des Labels *New Beer Generation* über die Zukunft des grünen Golds der Craft-Beer-Community unterhalten.

Hallo Mark, du arbeitest ja bei Joh. Barth & Sohn, *Hopfen ist dein Beruf. Wann bist du eigentlich zum ersten Mal damit in Kontakt gekommen?*

Mark Zunkel: Das ist eine sehr gute Frage. Ich bin begeisterter Hobbybrauer und habe 2003 mit einem Kumpel mein erstes Bier in Boulder, Colorado, gebraut. Das ist das Heimbrauer-Mekka in den Staaten, weil dort die *Brewers Association*, der einflussreichste Brauerbund der USA, sitzt. Für das Bier brauchte man Rohstoffe, die man bei einem Hobbybrauer-Laden kauft. Man geht in das Geschäft und kann entweder Malzextrakt mit Hopfenextrakt zusammengemischt in einer Dose kaufen, oder man kauft Malzextrakt, Hopfen und Hefe einzeln und bringt sie dann beim Brauprozess zusammen. Wir haben uns für die zweite Variante entschieden. Beim Brauen ist der beste Teil vom ganzen Brauprozess: Hopfenbeutel aufmachen, Hopfenaroma tief einatmen und dann zum Sud geben! Herrlich!

Die Brauer aus Deutschland und aller Welt schwärmen von den unglaublich fruchtigen Aromen der modernen Flavour-Hops. Wie kommen die eigentlich zustande?

Mark Zunkel: Die Flavour-Hops verleihen dem Bier – der Name sagt es – ein spezifisches, meist an Früchte erinnerndes Aroma, zum Beispiel Litschi, Stachelbeere, Aprikose u. v. m.! Es gibt viele verschiedene Zuchtprogramme für Hopfen, die wichtigsten in den

USA, Australien und Bayern. Das heißt, Experten nehmen männliche (Samen) und weibliche (Dolden) Hopfenpflanzen und kreuzen diese. In der Hopfenzüchtung ist Gentechnik nämlich nicht erlaubt. Durch diese natürliche Selektion können neue Geschmacksrichtungen entstehen. Es dauert normalerweise fünf bis zehn Jahre, bis eine neue Sorte auf den Markt gebracht wird. Solche Kreuzungen werden immer häufiger von Brauern nachgefragt, die ein großes Spektrum an Geschmäcken ins Bier bringen wollen. Ein paar Beispiele sind Mandarina Bavaria aus Bayern, Enigma aus Australien oder Citra aus den USA.

Bei Craft Beer wird viel mehr Hopfen verwendet als bei klassischen deutschen Bieren. Wird der Hopfen irgendwann knapp?

Mark Zunkel: Ja, das stimmt – Craft-Beer-Brauer benutzen in der Regel viel mehr Hopfen! Wenn man den Hopfenmarkt betrachtet, kann man allgemein sagen, dass es zwei Kategorien Hopfen gibt, nämlich Bitter- und Aromahopfen. Bitterhopfen werden oft als eine Art Massenware betrachtet, sie bringen die Bittere ins Bier. Diese Hopfen machen den größeren Teil der Welthopfenernte aus. Da war bis zur Ernte 2015 keine Knappheit zu sehen. Die andere Kategorie sind Aromahopfen – und da sehen wir sehr wohl eine Knappheit, vor allem bei gefragten Sorten. Die Menge, die alle Brauer der Welt benötigen, können die Hopfenpflanzer aus verschiedenen Gründen zurzeit nicht decken. Wenn ein Brauer einen dieser gefragten Hopfen will, muss er sich schnell entscheiden. Es kann sein, dass an einem Tag der Hopfen verfügbar ist und am nächsten Tag nicht mehr! Der Trend zum Craft Beer steigt außerdem an, sodass immer mehr Craft-Beer-Brauer immer mehr Hopfen brauchen. Viele benutzen die zehn- bis zwanzigfache Menge an Hopfen wie ein »normaler« Brauer, also jemand, der sich auf traditionelle Bierstile wie Pils, Helles oder Weißbier konzentriert. Hier ein Beispiel aus den Staaten: Der Craft-Beer-Markt dort beträgt nur ungefähr zehn Prozent vom gesamten Bierausstoß, diese Brauer setzen aber genauso viel Hopfen ein, wie für die restlichen ca. 90 Prozent des produzierten Biers benötigt wird!

Und wie reagieren die Hopfenbauern auf diese Veränderung?

Mark Zunkel: Die Hopfenpflanzer kennen diese Statistiken und reagieren darauf. Aber niemand weiß, wann die Craft-Beer-Welle abebbt und die Craft-Beer-Brauer aufhören, Brauereien zu gründen. Mittlerweile gibt es in den USA knapp über 4 000! Da ist eine vorsichtige Zurückhaltung der Hopfenbauern durchaus berechtigt. In der Regel sind US-Hopfenpflanzer flexibler als deutsche, wenn es darum geht, die Hopfenanbaufläche auszuweiten. Die Infrastruktur und die Pflanzer-Gemeinschaft sind da einfach anders. In Deutschland gibt es etwa zehn Mal mehr Hopfenbauern als in den USA – bei etwa gleicher Anbaufläche. Die Infrastruktur in Deutschland wirft auch einige Fragen auf, wie man zum Beispiel dem Klimawandel bzw. den heißeren Sommern entgegenwirken kann und wo weiteres Ackerland verfügbar ist.

Es gibt sicher schon 200 verschiedene Sorten. Ist bald Schluss mit Neuzüchtungen? Oder wollen die Brauer immer mehr?

Mark Zunkel: Die Brauer wollen immer noch eine möglichst große Vielfalt an Sorten, und es wird in den nächsten Jahren mehrere neue Sorten geben. Paradoxerweise wird es auf der anderen Seite interessant, welche Hopfen in den nächsten Jahren »aussterben« werden.

Erst waren US-amerikanische Hopfen bei Craft-Beer-Brauern »in«. Dann Züchtungen aus Neuseeland und Australien. Was kommt als Nächstes? Mehr deutsche Hopfen? Oder wird es exotischer?

Mark Zunkel: Hier in Deutschland sind die »Export-Hopfen« aus den USA, Neuseeland und Australien exotisch wegen der großen Aromenvielfalt, die sie anbieten. In den letzten Jahren gab es ebenfalls eine große Nachfrage nach drei besonderen neuen Zuchtsorten aus Deutschland (Mandarina Bavaria, Huell Melon und Hallertau Blanc). Die Züchter aus den nicht so großen Anbauländern wie Tschechien, Slowenien und Frankreich sind aber auch am Ball und präsentieren sehr »exotische« Sorten, die bis dato noch nicht sehr gefragt sind, zum Beispiel Kazbek aus Tschechien, Styrian Wolf aus Slowenien und Barbe Rouge aus Frankreich.

Von Ananas bis Zitrone gibt es fast alles an Fruchtaromen im Hopfen, selbst grüne Paprika oder Kokos. Welches Hopfenaroma fehlt – dir – eigentlich noch?

Mark Zunkel: Auf ein neues Aroma kann ich mich gar nicht festlegen, weil es schon so viele gibt. Aber in der Regel mag ich Hopfen mit Aromen von dunklen Beeren oder grünen Früchten wie Stachelbeeren oder Steinobst. Wenn man eine Sorte mit starken Rosenaromen entwickeln könnte, würde das gut zu allen anderen Hopfensorten passen. Dann hat man gleich ein Bier für Valentinstag!

The New Beer Generation:
links Luke Kennedy, rechts Mark Zunkel

KATER MURR, NÜRNBERG

DAS KUNSTQUARTIER DER BIER-ALTERNATIVEN

Es gibt Biere, die ein geradezu religiöses Erweckungserlebnis sein und den Lebensweg eines Menschen auf neue Bahnen lenken können. Im Fall der Nürnberger Gastronomen Nicole Quednau und Christopher Hofmann führte der Genuss von zwei Flaschen des Bavarian India Pale Ale »Dolden Sud« des *Riedenburger Brauhauses* – ein Bekannter hatte sie »mal einfach so« mitgebracht – zu der Grundsatzentscheidung, die nächste Kneipe zu einer Verehrungsstätte ausgefallener Kreativgerstensäfte zu machen.

Kater Murr – ein Wortspiel der Wahlverwandtschaft, der Name ist einem Roman von E. T. A. Hoffmann entnommen. Seit Ende 2014 fließt dort ein wechselnder, aber stets repräsentativer Querschnitt des etwas anderen Bierfrankens aus den Hähnen und lagert in den Kühlschränken. Sehr zur Freude eines Publikums, dessen auffällig konventionslose Haartrachten und Kleidungsstile klar auf einen Genuss-Treffpunkt der alternativen Kunst- und Kulturszene hindeuten. Lässig und lebenslustig lümmelt man auf langen Fenstersimsen oder auf einer alten Bank aus der Nürnberger Frauenkirche, gönnt dem Auge wechselnde internationale Kunstausstellungen und dem Gaumen Raritäten wie das neue holzfassgereifte von *Weißenohe* (s. S. 112ff.). Hofmann, der den leicht versteckt hinter der Lorenzkirche gelegenen *Kater Murr* gemeinsam mit Quednau mehr als Wohnzimmer denn zum Broterwerb betreibt, hat immer Lust, die Geschichte hinter dem bestellten Bier zu erzählen und Braumeistern wie Luke Kennedy von der *New Beer Generation* (s. S. 46ff.) eine Bühne und einen Aktionsraum für neue Sude zu bieten. Weil den beiden der Monatsgewinn weniger wichtig ist als der eigene Wohlfühlfaktor, stecken sie ihre Energie bevorzugt in Degustations-Veranstaltungen, Vernissagen und Kontaktpflege. Nürnberg hat also doch, was man bislang nur in Berlin, Hamburg und München für möglich hielt: ein welt- und szenegewandtes Gemeindezentrum, in dem man sich zum Plausch nicht auf ein Helles, sondern ein ausgesucht gutes India Pale Ale, Imperial Stout oder Bitter trifft.

Präpariert für den nächsten Tag:
Feierabend im *Kater Murr*

Kater Murr, Johannesgasse 14, 90402 Nürnberg,
Tel. 01 51/10 78 36 29, www.kater-murr.com,
Di–Do 14.00–1.00, Fr u. Sa 14.00–2.00, So u. Mo Ruhetag,
im Sommer mit Terrasse.

Landbierparadies, Galgenhofstr. 60, 90459 Nürnberg,
Tel. 09 11/43 94 42 40, www.landbierparadies.com,
Mo–Fr 9.00–19.00 u. Sa 9.00–17.00,
Bezug: über die Webseite.

LANDBIERPARADIES, NÜRNBERG

GANZ BIERFRANKEN AUF 350 QUADRATMETERN

Zugegeben, in Franken gutes Bier einzukaufen ist nicht schwer. Denn letztendlich gibt es nur eines, was man falsch machen kann: Aber wer sein Glück im Discounter sucht, dessen Gaumen ist ohnehin nicht mehr zu retten. Betreten Norddeutsche etwa einen ganz gewöhnlichen fränkischen Super- oder gar Getränkemarkt, besteht erhöhtes Unfallrisiko. Die für sie ungewohnte Auswahl hat schon so manchen umgehauen. Es wäre also gar kein so schlechter Scherz, wenn Joachim Glawe an seinem ein wenig versteckt hinter dem Hauptbahnhof liegenden Getränkehandel eine Warntafel anbrächte. 1986, als sich alle Welt auf die Premium-Fernsehpilsner stürzte, eröffnete er sein erstes Fachgeschäft für flüssige Spezialitäten aus fränkischen Landen. Heimatliebe hatte seinerzeit den Stallgeruch von Komödienstadel und Rückständigkeit. Je mehr sich die Verbundenheit mit der eigenen Region vom Klamauk emanzipierte, desto größer wurde auch sein Sortiment. 130 Biere aus 53 regionalen Brauereien umfasst es heute und genießt deutschlandweit den Ruf, das Kastenlabyrinth zu sein, aus dem man am schwersten wieder herauskommt. Einmal drin, bleibt das Auge an Etiketten kleben, die man sonst nirgends findet: dem des sagenhaft urigen Vollbiers der *Brauerei Reuter* aus Unternbibert zum Beispiel. Von Mürsbach über Unterzaunsbach bis Gutenstetten – mögen die Brauereien auch noch so klein sein, hier kommen alle ganz groß raus.

Der Anspruch von Joachim Glawe, das ganze Genussland Franken auf 350 Quadratmetern Verkaufsfläche zu verdichten, schließt auch die neue Bierkultur ein. Fans des *Cadolzburger Brauhauses Brandmeier* (s. S. 52f.) zum Beispiel wissen, dass sie im *Landbierparadies* immer fündig werden. Als weiterer Hochkaräter sei die *Pax Bräu* aus der Rhön erwähnt (s. S. 220ff.). Wem deren geniale Verstöße gegen das Reinheitsgebot noch zu normal sind, der greife sich ein Fläschchen von Freestylebrauer David Hertl (s. S. 160ff.). Craft-Beer-Fans sollten sich vom Namen *Landbierparadies* deshalb nicht abschrecken lassen. Und vor allem sollten sie viel Zeit mitbringen, wenn sie ihr Auto am östlichen Ende der Galgenhofstraße parken, um ins *Landbierparadies* einzugehen.

NBG NEW BEER GENERATION, NÜRNBERG

DAS NEUE BIER DER STADT

Denkt man drüben in den USA an deutsches Bier, dann hat wohl jeder sofort das Bild einer Oktoberfest-Bedienung im Kopf – oder neuerdings das coole Polaroid eines Öko-Hipsters, der in der ewigen Baustellenstadt Berlin das New Yorker Craft-Beer-Ambiente gar nicht so schlecht nachimprovisiert. Aber wie steht's um Nürnberg? Die Stadt des *Tuchers*? Jenes Bieres, das eine Generation von Wirten in den Ruin getrieben haben soll, weil es immer nur ein einziges Mal bestellt wurde? Doch, es ist denkbar, sich in der »Noris« anzusiedeln – selbst für weit gereiste Bierfans wie Luke Kennedy und Mark Zunkel. 2006 kamen die US-Amerikaner nach Deutschland, um in Weihenstephan das Brauen zu lernen. Doch statt im Anschluss in München oder an der Spree ihr Glück zu versuchen, verliebten sie sich in Nürnberg. So sehr, dass die beiden, die sich scherzhaft »Zwei im Weckla« nennen, in ihrer neuen Heimat das eigene Brauereilabel *NBG* gründeten. Drei Buchstaben, die für die Frankenmetropole stehen, aber auch für die Marke *New Beer Generation* – und für die erste Bierkreation der beiden. Natürlich ist das »NBG« ein IPA, ein India Pale Ale, jener Bierstil also, durch den Craft Beer in den USA zum Kult geworden ist und der auch hierzulande dem Begehren nach dem coolen Anderen kraftvoll freie Bahn bricht. »Wir maischen ›deutsch‹, aber wir hopfen ›amerikanisch‹«, erklären Kennedy und Zunkel. Und das schmeckt man – wie die Mischung aus amerikanischen und deutschen Hopfensorten. Ein »authentisch« US-amerikanisches Blondes mit fränkischem Einschlag und deutlichen Honig- und Karamellnoten, so könnte man das »NBG IPA« charakterisieren. Ein Wurf, der einem alten *Tucher*-Slogan Glaubwürdigkeit verleiht: »Das Bier der Stadt«. Seit Luke Kennedy im Herbst 2015 die fränkische Version eines Szene-Tap-Houses eröffnet hat (s. S. 48f.), gilt das Duo endgültig als lokale Verkörperung eines ausgeruhten, neuen Genuss-Lifestyles. Zu Recht, wie sie mit ihrer zweiten Craft-Beer-Kreation bewiesen haben, dem Pale Ale »Relax«, für das sie eine Hopfensorte gleichen Namens gewählt haben, die eigentlich nur für Beruhigungstees angebaut wird, weil sie so gut wie keine Bitterstoffe enthält. Damit kommt der Gaumen auch mal runter, kann chillen. In Zukunft darf Nürnberg als Bierstadt also wieder selbstbewusster auftreten.

NBG New Beer Generation, Bismarckstr. 45 c, 90419 Nürnberg,
Tel. 01 71/8 43 75 48, www.newbeergeneration.de,
kein Direktverkauf, Bezugsquellen: über die Webseite.

Mr Kennedy, Hintere Sterngasse 29, 90402 Nürnberg,
Tel. 01 60/4 42 77 75,
Mo, Fr u. Sa 19.00–1.30.

MR KENNEDY, NÜRNBERG

DAS HOPFEN-SPACE-CENTER

Wenn ältere Semester wie wir den Namen »Kennedy« hören, dann haben wir Marilyn Monroe in ihrem sündhaft engen Kleid vor Augen, in dem sie lasziv »ihrem Präsidenten« ein »Happy Birthday« zuhaucht. Oder wir denken an die Apollo-Missionen. Und natürlich an jene geteilte Stadt, wo Mr Kennedy mit einem kurzen Satz unsterblich wurde: »Ich bin ein Berliner«. Mittels Telefonjoker können wir die 500 000-Euro-Frage, wofür beide Namen – Kennedy und Marilyn – gemeinsam stehen, dennoch richtig beantworten. Beide, würde uns der Wirt einer coolen Craft-Beer-Location soufflieren, sind eine Hopfensorte. Seine Bar selbst trägt den Namen *Mr Kennedy* und schickt schickt sich gerade an, das Cape Canaveral für Bierliebhaber zu werden: Mutige brechen von dort in Galaxien auf, in die noch kein Biergaumen vorgedrungen ist.

Man kann sich sein Bier mit nach Hause nehmen. Aber in der wohnzimmergroßen Bar mit ihrer originellen Einrichtung – Theke und Tische bestehen aus einer umgebauten »Kastenrutsche« – trinkt es sich einfach stilechter.

Benannt ist die Bar im Übrigen nach Luke Kennedy, seines Zeichens Diplom-Braumeister und eine Hälfte der *New Beer Generation* (s. S. 46f.), der im November 2015 sein Hopfen-Space-Center in der Hinteren Sterngasse – wo auch sonst? – gemeinsam mit Tobias Fichtner von der Nürnberger *Saigon Bar* eröffnet hat. Das Bier-Universum der beiden umfasst insgesamt um die 60 Geschmacksgalaxien vom Hahn und aus Flaschen. Natürlich gibt es das »NBG IPA« frisch vom Fass und zwei bis fünf weitere Stationen, an denen man sein leeres Glas auftanken kann. Was die Flaschenbiere angeht, werden diese von einer veritablen Auswahl an soliden Landbieren komplettiert. Aber auch die Craft-Beer-Selektion ist nicht ohne und so multinational wie die Besatzung des *Raumschiffs Enterprise*. Leckereien aus Deutschland, Belgien und Großbritannien warten darauf, entdeckt und ausgiebig erforscht zu werden. Ganz besonders interessant ist, was sich der Wahl-Nürnberger Luke Kennedy immer wieder aus den USA direkt ins Herz der Stadt beamen lässt.

Hat ihre Öffnungszeiten ausgedehnt:
die kleinste Craft-Beer-Bar der Stadt

SCHANZENBRÄU, NÜRNBERG

DAS KULTBIER DER GROSSSTADTMEUTE

Wo Nürnberg cool ist, heißt es »GoHo« – oder für Nicht-Nürnberger: Gostenhof. Vor nicht allzu langer Zeit war der Stadtteil südwestlich der City, der von der einstigen Trasse der deutschlandweit ersten Eisenbahn (heute die staugeplagte Fürther Straße) in zwei Siedlungsbänder geteilt wird, noch als »Glasscherbenviertel« verrufen. Buntes, alternatives Volk hatte ihn okkupiert und nutzte die Freiräume der Verwahrlosung, um sich an Ideen auszuprobieren, die dem Trend oftmals einen Wimpernschlag voraus waren. Im *Palais* tüftelten Künstlernaturen am Selbstfinanzierungsmodell Street-Food, in der *Planungskneipe* zitierten werdende Lobbyisten Lenin und spielten Szenarien der kurz bevorstehenden Weltrevolution durch, und im *Willich* kosteten die späteren Pioniere der biodynamischen Mehrkindfamilie den Geschmack von Männermündern.

Egal, zu welchem Grüppchen sich Stefan Stretz damals dazusetzte, eines hatten alle gemeinsam: Sie fluchten über die lausigen Biere – *Zirndorfer*, *Tucher* und *Patrizier* –, die ihnen ihre Lieblingswirte vorsetzten. In einer Hinterhofwerkstatt, in der normalerweise abgetakelte amerikanische Straßenkreuzer aufpoliert wurden, zog der Student daraus die einzig logische Konsequenz. Er schmiedete den Plan, dem Kneipenvolk mit handwerklichem Qualitätsbier den Mund wässrig zu machen, und schweißte aus einem alten Badebottich seine erste Brauanlage zusammen. »Umgerührt haben wir mit einer Dachlatte«, so Stefan Stretz 2014 in einem Radiointerview über den Gründungsmythos von *Schanzenbräu*, dem Kultbier der Nürnberger.

Ganz so wild, cool und männlich war es in Wirklichkeit natürlich nicht. In der profanen Erzählvariante ließ sich Stefan Stretz in Berlin erst einmal ganz solide zum Brauer ausbilden, um sich 2004 in einem Keller in der Bärenschanzstraße selbstständig zu machen. 2007 zwang ihn der Erfolg, sich nach größeren Räumlichkeiten umzusehen. Die im Juni 2008 eröffnete Gaststätte in der Adam-Klein-Straße, der Schlagader des In-Quartiers Gostenhof, gilt heute als Stammhaus der *Schanzenbräu*. Gesiedet und gereift werden dort freilich nur jene Raritäten, mit denen Stefan Stretz seinen Experimentiergeist wach hält. Der »Blonde Baron« zum Beispiel, ein kaltgehopfter, im Whiskyfass gelagerter Bock. Oder das helle, unfiltrierte Starkbier mit dem kruden Namen »Dem Loni sein Bock«,

Ausgehviertel Gostenhof: einst Geheimtipp, heute ein Renner

das der Erfolgsbraumeister mit den Hopfensorten Hallertauer Perle, Saphir und Cascade würzt. Und natürlich das »Hokkaido Winter Lager«, bei dem neben Kürbis auch Zimt und Kardamom auf der Zutatenliste stehen und dem das Gerücht, es habe die Wächter des Reinheitsgebotes auf den Plan gerufen, zum Status eines zensurgefährdeten Avantgardekunstwerks verholfen hat. Seit sich der Gostenhofer Heavy-Metal-Comedian Bembers alias Roman Sörgel bei seinen Shows immer einen Kasten *Schanzenbräu* auf die Bühne stellt, aus dem sich auch das Publikum bedienen darf, ist die *Schanzenbräu* auch überregional in aller Munde.

Das Rotbier und das Helle, die beiden traditionellen, geschmacklich gar nicht sonderlich aus dem Rahmen fallenden Sorten, mit denen *Schanzenbräu* den Massengeschmack in Nürnberg neu definiert hat, lässt Stefan Stretz in befreundeten fränkischen Landbrauereien sieden und reifen – noch. Bereits im Januar 2016 hat er im Stadtteil Höfen sein eigenes Brauhaus bezogen, das auch als Begegnungszentrum für Hobbybrauer gedacht ist und werdenden Bierprofis dabei hilft, in seine Fußstapfen zu treten. Die improvisierte Kellerbrauerei ist längst zu einem gesunden Mittelständler mutiert, der kein Problem damit hat, eine solche Großinvestition zu stemmen.

Schanzenbräu, Proeslerstr. 3, 90431 Nürnberg,
Tel. 09 11/81 00 69 10, www.schanzenbraeu.de,
Direktverkauf: Mo u. Mi 16.00–19.00, Fr 17.00–20.00,
Bezugsquellen: über die Webseite.

Schanzenbräu Schankwirtschaft, Adam-Klein-Str. 27, 90429 Nürnberg,
Tel. 09 11/93 77 67 90, Di–So 11.00–1.00.

CADOLZBURGER
Brauhaus
Brandmeier
Cadolzburger Brauhaus Brandmeier, Hindenburgstr. 59, 90556 Cadolzburg,
Tel. 0 91 03 / 71 29 99 0 u. 01 71 / 74 64 46 9, www.brauhaus-brandmeier.de,
Verkauf ab Brauerei auf Voranmeldung,
Bezugsquellen, Informationen zu Terminen u. Bierseminaren: über die Webseite.

BRAUHAUS BRANDMEIER, CADOLZBURG

BIER MIT INTELLEKTUELLEM ANSPRUCH

Wie kann man sich eigentlich einen Ort und dessen Interieur vorstellen, an dem exzentrische Edelkreationen entstehen – wie die »Schwarze Cadolzburgerin« zum Beispiel? So hat Michael Brandmeier eine seiner Schöpfungen getauft, ein Imperial Stout, das nicht nur (wie viele andere) nach flüssiger Edelmokkaschokolade schmecken will und seine süße Herbe deshalb auf zart in Scheibchen geschnittene Bananenaromen bettet. Im Jahr 2013 hat sich der gebürtige Rheinländer in den engen, niedrigen und zweckdienlich unästhetischen Keller seines Wohnhauses eine Einsiedelei mit Gärbottich gebaut. Spätestens in der Abgeschiedenheit dieses Braubunkers, in dem er schon aus Platzgründen alles nur alleine machen kann, ist er zu einem Philosophen geworden, der in seine Sude mindestens so viel Denk- wie Handarbeit hineinsteckt. Kompromisslos in Sachen Qualität. Bereits die sechs Landbier-Sorten, darunter eines nach der Art eines Kölsch und ein Rotbier, Brandmeiers Butter und Brot, heben sich durch ihre Naturbelassenheit, insbesondere aber durch die fast schon künstlerisch präzise Kombination der Zutaten vom Gewohnten ab, spielen klar in einer anderen Liga. »Gourmetsorten« nennt Brandmeier seine zweite Bierkategorie. Sie ist eine elitäre Oberklasse, strahlt einen intellektuellen Anspruch nach Vollkommenheit aus – ein limitierter, nur unregelmäßig gebrauter Luxus. Wie beim Imperial Stout schmeckt man auch beim Cadolzburger India Pale Ale, Barley Wine und Co. heraus, dass hier jedem neuen Sud schon deshalb wochenlange Denkarbeit vorangeht, weil jede Hopfen- und Getreideernte anders ausfällt. Brandmeier ist Perfektionist – und damit kein typischer Franke. Man könnte ihn vielmehr als Prototyp jener neuen Edelbraumeistergilde bezeichnen, die aus Zugezogenen besteht – frei für den ganz großen Horizont, denn ihre Kindheit war nicht vom unantastbaren Lob des Seidlas geprägt. Obendrein ist auch er ein Spätberufener. Als Brandmeier sein Braudiplom in der Tasche hatte, musste er wegen der Schwemme entlassener Kollegen aus der Ex-DDR umsatteln. Zwei Jahrzehnte Pause, die bei ihm den Beruf zur Berufung haben reifen lassen.

STEINBACH BRÄU, ERLANGEN

VOLL IM CRAFT-BEER-TREND SEIT 1995

Dass Ehepaare extra hierherkommen, um mit ein paar Seidla gegen einen unerfüllten Kinderwunsch anzutrinken – solch ein fränkischer Volksbrauch wäre beim *Steinbach Bräu* gut vorstellbar, wenn nicht gar angemessen. Die Kleinbrauerei am Rand der Erlanger Innenstadt wird im Frühjahr zuverlässig von Störchen angeflogen, sie brüten fast direkt über dem Biergarten und päppeln ihren Nachwuchs unter den Augen der Gäste groß. Als Franken noch unter der Schockstarre des großen Brauereisterbens der 1980er-Jahre stand und die Wortschöpfung »Craft Beer« auch in ihrer Heimat, den USA, noch kaum geläufig war, machte Christoph Gewalt Meister Adebar zum Maskottchen seiner neu eröffneten Schaubrauerei. Seither sind seine zwei im Gastraum aufgestellten Sudkessel der Dreh- und Angelpunkt einer neuen Erlanger Bierkultur. Nach Feierabend lassen sich Genießer ins Glas füllen, was in den noch betriebswarmen Kupfertöpfen seinen Ausgang genommen hat. Tagsüber rühren Braumeister Roman Gause, der Geselle und die Lehrlinge darin die Ursuppe für ihre wohlgereiften, naturbelassenen, rein handwerklich produzierten Gerstensäfte. Speziell die Hauptsorte, das helle Lagerbier »Storch«, ist auch ein perfektes Schulungsmaterial für all jene, deren Gaumen sich den klaffenden Unterschied zwischen unfiltrierter, unbehandelter Handarbeit und dem allerlei lebensmitteltechnologischen Verfahren ausgesetzten Industriebier in der Theorie nicht vorstellen kann. Wer sich tiefer in die Möglichkeiten hineinschmecken will, die der Verzicht auf die Hilfsmittel der Bioingenieure bietet, muss öfter kommen. Jeden Monat fließt auch eine jahreszeitlich passende, meist traditionelle, gern aber auch mit ungewohnten Aromen überraschende Spezialität wie Braunbier oder dunkler Bock aus dem Hahn, zumindest solange der Vorrat reicht, also etwa zweieinhalb Wochen. Nicht ganz zufällig liegt bei diesen Kreationen der besondere Fokus auf dem Malz. Christoph Gewalt führt im Haus auch die Tradition der familieneigenen Mälzerei fort, das Wirtschaftskrisenjahr 1923 hatte sie als Teil einer fast 400 Jahre währenden Braugeschichte übrig gelassen.

Erlanger Durstambulanz:
Traumauto mit TÜV

Steinbach Bräu, Vierzigmannstr. 4, 91054 Erlangen,
Tel. 0 91 31/89 59 12, www.steinbach-braeu.de,
Gaststätte (im Sommer mit Biergarten): tägl. 17.00–24.00,
Fassbierverkauf: Mo–Fr 9.00–24.00, Sa u. So 11.00–13.00 u 17.00–24.00.

Hauseigenes Brauereimuseum: Führungen für Gruppen auf Voranmeldung.

Red Castle Brew, Schloßhof 1, 90562 Heroldsberg,
Tel. 09 11/56 92 98 84, www.red-castle-brew.de,
Bezug: über die Webseite.

RED CASTLE BREW, HEROLDSBERG

ROTBIER AUF EINE NEUE ART UND WEISE

Wer sich in und um Nürnberg einen kleinen, aber feinen, ehrlich handwerklichen Brauereibetrieb aufbauen will, tut gut daran, sich viele Freiheiten herauszunehmen – aber eine Sorte ist ein Muss: das Rotbier. Denn dieser historische Bierstil ist der einzige, den Nürnberg mit gewissem Recht als seine regionale Spezialität bezeichnet, sein Ursprung in der Freien Reichsstadt ist durch Brauverordnungen aus dem frühen Mittelalter gut dokumentiert. Wiederentdeckt hat ihn die Hausbrauerei *Altstadthof* (s. S. 26ff.), und man darf spekulieren, weshalb gleich zwei Craft-Beer-Koryphäen, die erst seit Kurzem dazugehören, das Rezept genau in dem Punkt verändert haben, der die historische Sonderstellung des Rotbiers ausmacht. Wie *Eppelein & Friends* (s. S. 30ff.) hat sich auch Michael Bellair dafür entschieden, die Verwandlung des Malzzuckers in Alkohol einer obergärigen Hefe anzuvertrauen. Nun war das mit dem Brauen in früheren Jahrhunderten so eine Sache: Als die Braumeister ihre Gärbottiche noch nicht auf die Arbeitstemperatur herunterkühlen konnten, die ihre untergärige Schwester benötigt, blieb nur das Brauen in den Wintermonaten. In Nürnberg aber war untergäriges Rotbier dank der tiefen Stollen mit ihren konstant kühlen Temperaturen nicht nur möglich, sondern Normalität. Wer es genau nimmt, müsste das Flaggschiff der *Red Castle Brew* aus Heroldsberg, das Rotbier, eine Mogelpackung nennen. Klassischerweise hat ein Rotbier untergärig gebraut zu sein, auch wenn Michael Bellairs fuchsbraunes Stöffchen richtig lecker schmeckt, genauso wie das »Black Lager«, ein nun ganz und gar traditionelles Dunkles. Für Craft-Beer-Freunde sind allerdings die exotischeren Sorten, die der gelernte Maschinenbauer in einem kleinen Nebengebäude des historischen Roten Schlosses in Heroldsberg reifen lässt, interessanter: India Pale Ales, die er immer wieder mit anderen Aromahopfen stopft, hier und da einen Weizenbock und als Highlight einen Doppelbock mit 9,5 Prozent Alkohol, der satte zehn Monate in einem Whiskyfass lagern durfte. Im Winter lockt ein würziges Glühbier. Viel Platz ist seiner Kreativität nicht gegönnt, auf rund zehn Quadratmetern kocht er jede Woche bis zu drei 100-Liter-Sude. Alles in Handarbeit und auf offenem Feuer. Bierlikör, Biersalz, Bier-Gelee, Bier-Essig und Bier-Senf stehen ebenfalls auf dem Programm.

HOPFEREI HERTRICH, FEUCHT

SCHLUSS MIT DER MASSENBIERHALTUNG

Mitte 2015 überschwemmte *Anheuser-Busch InBev*, der größte Braukonzern der Welt, ganz Deutschland mit Getränken, die man bei dessen Flaggschiff mit den grünen Flaschen für Craft Beer hält. In einer Pressemitteilung tönte er laut: »*Beck's* als die einzige international wirklich erfolgreiche deutsche Biermarke bringt für Deutschland eher noch unbekannte Bierstile wie Pale Ale oder Amber Lager aus allen Ecken der Welt nach Hause. Einfach – aber nicht weniger inspirierend.« (*Anheuser-Busch InBev*: Pressemitteilung vom 05.05.2015.)

»VETO! EINSPRUCH!«, hallte es bei solchen Worten aus Feucht bei Nürnberg entgegen. Als ob Craft-Beer-Fans auf den amerikanisch-belgisch-brasilianischen Konzernriesen gewartet hätten! Craft Beer, diese Kultur wird schon lange weltweit gelebt und gepflegt, von enthusiastischen Profis und von Hobbybrauern. Solchen wie Ralph Hertrich aus Feucht. Mit seinem *Veto* steht er nicht alleine da. Seine beiden Söhne sind ebenso Biersommeliers wie er, und auch seine Gattin ist dem Craft-Beer-Virus verfallen – und gab den heimischen Keller für eine Hobbybrauerei frei.

In dieser wurden in den letzten Jahren unzählige Rezepte aus dem weiten Feld der Kreativbiere ausprobiert, verändert, verbessert oder auch wieder verworfen. Die heimische Brauanlage – für die Fachleute unter den Lesern: eine *BrauEule* –, dient als Kompaktlabor für alles Flüssige gemäß und wider die Traditionen aller Herren Länder: hopfengestopfte Weizen, Bock- und Doppelböcke, Stouts, Pale und Red Ales, IPAs, Saisons, Witbiere, ein Chili-Ale und zu Halloween ein schönes Pumpkin Ale. Dessen programmatischer Name: »The Sky Is the Limit!« Das Reinheitsgebot jedenfalls ist das nicht. Auch nicht bei den ersten Bieren, die die vier Hertrichs unter dem Label *Veto* herausgebracht haben. Ihren »Schokobär«, ein sahniges Chocolate Stout mit satten Röstaromen, Mocca- und Schokoladennoten, brauen sie elegant mit Hafer- und Gerstenflocken – und an den Wächtern des Reinheitsgebots vorbei. Begleitet wird der knuddelige Braune vom »Hopfentiger«, einem India Pale Ale mit den Hopfensorten Columbus, Centennial, Chinook und natürlich Cascade. Mit diesen beiden Rezepten und ihrer Bierbegeisterung haben Ralph Hertrich und seine Frau Karin auch Jörg Binkert überzeugt, dessen *Brauhaus* (s. S. 152ff.) mittlerweile so etwas wie das Geburtshaus für

Ein echtes Stout: mit Haferflocken gebraut

junge engagierte Craft-Beer-Marken ist, die keine eigene Anlage mit Hektoliter-Kapazität ihr Eigen nennen.

Wenn also demnächst wieder mal ein Absatzmillionär wie *Beck's* vorgaukelt, er sei die Speerspitze der Craft-Beer-Bewegung, sollten immer mehr »VETO!« rufen – nicht nur in und um Nürnberg. Auch in Hamburg protestiert man lautstark gegen die Massenbierhaltung. Bis nach Bremen zu *Beck's* ist's von dort nur noch ein Katzensprung.

Hopferei Hertrich, Brückkanalstr. 33, 90537 Feucht,
Tel. 0 91 28/91 26 68, www.hopferei.de,
Bezugsquellen: über die Webseite.

BRAUEREI WIETHALER, OT NEUNHOF / LAUF A. D. PEGNITZ

TRADITION IST DAS WEITERGEBEN DES FEUERS

In manchen ländlichen Gegenden Frankens ticken die Uhren noch anders. Oder man meint, dass sie gar nicht mehr ticken. Wozu sollte man die leere Batterie jenes Kästchens an der Wand erneuern, welches die Zeit unerbittlich nach vorne treibt, wenn man doch genauso gut die Zeit anhalten und auf ewig wie gehabt weitermachen kann?

Wer oberflächlich hinschaut, könnte das kleine Neunhof bei Lauf a. d. Pegnitz und seine gut 500 Jahre alte *Brauerei Wiethaler* mit ihrem mächtigen Fachwerkbau für so einen Ort halten, der aus der Zeit gefallen ist. Diejenigen, die sich in der Biervergangenheit wähnen und (schulterzuckend) weitergehen, haben Pech gehabt. Denn sie übersehen, dass sie in einem heimlichen Epizentrum der fränkischen Craft-Beer-Szene angekommen sind.

Um Andreas Dorn den Beruf des Brauers und das Weiterführen des Familienbetriebs schmackhaft zu machen, brauchte es nicht viel. Für seine besonders guten Ergebnisse beim Abschluss seiner Ausbildung zum Brautechniker wurde er mit dem Meisterpreis der Bayerischen Staatsregierung ausgezeichnet. Neben dem Preis nahm er auch erste Erfahrungen mit hopfengestopften Bieren mit. So etwas wollte er ebenfalls einmal brauen. Seiner Mutter und Brauereichefin Sabine Wiethaler-Dorn ein Pale Ale schmackhaft zu machen, war dagegen eine größere Herausforderung. Doch die Überzeugungsarbeit hat sich gelohnt: Ohne das Pale Ale »Hoptimum« würde der Bierszene etwas fehlen.

2013 war das »Hoptimum«, dem Cascade- und Amarillo-Hopfen sein unwiderstehliches Zitrus- und Grapefruitaroma verleihen, der heimliche Star auf dem *Fränkischen Bierfest*, dem Schaulaufen der regionalen Brauereien im Nürnberger Burggraben. Mittlerweile kaufen es die Stammkunden im hauseigenen Getränkemarkt sogar kästenweise, und es ist in ganz Gourmetdeutschland ein Begriff. Still und leise haben sich weitere trendverdächtige Kompositionen in jene blauen Bierkästen versenkt, die im Verkaufsraum neben ihren traditionellen Geschwistern auf Kundschaft warten. Da wäre das »Wiethaler Blanche«, ein fränkisches Witbier, bei dem die Orangennote nicht durch die Zugabe von Schale entsteht, sondern gemäß dem Reinheitsgebot alleine vom Hopfen stammt, das »Groll'sche

Die Zeichen stehen auf Experimente: unbedingt beobachten!

Doldenpils«, das ausschließlich mit frisch geernteten Hopfendolden eingebraut und kaltgehopft wird, und neuerdings mit dem »Black Moon« ein ordentliches schwarzes Stout. Geben tut es diese Neulinge freilich nicht immer. Aber wenn sie vorrätig sind, sollte man sie unbedingt im historischen Brauereigasthof mit den unverändert guten traditionellen Bieren im Vergleich degustieren. Das Reinheitsgebot ist für Andreas Dorn bei allen seinen Bieren sehr wichtig. Schließlich will er das Feuer der Bierbegeisterung weitergeben und nicht die letzten 500 Jahre niederbrennen.

Brauerei Wiethaler, Welserplatz 6–7, 91207 OT Neunhof / Lauf a. d. Pegnitz,
Tel. 0 91 26/76 51, www.brauerei-wiethaler.de,
Brauereigasthof, Tel. 0 91 26/54 60, Di 17.00–23.00, Mi–So 11.00–23.00,
Ausschank der Craft-Beer-Sorten nur im Sommer!
Direktverkauf: Mo–Fr 7.00–12.00 u. 13.00–18.00, Sa 8.00–13.00.

KLASSISCHE AUSFLUGSTAGE MIT NEUEM BIERGENUSS

VORSCHLÄGE FÜR NÜRNBERG UND UMGEBUNG

Hinab in den Bierbauch von Nürnberg

Dass der Burgberg in Nürnberg durchlöchert ist wie ein Schweizer Käse, dass das tief in den Fels geschlagene Ganglabyrinth im Zweiten Weltkrieg als Bunker für Kunstwerke und Menschen genutzt wurde – jeder, der in Franken aufgewachsen ist, weiß das, weil er einen Schulausflug zu den historischen Kellern mitgemacht hat. Weniger bekannt ist, dass in der Hausbrauerei *Altstadthof* (s. S. 26ff.) immer am frühen Freitag- und Samstagabend eine Themenführung startet, welche die Rolle des unterirdischen Baus als riesiger Bierkeller beleuchtet (jeweils 18.00, Treffpunkt *Brauereiladen*). Wie der Gerstensaft, der über die Jahrhunderte dort unten stromfrei gekühlt wurde, geschmeckt haben könnte, lässt sich davor oder danach konkret überprüfen. Der *Altstadthof* hat den historischen Bierstil Rotbier wiederbelebt und immer im Ausschank. Je nach Interessenlage und Jahreszeit arrangiert man sich entweder eine vorherige Besichtigung des Burgviertels mit Kaiserburg, Stadtmuseum und Dürerhaus oder eine anschließende Craft-Beer-Kneipentour (*Kater Murr* s. S. 42f., *Mr Kennedy* s. S. 48f., zusätzliche Adressen s. S. 64ff.) um die Führung herum – und schon ist der perfekte Bierausflug nach Nürnberg organisiert.

Brauereiladen der Hausbrauerei *Altstadthof*,
Bergstr. 19, 90403 Nürnberg, Tel. 09 11/23 60 27 31,
www.historische-felsengaenge.de

Spaziergang durch die Bierstadt Erlangen

Die Tourist-Information Erlangen hat eine kostenlose App ins Netz gestellt, die den Bierfreund zu den Erinnerungsorten der einstigen deutschen Bierexporthauptstadt lotst und dort tiefe Einblicke in ihre Geschichte gewährt (reine Gehzeit ca. 1 ½ Std.). Die Keller des Bergs und die frühe Anbindung an die Eisenbahn hatten die Brauwirtschaft der Hugenottenstadt in den 1840er-Jahren explodieren, die Erfindung der Kühltechnik und der weltweite Bau von Großbrauereien ab 1880 sie aber wieder zusammenbrechen lassen. Startpunkt ist die *Brauerei Kitzmann*, der dortige Getränkeladen (s. S. 67) bietet überraschenderweise auch eine reiche Auswahl an India Pale Ales und anderen exzentrischen fränkischen und internationalen Craft-Beer-Spezialitäten. Gegen Ende sitzt man ganz automatisch auf ein Seidla bei den Sudkesseln der *Steinbach Bräu* (s. S. 54f.).

Infos u. Download der App: »Tour 3« auf www.erlangen.tomis.mobi

Auf dem Eppeleinsweg *zur Brauerei Wiethaler*

Der Eppeleinsweg ist eine bereits in den 1920er-Jahren angelegte, insgesamt 90 Kilometer lange, mehrtägige Wanderroute, die auf den Spuren des legendären Raubritters (um 1320 bis 1381) von Erlangen nach Neumarkt in der Oberpfalz führt. Der zweite Teilabschnitt von Forth nach Lauf a. d. Pegnitz ist landschaftlich besonders attraktiv und führt zudem über den Gasthof der *Brauerei Wiethaler*, wo im Sommer auch die Craft-Beer-Kreationen von Jungbraumeister Andreas Dorf ausgeschenkt werden (s. S. 60f.). Man fährt zunächst vom Nürnberger Nordostbahnhof mit der Gräfenbergbahn nach Forth, findet dort am Bahnhof das Wanderschild »Rotes Kreuz auf weißem Grund« und folgt dem markierten Weg in südlicher Richtung aus dem Dorf hinaus. Die ersten Kilometer führen über Höhenzüge und bieten spektakuläre Ausblicke auf das Nürnberger Land. Nach der verdienten Rast im *Brauereigasthof Wiethaler* in Neunhof wartet ein paar Kilometer später das spektakuläre Naturdenkmal »Bitterbachschlucht«, eine Klamm, die die Tauwässer der Zwischeneiszeiten tief in den Sandstein geschnitten haben. Von dort führt uns die Wandermarkierung zum Bahnhof »Lauf rechts der Pegnitz«.

Länge dieser Tagesroute: 14 Kilometer. Gehzeit: etwa 4 Stunden.

WEITERE EMPFEHLUNGEN: NÜRNBERG, FÜRTH UND ERLANGEN

NÜRNBERG

Bäckerhof
Edle Bar im umwerfend großzügigen Ambiente eines historischen Ballsaals – eine quicklebendige Reminiszenz an die Ausgeh- und Feierkultur der goldenen 1920er-Jahre. Im Erdgeschoss lockt zudem ein separater Irish Pub. Zelebriert werden nicht nur Cocktails und harte Spirituosen, die Bartender wissen auch, wie man Craft Beer perfekt serviert. Regelmäßig Degustationsveranstaltungen zu Gin und Co., aber auch zu internationalen und innovativen Bierstilen.

Bäckerhof, Schlehengasse 2, 90402 Nürnberg, Tel. 09 11/25 36 97 74, www.baeckerhof-nuernberg.de, Mi–Sa 20.00–2.00.

Bieramt des *Café Wanderer*
Für gepflegte Gerstensäfte zuständige Abteilung der winzigen Kneipe an Nürnbergs schönstem Fleckchen. Bei Sonnenwetter Bewirtung auf dem Platz vorm Albrecht-Dürer-Haus – glücklich ist, wer einen Tisch ergattert hat, er will sich nie mehr erheben. Wöchentlich wechselnde, exquisite Biere, aber fast immer traditionelle. Wegen des Flairs dennoch unbedingt empfehlenswert.

Bieramt, Beim Tiergärtnertor 2–6, 90403 Nürnberg,
Tel. 01 62/3 95 82 20, www.cafe-wanderer.de,
16. Apr–15. Okt: Mo 17.00–24.00, Di–So 14.00–24.00,
1. März–15. Apr u. 16. Okt–23. Dez: Di–So 17.00–24.00.

Bierothek
Dependance des Bamberger Craft-Beer-Shops (s. S. 130f.) mit einer konkurrenzlos üppigen Auswahl außergewöhnlicher Edelbiere. Eingerichtet wie eine hippe Wein-Boutique mit (meist) entsprechend kompetentem, auf Fachsimpelei eingestelltem Personal. Hier entdeckt der Gaumen auch jene fränkischen und internationalen

Geschmackserlebnisse abseits des Mainstreams, von denen er nie geahnt hätte, dass sie existieren würden.

Bierothek, Äußere Laufer Gasse 6, 90403 Nürnberg, Tel. 09 11/49 06 81 06, www.bierothek.de, Mo–Sa 10.00–20.00.

BrauBeviale
Jedes Jahr im November treffen sich Brauwelt und Getränkeindustrie in Nürnberg zur globalen Leitmesse. Obwohl die meisten Aussteller kommen, um Produktionsanlagen aller Art zu verkaufen, gilt die Leistungsshow auch unter Craft-Beer-Fans als Pflichttermin. Denn drei Tage lang präsentieren Biersommeliers im Craft-Beer-Corner, wie innovatives Brauen schmeckt. 30 Sorten pro Tag zu verkosten ist für Stammbesucher ganz normal. Der erste Höhepunkt ist die Verleihung des *European Beer Star* an die besten Biere der Welt. Der zweite das von der *Schanzenbräu* (s. S. 50f.) organisierte abendliche Get-Together regionaler und internationaler Bierfreaks, das ebenfalls allen Interessenten offen steht.

Informationen unter: www.braubeviale.de

Fränkisches Bierfest
Die Selbstbeschreibung als »längster Biergarten der Welt« ist nicht untertrieben. Rund 40 Handwerksbrauereien nutzen dieses fünftägige Zentralfest der regionalen Bierszene, um 120 000 durstigen Besuchern ihre neuen, zunehmend experimentellen Kreationen einzuschenken. Der Anteil der nicht traditionell fränkischen Bierstile steigt permanent.

Jedes Jahr im Juni, genaue Termine wechseln, im Nürnberger Burggraben, Informationen unter: www.bierfest-franken.de

Ludwigs
Musikkneipe für die Independent-Studentenszene, auch bezüglich des Gaumens mit Faible fürs Gute. Der »Green Monkey« aus Weißenohe (s. S. 112ff.) und die *New Beer Generation* (s. S. 46f.) wurden bereits von den Gästen lieb gewonnen. Mit Sicherheit gibt es demnächst wieder etwas Neues.

Ludwigs, Innere Laufer Gasse 35, 90403 Nürnberg, Tel. 09 11/8 01 75 52, www.ludwigs-bar.de, tägl. 11.00–1.00, Fr u. Sa 11.00–2.00.

Mops von Gostenhof
Kultkneipe im Herzen des namengebenden Gentrifizierungsviertels und in der Frankenmetropole einer der Pioniere in Sachen Erweiterung der Bierkarte. Hängt zur Freude seiner illustren Gästeschar ständig neue Craft-Beer-Spezialitäten an den Hahn oder stellt sich Flaschen in den Kühlschrank, nach denen der durstige Nürnberger ansonsten lange suchen müsste. Eine der Nürnberger Kneipen, die man unbedingt besucht haben muss.

Mops von Gostenhof, Volprechtstr. 14, 90429 Nürnberg,
Tel. 01 62/3 03 56 14, Mo–Do u. So 18.00–1.00, Fr u. Sa 18.00–3.00.

Bier Kontor
Exquisit sortierter Craft-Beer-Shop, der Frankens Tischkultur reformieren könnte. Betrieben wird er von Biersommelier Markus Böhm und dem passionierten Koch Fritz Großkopf, der natürlich weiß, welches Fläschchen zu welchem Essen besonders gut schmeckt. Hier bekommt man die perfekte Bier- statt Weinempfehlung für jeden Gang eines Gourmet-Menüs.

Bier Kontor, An der Mauthalle 2, 90402 Nürnberg,
Tel. 01 76/96 90 11 38, Di–Sa 11.00–19.00.

FÜRTH

Edeka E-Center Stengel
Zu Recht wegen seiner Fülle an regionalen und internationalen Craft Bieren als Pleitemacher berüchtigt. Weil hier auch der Kenner nie Getrunkenes entdeckt, das sogar aus Japan importiert wird, ist der Einkaufswagen schnell übervoll – und der Geldbeutel leer. Top-Adresse, um sich auf eigene Faust durch die weite Welt des Craft Beers zu trinken.

Edeka E-Center Stengel, Waldstr. 101 a, 90763 Fürth,
Tel. 09 11/72 30 17 70, www.ecenterstengel.de, Mo–Sa 7.00–20.00.

ERLANGEN

Bierothek
Kleine Filiale des Bamberger Craft-Beer-Shops (s. S. 130f.) in den Arcaden. Umfangreiche Auswahl edelster, vorwiegend außergewöhnlicher Gerstensäfte, die freilich ihren Preis haben.

Bierothek, Nürnberger Str. 7 (in den Arcaden), 91052 Erlangen,
Tel. 09 51/9 64 92 50, www.bierothek.de, Mo–Sa 9.30–20.00.

Kitzmann Bräukontor
Nicht nur in Sachen Craft Beer exquisit sortierter Getränkemarkt auf dem Gelände der *Kitzmann Brauerei*. Inhaber Norbert Habla bietet einen mit Könnerschaft ausgewählten Querschnitt der fränkischen, deutschen, belgischen und britischen Edelbier- und Bierrebellenszene und freut sich, wenn er mit seinem großen Wissen den Kundengaumen schulen darf. Liebhabern härterer Stoffe öffnet er obendrein die ganz weite Welt der Whiskys, Gins und anderer edler Brände.

Kitzmann Bräukontor, Südliche Stadtmauerstr. 25, 91052 Erlangen,
Tel. 0 91 31/81 08 11, www.kitzmann.de/de/braeukontor,
Mo–Fr 9.00–19.00, Sa 9.00–17.00.

Rewe Karl-Zucker-Straße
Überbordend: Die wohl größte Craft-Beer-Auswahl weit und breit. Hier gibt es auch Raritäten aus den USA und Asien. Erklärtafeln helfen beim Herausfiltern der persönlichen Favoriten.

Rewe Karl-Zucker-Straße, Karl-Zucker-Str. 10, 91052 Erlangen,
Tel. 0 91 31/5W3 35 90, Mo–Sa 7.00–20.00.

TIEF IM SÜDEN

Was für ein Paradoxon! Dort, wo eine unter Craft-Beer-Komponisten heiß begehrte Zutat wächst, der fränkische Hopfen, muss man die Brauereien neuen Stils mit der Lupe suchen. Es hat den Anschein, als habe der erdrückend große Ruhm des Nachbarn, der Hallertau, den potenziellen Bierkreativen aus Spalt und weit drumherum den Mut zur Vision abgekauft. Egal, denn die wenigen, die tief im Süden Hopfen, Malz und Wasser zu flüssigen Kunstwerken verrühren, sind echte Leuchttürme.

HOPFEN DER WELT, ELLINGEN

DER DEALER DER HOBBYBRAUER

Man stelle sich folgende Szene vor: In einem Café – irgendwo in Franken – sitzen zwei junge Männer einander gegenüber. Der eine trägt Kapuzenpulli und Vollbart, der andere Tattoos, eine Brille und ein T-Shirt einer dieser ganz bösen Metal-Bands. Unauffällig lässig schiebt der Bebrillte ein Plastiktütchen über den Tisch und raunt: »Hab gestern meine neue Lieferung bekommen. Crystal! Hab die Hälfte für mich behalten. Geiler Shit! Das wird der Hammer! Da, der Rest ist für dich.« Jetzt könnte es sein, dass sich die Bedienung hinter der Theke ganz klein macht und panisch ein Rollkommando der Polizei alarmiert. Dabei wechselt hier nichts anderes als ein amerikanischer Aromahopfen den Besitzer.

Eine solche Szene ist nichts Seltenes, schließlich ist Franken nicht nur ein Land der Brauereien, sondern auch der Hobbybrauer – und die haben immer ein paar Gramm übrig, die sie gerne an befreundete Kollegen weiterreichen. Hopfen wohlgemerkt! Gekauft wurden sie mit größter Wahrscheinlichkeit bei *Hopfen der Welt*, dem Onlineshop von Alexander Welzel, der von Ellingen aus die Craft-Beer-Community mit ihrem Lieblingsstoff versorgt. Deutsche, amerikanische, neuseeländische und australische Bitter- und Aroma-Sorten hat er als Pellets und zum Teil auch als unverpresste, getrocknete Dolden im Sortiment, britische und tschechische natürlich auch. Seltener nachgefragt sind seine Bestände an Biergewürz aus Österreich, Slowenien, Frankreich und Polen – Anbaugebiete, die nur die Freaks unter den Heimbrauern auf dem Schirm haben. Botanisch ist die heiße Ware übrigens tatsächlich mit Cannabis verwandt. Im Gegensatz zu diesem macht sie aber nicht high. Deshalb kann Alexander Welzel auch getrost mit der goldenen Regel der Dealer brechen, niemals vom eigenen Zeug zu naschen. Gemeinsam mit zwei Freunden unterwirft er sein Sortiment einem permanenten Praxistest. 30 Hektoliter India Pale Ales, Stouts und Brown Ales, aber auch Weizen und Böcke kommen so im Jahr zusammen – für den Eigenbedarf. Hört man ihn über α-Säuren, die das Bier bitter und haltbar machen, und Aromaöle referieren, weiß man, warum ihm die Hobbybrauer-Szene vertraut. Aber auch gestandene Craft-Beer-Größen wie Bernhard Hecht (s. S. 76ff.) lieben es, wenn sich Alexander Welzel Zeit nimmt, um sie mit neuen, eben eingetroffenen Sorten anzufixen.

So wird er nur selten verwendet: frisch gepflückt

Hopfen der Welt, Tiergärtleweg 5, 91792 Ellingen,
Tel. 01 76/69 19 07 46, www.hopfen-der-welt.de,
Bezug: über die Webseite.

Pyraser Landbrauerei, Pyras 26, 91177 OT Pyras / Thalmässing,
Tel. 0 91 74/47 47-0, www.pyraser.de,
kein Direktverkauf, Standard-Sortiment u. a. mit Nassgehopftem,
Rotbier u. Sechskornbier: Bezug über den regionalen Getränkehandel.
Bezugsquellen für die »Herzblut«-Edition über die Webseite www.pyraser-herzblut.de

PYRASER LANDBRAUEREI, OT PYRAS / THALMÄSSING

DIE BRAUEREI MIT DEM WAHREN HERZBLUT

Wer auf einem echt fränkischen Dorf lebt, kann über die hippen Städter nur den Kopf schütteln, weil die schon ausflippen, wenn eine Kneipe schlappe zehn Biere auf ihrer Karte anbietet. Der Pyraser zum Beispiel. 22 Sorten offeriert ihm seine lokale Brauerei als Standard und tut dabei auch noch so, als wären ihr nassgehopftes Pils und ihr Rotbier nicht groß der Rede wert. An dem dortigen Sudkessel hat man die Messlatte, die Alltagsstoff von Craft Beer scheidet, ein wenig höher als üblich gelegt.

»Herzblut« taufte Marlies Bernreuther, die den Betrieb 2010 als elfte Generation von ihrem Vater übernommen hat, ihre Kollektion von modernen Bieren in edlem Gewand. Eine Handvoll Sorten hat sie sich bisher mit ihren Braumeistern ausgedacht. Als ersten Paukenschlag entschied sie sich für ein edles Imperial Pale Ale mit typischen Aromen tropischer Früchte wie Mango, Pfirsich und Litschi und einer höchst angenehm intensiven Bittere. Es folgte der beinahe zwölf Monate lang im Bourbonfass gereifte Bock »Oaked Whiskey Ultra«, eine Komposition mit sensorischem Tiefgang. Die Liste seiner Aromen ist schier endlos, eine halbe Stunde kann es schon dauern, bis sie sich der Gaumen korrekt und komplett notiert hat: Marzipan, Vanille, Ingwer, Leder, Orangenschale, Karamell, Zedernholz und viele mehr. Dann kam »Achims Grand Cru«, benannt nach seinem Schöpfer, dem Braumeister und Biersommelier Achim Sauerhammer, ein Weizenbock belgischen Typs, der erst mit der hauseigenen obergärigen *Pyraser*-Hefe und in einem zweiten Durchgang mit Trappisten-Starkbierhefe vergoren wurde, 26 Wochen reifen durfte und trotz 9,5 Prozent Alkohol so federleicht daherkam wie ein Kolibri. Von den wenigen, die das Glück hatten, eine Flasche zu ergattern, dürften viele in Depressionen versunken sein, denn dieser Meistertrunk wird nicht neu aufgelegt. Aber mit der »Liebe im Kornfeld« hat Braumeister Achim Sauerhammer ihnen einen neuen Grund gegeben, nach Pyras zu pilgern. Diese cremig weiche Spezialität ist das, was herauskommt, wenn sich ein Mehrkornbier und ein Weizenbock in Liebe und Gärung vereinigen.

Was die Pyraser keinem erzählen, ist, dass sie still und heimlich ihrem »Angerwirts Weizen« eine Schippe des Aromahopfens Cascade mitgegeben haben, damit es noch ein wenig fruchtiger wirkt. Das ist wahres Herzblut.

Die Fassade trügt:
in Pyras ist der Bierhorizont grenzenlos

SCHORSCHBRÄU, OT OBERASBACH / GUNZENHAUSEN

WAS ZÄHLT, SIND DIE PROZENTE

Wer braut das stärkste Bier der Welt? »Wir!«, erklärten 2010 James Watt und Martin Dickie, Gründer von *Brew Dog*, die Bier-Punks unter den Craft-Beer-Brauereien–, »wir Schotten und nicht die Deutschen!« Ihr 41 Prozent Alkohol starkes Quadrupel IPA »Sink the Bismarck« sollte es allen deutschen Starkbieren zeigen und die Craft-Beer-Community in psychedelische Sphären hinaufbeamen. Und für alle Fälle legten sie mit »The End of History« die Latte auf 55 Prozent hoch. Mehr, soll der Name sagen, geht einfach nicht. Aber der Fight ist erst dann vorbei, wenn der Schorsch sagt, dass er vorbei ist!

Der Schorsch, das ist Georg Tscheuschner, ein grundsolider gelernter Braumeister. 1996 gründete er in Oberasbach bei Gunzenhausen eine Gasthausbrauerei, die es in ihren besten Zeiten auf 1 500 Hektoliter im Jahr brachte und die sich nach guter fränkischer Sitte auf ein Helles, ein Dunkles und ein Weizenbier konzentrierte. Aber damals wusste der Franke solch ein Geschenk noch nicht zu schätzen. 2005 kürzte der Schorsch deshalb seine Öffnungszeiten auf Null herunter. Er spezialisierte sich auf den Trüffel unter den Bierstilen, den Gourmets aus aller Welt zwar nicht mit Gold, aber mit sehr viel Geld aufwiegen, den Eisbock. Man trinkt diese Rarität ihrem extremen Alkoholgehalt gemäß, als handele es sich um Likör – oder wie im Falle vom *Schorschbräu* um Schnaps. Zwischen 13 Prozent und 43 Prozent Alkohol ist so ein Bier üblicherweise stark. Doch wie bekommt es so viele Prozente? Viel Malz, spezielle, alkoholtolerante Hefen und lange Lagerung sind die Voraussetzungen. Im zweiten Arbeitsgang wird das Bier gefroren. Das in ihm enthaltene Wasser erstarrt zu Eis, flüssig bleibt nur ein kleiner Teil, in dem sich der gesamte Alkohol konzentriert. 2013 verwies der Schorsch mit dieser Methode die Schotten auf Platz zwei, wenn auch mit 57 Prozent Alkohol nur um den Hauch von zwei Prozent. Das stärkste Bier der Welt, das vom Braumeister handsigniert und in einer Holzbox auf den Markt kam, hat längst seinen Weg in exklusive Bierkeller gefunden, wo es neben Wein und Whisky weiter reifen darf. Die beiden »nominell stärkeren« »Armageddon« (65 %) und das schnell nachgeschobene »Snake Venom« (67,5 %), mit dem die ebenfalls schottische Brauerei *BrewMeister* im selben Jahr konterte, werden von echten Biernerds nicht gezählt. Das eine, munkelt man, soll in Wahrheit wesentlich schwächer und das andere nicht traditionell gebraut worden sein.

Ist er zu stark, bist Du zu schwach: kein Bier für jeden Tag

Schorschbräu, Oberasbach 16 a, 91710 OT Oberasbach / Gunzenhausen,
Tel. 0 98 31/88 32 50, www.schorschbraeu.de,
Bezug: über die Webseite.

HBZ Hechtbräu Zimmern, Zimmern 59, 91788 OT Zimmern / Pappenheim,
Tel. 0 91 43/21 25 39, www.hechtbraeu-zimmern.de,
Direktverkauf: Do 16.00–19.00, Wochenmarkt Treuchtlingen: Fr 13.30–18.00,
Wochenmarkt Weißenburg: Sa 8.00–12.00,
Bezug: über die Webseite,
Brauereibesichtigung und Braukurse für Gruppen auf Anfrage.

HBZ HECHTBRÄU ZIMMERN, OT ZIMMERN / PAPPENHEIM

DAS BRAUEREICHEN MIT DEN WÜRZIGEN IDEEN

»Bei den heutigen Großbrauereien strengt kaum mehr einer seinen Kopf an! Dabei haben sie es doch alle gelernt!« Diesen Satz bekommt so ziemlich jeder zu hören, der sich am Freitag auf dem Wochenmarkt in Treuchtlingen oder am Samstag in Weißenburg von Bernhard Hecht erklären lässt, warum seine Biere so wunderbar ungewohnt schmecken. Der unparfümiert über die Langeweile industriell erzeugter »Plörren« schimpfende, hemmungslos fröhliche Mann, der mit seiner Energie ganz beiläufig die Akkus müder Standbesucher wieder auflädt, ist ein regionales Original. Einer, der sich nicht um Konventionen schert, weil man wild und frei denken muss, damit sich im Kopf ein echt guter Einfall zusammenbraut. Und genauso schmecken auch seine Biere. *HBZ – Hecht Bräu Zimmern* – heißt die von ihm seit 2011 betriebene One-Man-Show, welcher der Ruf nacheilt, nicht nur eine der besten, sondern zugleich eine der kuriosesten Kleinbrauereien weit und breit zu sein. Und eine der radikalsten. Obwohl Bernhard Hecht zu jenen gehört, denen Wasser, Hopfen, Malz und Hefe genügen, um krass zu sein.

Sich über das Reinheitsgebot hinwegsetzen? Wozu?! In der Beschränkung zeigt sich erst der Meister. Bei den Zutaten – und beim Brauhaus. Rockabilly-Grunge-Punk Bernhard Hecht hat sich seines dort eingerichtet, wohin Eltern gerne ihre kleinen Kurt Cobains und Lemmy Kilmisters verbannen, weil deren Mut zur Kreativität sie nervt – in der Garage. Vorausgegangen waren Hobbybrauereien im Gartenhäuschen und in einem Kuhstall in Solnhofen, woraus 2005 die Mitmachbrauerei *Hochholzer Brauhaus* hervorging. 2006 unterschrieb Bernhard Hecht einen Arbeitsvertrag beim Anlagenentwickler *Bauch Engineering* in Gaimersheim bei Ingolstadt, auf dass die dort ins Stocken geratene Entwicklung einer vollautomatischen Kleinbrauanlage wieder Fahrt aufnehmen würde. Sein Auto warf traurige Scheinwerferblicke, als es dann für eine solche seinen Platz räumen musste.

Ein Pils im Stil einer deutschen Großbrauerei wird Bernhard Hecht übrigens eher nicht brauen. »Da passt das Wasser bei uns nicht.« Friedlich schüttelt er den Kopf. Aber eigentlich will er schimpfen, dass es nicht seine Sache ist, im Fahrwasser des falschen

Hechtbräu hat viel zu sagen: auch in persona

Versprechens namens »gut gehopft« zu schwimmen. Wenn Konzerne mit dieser Floskel werben, dann meinen sie in Wirklichkeit, dass sie nur beim Kochen des Sudes Dolden zugeben – günstige Bitterhopfen, die, der Name sagt es, recht viel Bitterkeit abgeben, aber kein Aroma. Bernhard Hecht aber ist Hopfenstopfer, er würzt auch mit teuren Aromahopfen, die erst beim Reifen mit in den Tank kommen. Auf diesem Weg vereinigt er zum Beispiel die ätherischen Öle der Sorten Cascade und Amarillo zu einem genialen Imperial Dark Lager. Oder: »The Secret of El Dorado« – dieses Bier verheiratet die US-Sorte El Dorado mit dem australischen Vic Secret – potenziertes Aroma erntereifer, exotischer Früchte. Noch fulminanter ist das bernsteinfarbene Lager »Amberella«. Es ist ein orangefarbener Traum von tropischem Obst und Grapefruit, eine Fruchtbombe, ein biergewordener Cocktail. So genial, dass man jedem Schluck hinterherseufzt wie dem letzten Urlaub im Süden!

Dabei war Bernhard Hecht selbst skeptisch, als er sich zum ersten Mal am Hopfenstopfen versuchte. Ein gescheit gewürztes Helles, dann ein Weizen und dann ein Dunkles wollte er brauen – dank ausgesuchter Malze schön charakterstark. Doch zugleich waren da halt auch diese vielen Einfälle, die sich längst in seinem Kopf verankert hatten. Zum Beispiel der, ein Bier zu kreieren, in dem sich typische Hopfen aus allen fünf Kontinenten mit Respekt begegnen und in dem sich die Aromen der ganzen Welt vereinen. »5continentALE« heißt es und ist wie alle ausgefallenen Ideen des Hopfenkünstlers Bernhard Hecht nur mit Glück zu bekommen. Wer die Geniestreiche der im 130 Menschen kleinen Dörfchen Zimmern, das zu Pappenheim gehört, beheimateten *Hechtbräu* probieren will, muss nehmen, was gerade zu bekommen ist. Die Regel, dass die Nachfrage den Braukalender diktiert, in der Garage gilt sie nicht. Das kreative Spiel hat dort Vorrang.

Redselig:
selbst des Brauers T-Shirt spricht

PAPPE
NH
EIMER

WEITERE EMPFEHLUNGEN: TIEF IM SÜDEN

OT THALMANNSFELD / BERGEN

Felsenbräu
Was macht man, wenn man einen guten Weizenbock im Sortiment hat? Man veredelt ihn, indem man ihn mit Hopfen stopft. Braumeister Walter Gloßner von der Thalmannsfelder *Felsenbräu* hat sich dafür den Aromahopfen Polaris ausgesucht, der dem Weizenbock eine gletscherfrische Note gibt. Das limitierte Goldstück gibt es exklusiv im 3 x 0,33-Liter-Holzträger – und wie es sich für Edelbiere gehört, ist jede Flasche von Hand nummeriert.

Felsenbräu, Felsenweg 2, 91790 OT Thalmannsfeld / Bergen, Tel. 0 91 47/9 42 66, www.solarbier-felsenbraeu.de

Bräustüberl Thalmannsfeld,
Kirchenweg 3, 91790 OT Thalmannsfeld / Bergen, Tel. 0 91 47/3 50, www.bräustüberl.net, Mi–Sa 17.00–22.30, So u. Fei 9.30–22.30.

NENNSLINGEN

Ritter St. Georgen Brauerei
Das »besondere Bier« der *Ritter St. Georgen Brauerei* in Nennslingen ist ein rötliches Ale, eine Mischung aus einem IPA und einem Amber Ale, bei dem vier Hopfensorten kombiniert werden. Zwölf Wochen darf das »Red Ale« reifen, bis es zum Kunden kommt. Und der merkt gleich, dass die Mischung aus tiefgründigem Malzbouquet und facettenreichem Hopfenprofil kein einfacher Durstlöscher, sondern etwas zum Genießen ist.

Ritter St. Georgen Brauerei, Marktplatz 1, 91790 Nennslingen, Tel. 0 91 47/2 46, www.ritter-bier.de

ANSBACH

Craftthis – Craft Beer Store and More
Bamberg hat die *Bierothek* (s. S. 130f.), Nürnberg und Erlangen auch. Würzburg hat den Craft-Beer-Store *Max Mundus* (s. S. 202f.) – und Ansbach? Auch der Regierungssitz von Mittelfranken muss nicht auf exklusive Biere aus der ganzen Welt verzichten. Seit Dezember 2015 versorgt *Craftthis* Ansbach und das Umland mit 130 Craft-Beer-Sorten sowie verschiedenen Likören, Spirituosen Biersenf u. v. m. Wem die Vintage-Dekoration im Laden gefällt, kann ebenfalls zuschlagen. Die gehört nämlich ebenso zum Sortiment.

Craftthis – Craft Beer Store and More, Fischstr. 6, 91522 Ansbach, www.craft-this-beer.de, Di–Fr 10.00–18.00, Sa 9.00–13.00.

VOM AISCHGRUND BIS GANZ WEIT NACH WESTEN

Herzogenaurach, Standort von *Puma* und *Adidas*, markiert eine Grenze. Hier ist man noch am Puls der Zeit. Dahinter beginnt eine Genussregion, die stolz darauf ist, aus ebenjener gefallen zu sein. Und die es auch sein kann. Sie macht den Eindruck, dass ihr die Kapriolen des Biermarkts nichts anhaben konnten, weil sie sie gar nicht mitbekommen hat. Lust am Experiment? Das ist die Kehrseite der Medaille. Lieber pflegt man bei einem Karpfen Traditionen, die unter Ethnologen bereits als ausgestorben galten.

BRAUEREI UND GASTHOF ZWANZGER, UEHLFELD

AM BIERTRESEN SIND ALLE GLEICH

Vielleicht wäre Karl Marx besser Biertrinker geworden. In seinen jungen Trierer Jahren becherte er jedenfalls ordentlich Wein, seine häufig in Krawall endenden Saufgelage schrieben Burschenschaftsgeschichte. Wäre er Biertrinker geworden, dann hätte der Satz von ihm stammen können, mit dem die Journalistin Franziska Bulban den »Craft-Beer-Snobismus« soziologisch sezierte: »Ich will nicht, dass man in Zukunft an der Flasche den sozialen Status erkennt.« (Franziska Bulban: *Siegeszug des Craft Beer: Gebt mir mein Bier zurück*; Oktober 2015 auf *Spiegel Online*.)

Ach, oje! Hätte sie sich doch zuvor aus ihrem urbanen Elfenbeinturm in das wahre Leben der fränkischen Provinz hinausgewagt, sie hätte den Satz sicher anders formuliert. Nach Uehlfeld zum Brauereigasthof *Zwanzger* zum Beispiel – urig gelegen mitten im Wasserland des Aischgrunds, dem Distrikt der 1 000 Teiche. Sie wäre in eine Gaststube getreten, in der egal ist, wer du bist. Man sitzt halt beim Bier zusammen. Und genießt ganz selbstverständlich auch neuartige Bierexoten! Einfach weil sie schmecken.

Neben traditionellen Schätzen wie Pils, »Hausbräu«, Dunkel oder dem kupferrot leuchtenden Jubiläumsbier »1639« braut Christian Zwanzger im monatlichen Wechsel auch Kreationen, wie sie eigentlich für Großstadt-Szene-Bars typisch sind. Den »Bock auf Vic« zum Beispiel, ein fruchtiges Weizenstarkbier, kaltgehopft mit der australischen Sorte Vic Secret. Oder soll es lieber ein »Imperial Strong Lager« sein? Oder ein Seidla »Alten Uehlfelder«, das sein Aroma Böhmischem Tennenmalz, neuseeländischem Hopfen und belgischer Hefe verdankt? Möglicherweise steht aber auch das Weihnachtsbier »Die letzte Bescherung« auf der Karte, das nach Zimt, Kardamom, Sternanis und Koriander duftet, weil es diese Gewürze enthält. Auch dieses Bier hätte die Großstadtjournalistin unaufgeregt hingestellt bekommen, weshalb ihr womöglich gar nicht aufgegangen wäre, welch Braukunstwerk es ist. Dazu einen gebackenen Karpfen. Wäre sie am ersten Freitag im Monat gekommen, hätte sie ganz normale Leute beobachten können, wie sie Fässer in die Brauerei hineinschleppen, um sie sich mit *Zwanzger*-Hausbier füllen zu lassen. So, wie es im Aischgrund und anderswo in Franken seit Jahrhunderten Brauch ist. Bei ihr in Hamburg mag Craft Beer Hipster in Szenebars dazu verführen, mit dem eigenen Wissen um Hopfensorten und -anbaugebiete zu prahlen. In Uehlfeld gibt man höchstens damit an, wie groß der Durst ist. Dort trinkt man Bier, weil es ein Bedürfnis stillt, das allen Menschen gemeinsam ist.

Brauerei und Gasthof Zwanzger, Burghaslacher Str. 10, 91486 Uehlfeld, Tel. 0 91 63/95 97 56, www.brauerei-gasthof-zwanzger.de, Di–Do 10.00–13.30 u. ab 16.00, Fr u. Sa ab 10.00, So 10.00–19.00, Infos zu Terminen und Braukursen: über die Webseite.

Distelhäuser Brauerei, Grünsfelder Str. 3, 97941 OT Distelhausen / Tauberbischofsheim, Tel. 0 93 41/80 5-0, www.distelhaeuser.de,
Bezug: im Getränkehandel in der Region Tauberbischofsheim-Heilbronn u. über www.biershop-baden-wuerttemberg.de,
Informationen zu den Braukursen der »Erlebniswelt« und zu Brauereiführungen: über die Webseite.

DISTELHÄUSER, OT DISTELHAUSEN / TAUBERBISCHOFSHEIM

BLONDINEN BEVORZUGT!

Blondinen müssen häufig für Spott herhalten. Oberflächlich seien sie, nur auf ihr Äußeres bedacht und im Oberstübchen bestenfalls mit Stroh gesegnet. Wer diese Meinung in Tauberbischofsheim in einen Getränkemarkt hineinträgt, könnte sich flugs vom Saulus zum Charmeur wandeln. Sofern er einen mit einer sexy Retro-1960er-Blondine verzierten Sixpack über die Schwelle des Geschäfts hinausträgt. »Distel Blond« heißt das Bier und hebt sich so stark von den »Gold«-Bieren der Konzernbrauereien mit ihren bestenfalls strohartigen Aromen ab, dass es in dieses Buch gehört, obwohl die Brauerei im mittlerweile baden-württembergischen Teil Frankens liegt. Es ist eine echte Craft-Beer-Spezialität – ein erstklassig gelungenes, süffiges Pale Ale. Sein betörend fruchtiges Aroma verdankt es den fünf Hopfensorten Citra, Cascade, Smaragd, Saphir und Perle. Seine 35 Bittereinheiten wären für ein gut gehopftes, trockenes Pils schon viel. Aber da, wo ein Pils bitter nachhängt, laufen beim »Distel Blond« intensive Zitrus-, Pfirsich- und Mangoaromen tief in den Mundraum hinein. Dem Gaumen ist auch lange nach dem Schlucken, als hätte ihn ein Obsthändler parfümiert. Kein Wunder also, dass 2013 bei der Premiere auf der *Grünen Woche* in Berlin acht von zehn der Befragten angaben, es auch wirklich kaufen zu wollen. Nur sitzt die *Brauerei Distelhäuser* halt nicht in der hippen Hauptstadt. Ihre Heimat ist das »Liebliche Taubertal«, das nun wahrlich nicht für Lust auf Neues bekannt ist. Das Familienunternehmen entschied, dass Aufklärung die beste Waffe gegen provinzielle Blondinen-Vorurteile sei und baute ein Sudhaus im Maßstab 1:100 nach, das als Erlebnisseminarraum für Kurse im Traditionsbier- und Craft-Beer-Brauen dient. 2014 stellten die Distelhäuser auf der Münchner Biermesse *Braukunst Live* drei neue Craft-Beer-Geschwister vor: Das dunkelblonde India Pale Ale »Lucky Hop« mit seiner Grapefruit- und Pinienaromatik, die es von den amerikanischen Hopfensorten Amarillo, Cascade, Centennial, First Gold und Simcoe erhält; das klassisch tiefschwarze Dry Stout »Loch Ness« mit Röstgerste und Hafermalz; und das brünette Classic Porter »Black Pearl« mit seinen samtig weichen Kaffee- und Schokoladennoten. Fortsetzung folgt? Aber sicher!

Blick über die Grenzen:
zweimal britische Biertradition

KLASSISCHE AUSFLUGSTAGE MIT NEUEM BIERGENUSS

EIN VORSCHLAG FÜR DEN AISCHGRUND

Mit dem Fahrrad durch das Uehlfelder Wasserland

Der Marktfleck Uehlfeld bei Höchstadt a. d. Aisch ist das Herz des fränkischen Karpfenlandes, in 1 000 Teichen wächst der begehrte Fisch zu Pfannengröße heran, um in den Monaten mit R bei Tisch für Ahs und Ohs zu sorgen. Auch wenn die kalte Jahreshälfte – September bis April – also die eigentlich richtige Zeit für einen Radausflug in die Wasserwelt des Aischgrunds wäre, im Sommer fahren sich die 25 Kilometer des Karpfenrundwegs deutlich angenehmer. Die Tour startet im Ortskern von Uehlfeld. Wer das Auto beim *Brauereigasthof Zwanzger* (s. S. 84f.) parkt, hat das Wegzeichen, einen weißen Karpfen auf schwarzem Grund, im Handumdrehen gefunden (Anfahrt mit öffentlichen Verkehrsmitteln nicht praktikabel). Richtung Westen geht es aus dem Markt hinaus zur Teichkette am Egelsbach, um nach einer Kehre dem Flüsschen Weisach zu folgen und schließlich mit Rohensaas ein Dorf zu erreichen, das auf dem Wasser zu schwimmen scheint. Dort beginnt ein Tourabschnitt, an dem die Teiche so dicht beieinander stehen, dass man übers offene Meer zu radeln glaubt. Der Schweinebraten mit Biersoße, den der Uehlfelder *Brauereigasthof Zwanzger* in Monaten ohne R empfiehlt, macht hungrig auf mehr. Ganz sicher, dass man in der Karpfensaison dann ohne Fahrrad wiederkommen will.

WEITERE EMPFEHLUNGEN: VOM AISCHGRUND BIS GANZ WEIT NACH WESTEN

PAHRES

Privatbrauerei Hofmann
Kleine, umtriebige Familienbrauerei mit einem bunten Strauß an traditionellen Bieren. Georg Hofmann, seit 2000 Chef des Hauses und ausgebildeter Biersommelier, hat ein 7,3 Prozent Alkohol starkes India Pale Ale mit ins Programm aufgenommen.

Privatbrauerei Hofmann, Dettendorfer Str. 1, 91468 Pahres,
Tel. 0 91 63/9 98 7-0, www.hofmann-bier.de, Do u. Fr ab 18.00,
Direktverkauf: Mo–Fr 7.00–18.00 u. Sa 8.00–15.00.

NEUSTADT A. D. AISCH

Hausbrauerei Kohlenmühle
2005 in einem alten Mühlenanwesen eröffnete Gasthausbrauerei, die durch die außerordentliche Güte ihrer Biere besticht. Keine spektakulären Experimente und exotischen Stile, dennoch für Craft-Beer-Fans unbedingt empfehlenswert.

Hausbrauerei Kohlenmühle, Bamberger Str. 53,
91413 Neustadt a. d. Aisch, Tel. 0 91 61/66 22 7-0,
www.kohlenmuehle.de,
Brauereigasthof: Di–Fr 11.00–23.00, Sa 11.00–24.00 u.
So 10.00–23.00.

OT NEUHAUS / ADELSDORF

Zum Löwenbräu
Liest der Franke Holzbock, denkt er unweigerlich an kleine Blutsauger, die einen im Sommer plagen können. Nur Craft-Beer-Fans denken beim »Holzbock« an einen kleinen hellen Bock, der sechs Monate lang in einem Fass der Destillerie *Heaven Hill* aus Kentucky reifen durfte. Die Auflage ist auf nur 537 Flaschen limitiert. Wem das nicht genügt, der wird in Zukunft neben den preisgekrönten *Löwenbräu*-Bieren noch zwölf Craft Biere anderer Brauereien auf der Getränkekarte finden.

Zum Löwenbräu, Neuhauser Hauptstr. 3, 91325 OT Neuhaus / Adelsdorf, Tel. 0 91 95/92 33 10, www.zum-loewenbraeu.de,
Ende Aug–Mitte Mai: Do–So 11.00–14.00 u. Mo–So 17.30–23.00,
Mitte Mai–Mitte Juli: Sa u. So 11.00–14.00, Mo–So 17.30–23.00,
Mitte Juli–Ende Aug: Mo–Sa 17.30–23.00.

FRÄNKISCHE SCHWEIZ

»Hier läuft der Weg von einem Paradies durchs andere«, schrieb der begnadete Biertrinker und Dichter Jean Paul 1798. Ganz in seinem Sinn fährt die Bahn an jedem Sommerwochenende Tausende Städter zum Beispiel nach Gräfenberg hinaus, von wo aus sie von Brauerei zu Brauerei pilgern. Es heißt, in der Fränkischen Schweiz ist das Bier so lecker, weil die Brauereien dem Fortschritt um mindestens 50 Jahre hinterherhinken. Höchste Zeit, die grüne Lunge Bierfrankens neu zu betrachten.

LADIDEL, EFFELTRICH

VON EINEM, DER AUSZOG, DAS BRAUEN BEIZUBRINGEN ...

Er ist ein Mann der klaren, deutlichen Worte, dieser Walter Simon, genannt *Ladidel*. Zum Beispiel, wenn er unverhohlen gegen die überall erhältlichen Einheitspilsner wettert:

Klarstein, Unding, Fernsehwässer,
unser Bier schmeckt siemmal besser,
wer das erkennt, der macht's wie wir:
selbst gebraut – zurück zum BIER!!

Nein, Industriebiere und ihre Dominanz mag er nicht leiden. So wenig, dass er bereits seit gut 25 Jahren in Franken unterwegs ist, um jedem, der sich dafür interessiert, in Volkshochschulen das Brauen beizubringen. Sein Credo: Wer einmal selbst mit unterschiedlichen Malzen und Hopfensorten hantiert hat, wer stundenlang in der Maische gerührt und wer gelernt hat, wie gut handwerklich gemachtes Bier schmeckt, der weiß, was gutes Bier wert ist. Der kauft keine Dosen mehr für 29 Cent und keine Kiste für vier Euro.

Und so kommt es, dass der Effeltricher, der so etwas wie der Vater der fränkischen Hausbrauer ist, einen wesentlichen Gedanken mit den ersten Craft-Beer-Revolutionären aus den USA gemein hat: »Wenn ihr nichts Gescheites braut, dann brauen wir es eben selbst!« Hausgebrautes Craft Beer als Selbstverteidigung gegen das Geschmacksdiktat der Einheitsplörren.

Für einen eigenen Sud braucht es erstaunlich wenig: einen großen Kochtopf, einen großen Kochlöffel, einen Messbecher, ein grobes Stofftuch, ein gutes Thermometer und ein Läutergefäß, das man sich mit wenig Aufwand bauen kann. Oder man kauft sich seine Ausrüstung einfach gleich bei Walter Simon. Von seinem *Ladidel*-Keller aus versorgt er die stetig wachsende Hobbybrauerszene mit Bierspindeln zur Stammwürzebestimmung (braucht man immer wieder) über Brauerjod (zur Verzuckerungsprobe) bis hin zum Läutereimer mit fast schon professionellem Schlitzblech. Selbstverständlich, dass auch Malz und Hopfen erhältlich sind, denn ohne die geht nichts.

So ausgerüstet tauchen in Franken immer mehr Hobbybrauer in die Welt des Gerstensafts ein und brauen angeleitet durch einen Braukurs munter Kellerbiere und dunkle Böcke, Weizen und unfil-

Was Hochglanzbroschüren nie zeigen würden: echte Handarbeit

trierte Pilsner. Und nicht wenige versuchen sich danach an Porter, Stout, Pale Ale oder India Pale Ale, eben an modernen Bierstilen. Craft Beer gibt es mittlerweile ja auch von den ersten Fernsehbrauern. Darum hat *Ladidel* dafür ein paar klare Worte auf Lager:

Wer Craft Beer uninformiert kauft und trinkt, ist selbst schuld, wenn es ihr / ihm nicht schmeckt!

Dem ist nichts hinzuzufügen.

Ladidel, Walter Simon, Am Felsenkeller 2, 91090 Effeltrich,
Tel. 0 91 33/60 34 67, www.der-hausbrauer.de,
Informationen zu Terminen u. Braukursen: über die Webseite,
Verkauf von Hobbybrauer-Equipment: Mi 17.00–19.00, Sommerzeit: 18.00–20.00,
Hopfen u. Malz bitte immer vorbestellen.

Brauhaus am Kreuzberg, Kreuzberg 1, 91352 Hallerndorf,
Tel. 0 95 45/47 36, www.brauhaus-am-kreuzberg.de,
im Sommer tägl. ab 11.00, im Winter Fr, Sa u. So ab 11.00.

Tipp: Am besten besucht man den Kreuzberg im Spätsommer, wenn frühmorgens leichte Nebelschleier den heiligen Berg verhüllen.

BRAUHAUS AM KREUZBERG

WO GEISTLICHE DIE MAISCHE SEGNEN

1463 befahlen die von Seckendorff von ihrem Hallerndorfer Schloss aus, dass Steine auf das Hügelplateau des Kreuzbergs hinaufzuschleppen seien, um dort statt der kleinen Kapelle zu Ehren des Heiligen Kreuzes ein stattliches Kirchlein zu bauen. Schließlich war einem Zimmermann das heilige Kreuz erschienen, das originale, an dem Jesus gekreuzigt wurde! Und Wunder hatte es auch gegeben. Da lockten zahlungskräftige Wallfahrer. Bis zu 23 Pilgergruppen sollen sich in den besten Zeiten an einem Tag auf den Kreuzberg hinaufgebetet haben – wobei zu vermuten ist, dass schon damals einige ganz andere Motive hatten als fromme Bitten. Um das leibliche Wohl der Gläubigen besorgte Brauer lockten hinter der Kirche mit ihren Bierkellern. Seit wann der Franke offen und ehrlich seinen Durst als Grund für den Weg hinauf zugibt, weiß man nicht. Spätestens seit 2007 aber wird ganz offen von Bierwallfahrten gesprochen.

In diesem Jahr baute Norbert Winkelmann nämlich seinen direkt hinter dem Kirchlein gelegenen *Friedel-Keller* zu seiner Schau- und Erlebnisbrauerei um. Der kupferne Sudkessel, an dem er höchst persönlich die Wandlung von Wasser, Malz und Hopfen zu Bier vollzieht, platzierte er wie einen Altar. Er ist von allen Plätzen des zweistöckigen Gastraums aus sichtbar. Mit dem Missionarsdrang eines Propheten kreiert er dort einen Sortenmix, der eine Ahnung gibt, was all jene erwartet, die ihm fortan in das neue Geschmacksparadies des Craft Beers folgen wollen: Kirschbier, Rotbier, Dinkelbier – hopfengestopft oder mit Früchten veredelt. Der Fels, auf den er seine Vielfalt baut, ist der »Pilgertrunk«, ein unfiltriertes Mehrkornbier, das Jahr für Jahr mit einem Geistlichen der einen oder der anderen Konfession eingebraut wird und von dessen Verkaufspreis Winkelmann einen Teil für Karitatives abzwackt. Auch Bockbiere, gereift im Bourbon-, Sherry-, Cognac- oder Whiskyfass, wollen verkostet werden. Sie betören durch ihre deutlichen Holzaromen und die seidenfeinen Noten der Spirituosen, mit denen die Behältnisse zuvor gefüllt waren. Wer nach einem reichlichen und guten Essen eine Verdauungshilfe sucht, kann mit einem von über 100 selbst gebrannten Schnäpsen fremdgehen oder dem Bier treu bleiben. Auf der Karte steht auch ein dunkler, schön schwerer Eisbock mit über elf Prozent Alkohol. Und ein Bockbier im Barley-Wine-Style mit immerhin knapp zehn Prozent Alkohol. Dieses darf bis zu zwei Jahre reifen, bevor es in kleine 0,33-Liter-Flaschen abgefüllt wird. Halleluja, Amen!

Perfekt serviert:
im Degustationsglas

BRAUEREI RITTMAYER, HALLERNDORF

NICHT CRAFT BEER, SONDERN KRAFTBIER!

Obwohl sie sich gerne über fränkische Traditionen hinwegsetzen, nennt Georg Rittmayer seine modernen Biersorten ungern »Craft Beer«. Als Chef einer fränkischen Landbrauerei, deren Geschichte bis ins Jahr 1422 zurückreicht und die zigmal in Folge für die ursprünglichste aller heimischen Sorten, das Rauchbier, mit dem *European Beer Star Award* ausgezeichnet wurde, kann er nicht einfach mal so ein Hipster-Image adaptieren. Massen verkauft man von diesen Schätzen eh nicht, und der gemeine fränkische Trinker, dessen Durst auch noch morgen über die Konkurrenzfähigkeit gegenüber Preisunterbietern wie *Oettinger* und Drückerbanden wie *Hasseröder-Beck's-Franziskaner* entscheiden wird, reagiert auf jedwede Innovation bekanntlich äußerst vorsichtig. »Kraftbiere«, mit dieser Namensschöpfung tarnt Georg Rittmayer deshalb die Kreationen, mit denen er 2012 in München auf der *Braukunst Live*, der deutschen Leitmesse für kreative Bierstile – und hernach auch in der Braugaststätte daheim in Hallerndorf bei Forchheim – die Gaumen im Sturm erobert hat. Als er damals seinen »Smoky George« präsentierte, lechzten die Besucher nach dieser ersten, schwer nach torfigem Whisky schmeckenden Trend-Kreation, der original schottisches Whiskymalz das charakteristische Aroma gibt. Sie war für das Publikum der *Braukunst Live* so ungeheuerlich neu, dass das »Smoky George« am ersten Messetag ausgetrunken war. Noch in der Nacht musste Nachschub von Hallerndorf nach München gebracht werden.

Etliche weitere Brüder und Schwestern, die der Landbraumeister seither als »Kraftbier« gezeugt hat, haben die Britischen Inseln zur Mutter. Beim Ältesten, dem »Bitter 42«, schlägt freilich noch der Franke durch, es ist ein Pils, wie es sein sollte, aber nirgends gebraut wird. Das hopfig-fruchtige »Bitter 58« hingegen macht seinem Namen alle Ehre, es wird aber untergärig, also fränkisch gebraut. Erst beim jüngsten Seitensprung sollte dann alles »very very british« sein. Das »Summer 69« ist ein waschechtes Ale, süßlich im Hintergrund, deutlich fruchtig im Hopfen: Marille, dezente Aprikosennoten, dazu noch Citrus. Ein wenig Banane mischt sich hinein.

Auch Traditionalisten bekennen mittlerweile freimütig, dass solche Techtelmechtel mit der nicht minder großen britischen Brautradition dem fränkischen Bier-Genpool gut tun, da sie ihn auffrischen … Spätestens dann, wenn sie einer von Rittmayers eher heimischen Töchtern verfallen sind.

Brauerei Rittmayer, An der Mark 1, 91352 Hallerndorf,
Tel. 0 95 45/44 09 4-0, www.rittmayer.de

Brauereigaststätte, Trailsdorfer Str. 4, 91352 Hallerndorf, Tel. 0 95 45/50 92 14,
Mi 16.00–23.00, Do–So ab 11.30 durchgehend geöffnet.

Kellerbetrieb in Hallerndorf, Tel. 01 75/8 38 13 67, u. auf dem Kreuzberg,
Tel. 0 95 45 / 45 54, geöffnet Mai– Sep.

EUROPEAN
THE BEER TASTING

Georg Rittmayer gehört zu jenen fränkischen Brauern, die sich vom Reinheitsgebot nicht in ihrer Kreativität beschnitten fühlen. Im Gegenteil: Wie zahlreiche Kollegen begrüßt er die Beschränkung auf die Zutaten Hopfen, Malz, Wasser und Hefe als Herausforderung, alle Register seiner Handwerkskunst ziehen zu müssen, um innovative Geschmackserlebnisse kreieren zu können.

»Bei uns ist eben keine Orangenschale traditionell. Gerne können belgische Brauer Orangenschalen verwenden. Unsere bayerische und fränkische Tradition ist anders. Das muss ja nicht heißen, dass sie schlechter ist. Wir brauen schon immer Bier mit den klassischen Zutaten Hopfen, Malz, Wasser (Hefe), und das funktioniert. Die Kunden geben uns recht, unser Bier schmeckt, ist einzigartig in der Welt, und noch nie haben wir etwas anderes gebraucht, um gutes Bier zu brauen. Schauen Sie sich die Zahlen an: Über 600 Bayerische Brauereien brauen durchschnittlich vielleicht drei bis zehn Sorten. Alles schmeckt anders, alles nach dem Reinheitsgebot. Das nenne ich mal Vielfalt, die muss uns erst einer nachmachen. Natürlich gibt es auch internationale Bierstile, die trinke ich ebenso sehr gerne. Aber mit unseren Möglichkeiten können so wunderbare Ergebnisse erzielt werden, da brauche ich keine Aufweichung des Gesetzes. Selbst unsere Kraftbierlinie kommt wunderbar mit dem Rahmen des Reinheitsgebots aus. Und wenn ich es dann auch noch draufschreiben kann: Perfekt!«
Georg Rittmayer

Mit seinem preisgekrönten Rauchbier:
Georg Rittmayer

Gänstaller Bräu, Schnaid Nr. 10, 91352 Hallerndorf,
Tel. 01 70/79 64 69 1, www.gaenstaller.de,
kein Direktverkauf.

GÄNSTALLER BRÄU, SCHNAID

DER WELTSTAR, DEN ZU HAUSE KEINER KENNT

Es gibt nichts, was es nicht gibt auf dieser trunkenen Welt. Von daher wird sich niemand wundern, dass die Lust der internationalen Craft-Beer-Community am Pilgern dem religiösen Eifer des Mittelalters gleicht. Für eine echt gute Reliquie ist man damals auf Knien nach Jerusalem gerutscht. Wenn heute in einer der führenden Craft-Beer-Bars mit an die 100 Hähnen gerade ein solch spezieller Bierschatz im Ausschank ist, legt der gar nicht mal so kleine Kreis, der jedes Bier der Welt verkostet haben will, liebend gerne Tausende von Kilometern mit dem Flugzeug dafür zurück. Ganz zufällig trifft man sich am Tresen – irgendwo zwischen San Francisco, Spanien und Taiwan, zwischen Finnland, Boston und Brasilien. Vernetzt ist die Community zum Beispiel über das englischsprachige Web-Forum *Ratebeer.com*. Dort kann jeder jeden Gerstensaft der Welt beschreiben und bewerten. Wer sich hier gegen Tausende anderer Biere durchsetzen kann und am besten bewertet wird, der gilt als »Star« unter den Brauern.

Einer, dessen Biere auf *Ratebeer.com* so hoch im Ranking stehen, dass die Nachricht von einer neuen Sorte die Community überallhin aufbrechen lässt – zum Beispiel ins schwedische 1 000-Einwohner-Dörfchen Söderbärke, zwei Autostunden hinter Stockholm – ist der Franke Andreas Gänstaller. Zu Hause kennen ihn nur Kollegen, Biertrinker haben von seinen weltberühmten Bieren fast nichts gehört. Kein Wunder, hat man hierzulande doch so gut wie keine Chance, ein Bier seines *Gänstaller Bräu* ins Glas zu bekommen. »Golden Frankincense Myrrh« heißt zum Beispiel die Kreation, die er 2015 zum Bierfestival *SMÖF* nach Söderbärke verschickt hatte, ein mit Myrrhe gebrautes Lager. Das Harz dieses auf der arabischen Halbinsel beheimateten Strauchs ist eigentlich nur als Geschenk des Königs Caspar am Dreikönigstag bekannt. Wer diese kuriose, subtil mit dem Aroma kristallin-kräuteriger Medizin spielende Spezialität kosten will: In ausgesuchten Beer-Pubs Skandinaviens steht sie auf der Karte. Gut 35 weitere Sorten, die dem Gaumen klar und deutlich zu verstehen geben, dass alles bisher Getrunkene doch nur zweite Wahl ist, finden ihren Weg zu den Genießern von Dänemark bis Finnland – Imperial Stouts, Rauchbiere, leichte Hopfen-&-Malz-Kunstwerke und Starkbierkaliber wie der »Amber Weizenbock«, bei dem Andreas Gänstaller Weizenmalz wider alle Regeln mit untergäriger Hefe veredelt. Wer weiter südlich unterwegs ist, findet *Gänstaller*-Biere im *Ma Che Siete Venuti a Fà*, einer römischen Bierbar,

Logo mit Federvieh: bekommt nur der Brauer zu Gesicht

die alleine 16 Sorten Fassbier ausschenkt und über zwei unterschiedlich temperierte Kühlräume für die ideale Biertemperatur verfügt. Auch in den USA zu suchen lohnt sich. Nur zu Hause in Franken, da haben gerade einmal eine Handvoll Kneipen diese Kostbarkeiten am Hahn, zum Beispiel das *Eckerts* in Bamberg (s. S. 170) hat das traditionell gebraute, sensationell intensive »Zwickel Pils« und ein wechselndes Monatsbier.

Warum sich Andreas Gänstaller ganz auf den Export stützt und wenig unternimmt, um sich auch daheim den Platz zu sichern, der seinen Bieren eigentlich zustehen müsste? Man könnte jene Großbauernschläue verantwortlich machen, die in und um Bamberg noch immer als typisch fränkischer, löblicher Charakterzug gilt. Lange Jahre hatte er eine weltberühmte Familienbrauerei gemanagt. Bis der Generationswechsel anstand. Dann war kein Platz mehr für den im Exportgeschäft gut vernetzten Andreas Gänstaller. Der sattelte um, lernte Brauer, war 46 Jahre alt, als er seinen Meistertitel überreicht bekam. Im Steigerwald pachtete er eine Brauerei mit Gasthaus, investierte viel, entwickelte seine ersten faszinierend andersartigen Biere, die im In- und Ausland Beachtung fanden – und wurde wiederum gekündigt, als der Laden brummte und der Eigentümer der Mühe Lohn für sich selbst abschöpfen konnte. In Straßgiech bei Scheßlitz baute er eine Zoigl-Wirtschaft auf – und erlebte erneut eine Wiederholung. An der Qualität seiner Biere lag es freilich nicht. Denn dank *Ratebeer.com* folgte ihm die Biergemeinde zu jeder neuen »Location« und verhinderte so, dass Andreas Gänstaller gänzlich aufgeben musste. Aus aller Welt trafen Bitten ein, beliefert und mit neuen, innovativen Bierideen beglückt zu werden. Die Konsequenz, die Andreas Gänstaller gezogen hat, springt bei einer Fahrt durch das Dörfchen Schnaid bei Forchheim ins Auge. Nichts – kein Schild, kein Logo, kein Direktverkauf – deutet darauf hin, dass der Weltstar des Craft Beers die ehemalige *Brauerei Friedel* gepachtet hat und das alte Kühlschiff im obersten Stock für seine einzigartige Technik der Aromahopfengabe nutzt. Dabei lässt er den Hopfen auf dem Kühlschiff regelrecht von der langsam abkühlenden Würze umspülen. Wenn die dann langsam abläuft, hinterlässt sie »Landschaften« im Hopfentreber, die wie das Delta eines Dschungelflusses wirken. Ein faszinierendes Bild, das nur wenige spontane Gäste zu sehen bekommen. Dafür fahren regelmäßig Laster auf den Hof, um den Geheimtipp unter den Bieren statt in die Getränkemärkte der Region in die weite Welt zu bringen. Selber schuld, möchte man traurig sagen. Wem wir Franken zu oft ein Bein stellen, der trägt uns halt das köstliche Seidla nicht mehr hinterher. Ganz auf dem Trockenen lässt uns Andreas Gänstaller ja Gottlob nicht. Hier und da findet der edle Tropfen seinen Weg in die heimische Gastronomie. Man muss nur den »Craft-Beer-Buschtrommeln« lauschen.

Altes Kühlschiff: wieder in Betrieb

Brau-Gasthof Pfister, Eggerbachstr. 22, 91330 OT Weigelshofen / Eggolsheim,
Tel. 0 95 45/9 42 6-0, www.pfister-weigelshofen.de,
Mo 11.00–23.00, Mi 17.00–23.00, Do–So 11.00–23.00, Di Ruhetag,
Bezugsquellen: über die Webseite.

BRAU-GASTHOF PFISTER, OT WEIGELSHOFEN / EGGOLSHEIM

BEER FOR ALL SEASONS

Erst wie mit Puderzucker überzogen, mit dem Petrus die Felder und Wälder dekoriert. Dann wie ein leuchtend grünes Band, in das der Frühling Farbtupfer einarbeitet: Löwenzahn, Kornblumen, die ersten Obstbaumblüten. Zugegeben, auch andere Landschaften folgen der Regel der Natur, sich zu jeder Jahreszeit neu einzukleiden. Aber nur eine hat einen Braumeister dazu inspiriert, ihre Metamorphosen in eine Serie von Bieren zu übersetzen. Stefan Pfister heißt er und betreibt mit seiner Frau Elisabeth in Weigelshofen, einem an den Rand des Eggerbachtals gesetzten Ortsteil von Eggolsheim, einen Ausflugsgasthof, der die traditionell fränkische, bodenständige Genusskultur von ihrer Angestaubtheit befreit. »Momente« hat er seine flüssigen Landschaftsgemälde getauft und sie den Jahreszeiten entsprechend durchnummeriert. Die Idee dieser Biere ist so faszinierend, dass seine »normalen Sorten«, Öko-Landbier, Öko-Schwarzbier und Öko-Weißbier, fast eifersüchtig werden möchten. »Moment« Nummer 1 fängt das noch ein wenig zaghafte Lächeln ein, mit dem die Sonne das erste Blattgrün begrüßt. Das »Frühlings.Hell« ist ein mildes, blumig leichtes Ale mit feinen Kräuter- und Hopfenaromen. »Moment« Nummer 2, die »Sommer.Frische«, huldigt den vom Wind gekämmten Weizen- und Gerstenfeldern und den von einem Schauer frisch geduschten Streuobstwiesen. Ihr Malzkörper verbreitet den Wohlgeruch von frischem Stroh – durchsetzt mit fruchtigen und grasigen Hopfen-Aromen. Die »Herbst.Kraft«, »Moment« Nummer 3, nimmt den Gaumen mit auf eine Wanderung vorbei am reifen Obst der Streuobstwiesen und roten Beeren am Wegesrand bis zu dem schön langen und angenehm röstbitteren Abgang, der zu den ersten neblig-kalten Herbsttagen passt. Dann kommt die Zeit, in der die Landschaft unter weißem Puderzuckerschnee verschwindet – und das dunkle Strong Ale mit 7,8 Prozent Alkohol und seinem Aromenspiel von Röstnoten und dem würzigen Geschmack von Holz und Trockenfrüchten wärmt. Das »Winter.Stark«, »Moment« Nummer 4, schildert jenen Abend, an dem der Franke am prasselnden Kaminfeuer sitzt, draußen Schneeflocken rieseln und in der Ferne Kirchenglocken Weihnachten verkünden. Das gelingt so gut, dass man das Ende des Jahres kaum erwarten kann. Schließlich brennt man darauf, zu sehen, wovon sich Stefan Pfister im nächsten Jahr inspirieren lässt.

Edel designt:
für gediegene Genießer

Brauerei Nikl, Egloffsteiner Str. 19, 91362 Pretzfeld,
Tel. 0 91 94/72 50 25, www.brauerei-nikl.de,
Gasthaus: Fr, Sa u. So ab 9.30, durchgehend warme Küche,
Bezug: über die Webseite.

Edelbrennerei Haas, Schmiedsgasse 2, 91362 Pretzfeld,
Tel. 0 91 94/12 56, www.destillerie-haas.com,
Mo–Fr 9.00–12.30 u. 14.00–18.00, Sa 9.00–14.00,
Bezug: über die Webseite.

NIKL BRÄU, PRETZFELD

WO EINER SEINEN BIEREN SCHNAPS SPENDIERT

Mike Schmitt gehört zur Gilde jener jungen Braumeister, die ganz genau einschätzen können, wie viel der Ruf der Fränkischen Schweiz für sie wert ist. Deshalb ist ihm auch bewusst, dass bei jedem Loblied, das auf die gute wie günstige Bier- und Wirtshauskultur der Fränkischen Schweiz angestimmt wird, immer auch deren Nachteile mitschwingen. Mitten ins Brauereisterben hinein fassten er und seine Frau Alexandra 2008 Mut und wandelten den ehemaligen Kuhstall des Urgroßvaters zum *Nikl Bräu.* Die klassische Einheit aus Sud- und Wirtshaus liegt im Dorfkern von Pretzfeld, keine 300 Meter vom Bahnhof entfernt. Am Wochenende wimmelt es deshalb nur so von Einheimischen und Ausflüglern. Bei dieser Lage hätte sich Mike Schmitt mit einem klassischen Hellen und einem kellerigen Dunklen begnügen können, um wirtschaftlich auf der sicheren Seite zu sein. Aber sein *Nikl Bräu* wollte von Beginn an auch dazu beitragen, dass das felsendurchsetzte Eck zwischen Nürnberg, Bamberg und Bayreuth seine Magnetwirkung nicht einbüßt und auch in Craft-Beer-Zeiten von Bierpilgern aus aller Welt durchstreift wird. Von Menschen also, die vom Durst auf Unbekanntes, auf Geschmacksneuländer, auf Innovation getrieben sind.

Tatsächlich kämpfen sich einige Weinanbaugebiete Italiens gerade mit Kreativität und Chuzpe auf die ersten Plätze der global attraktivsten Bierreiseziele vor. Wenn sich gute Weine durch den Fassausbau noch mehr veredeln lassen, so die Logik, dann müsste der gleiche Prozess auch Biere in himmlische Geschmackshöhen treiben können. Jedenfalls waren es die Bier-Erfahrungen, die Mike Schmitt ausgerechnet während einer Reise ins Weinland Italien darin bestätigten, wie wichtig und richtig der Mut ist, echt quer gedachte Experimente zu wagen. Auch wenn es manchmal die Not ist, die erfinderisch macht und einen interessanten Bier-Schnaps-Hybriden beim *Nikl Bräu* heranreifen lässt! Am Ende eines langen Brautags, als Mike Schmitt die Würze in den Tank füllen wollte, hatte er feststellen müssen, dass nicht alles hineinpasste. Kurzerhand bat er seinen Nachbarn um Hilfe, Johannes Haas. Der Chef und Destillationsmeister der *Edelbrennerei Haas* konnte aber lediglich mit einem Tank aushelfen, in dem sich noch ein Rest Birnenmaische befand. Das war die Geburtsstunde einer langfristige Kooperation – und der Bierspezialität »Old Django«, einem fassgereiften Bock, der klar und intensiv nach Birne mundet. Wer etwas wirklich Neues sucht,

Kein Schaum:
bei lange fassgelagerten Starkbieren normal

könnte mit ihm sein Aha-Erlebnis haben, denn dieses Getränk hat weder den gewohnten, fein süßlichen und hopfigen Charakter eines Starkbieres noch das, was man von einem scharfen Obstbrand erwartet – und doch kann es nur eine Kreuzung aus beidem sein.

Mittlerweile haben die beiden Pretzfelder das Hybrid-Spiel auf die Spitze getrieben. Johannes Haas hat den schnapsfassgereiften »Old Django« durch seine Destille gejagt und zu einem Stöffchen mit 40 Prozent Alkohol weiterveredelt. Mike Schmitt wiederum ließ sich von der *Heaven Hill Destillery* in Kentucky ein gebrauchtes Bourbon-Fass schicken, »Heaven Hill«, so heißt denn auch sein Doppelbock, der sieben Monate darin reifen durfte. In welchem Barrique ein weiterer Hybrid zu seinem Aroma fand, der »Tequila Bock«, ist selbsterklärend. Bei Preisen von bis zu 19 Euro, die man für diese Raritäten anlegen muss, wundert es freilich nicht, dass Mike Schmitt stets nur ein paar Hundert Liter ausbaut. Auch von seinem »The Village Bock«, der die britische und fränkische Biertradition miteinander verheiratet, gibt es nur 750 Flaschen. Dieses Geschmackswunder mit seinen starken 10,7 Prozent Alkohol hat er mit einer Ale-Hefe vergoren, die für ein brotiges Aroma sorgt. Der regionale Rauchbiercharakter ist der Malz-Mischung geschuldet. Quasi ein Schinkenbrot zum Trinken. Als nächster Geniestreich von Mike Schmitt könnte sich die Idee erweisen, die Unsitte abzuschaffen, Bier mit Zitronenlinonade zu panschen. Wer braucht schon ein Radler, wenn es auch möglich ist, ein hopfengestopftes Leichtbier mit Mango- und Pfirsicharomen zu brauen, das nicht minder erfrischt, den Kopf klar hält, das aber garantiert keine Zutaten aus dem Chemielabor enthält. Auf dem *Fränkischen Bierfest* in Nürnberg kam dieses Bier jedenfalls sehr gut an. Und mit der Geradlinigkeit und dem Stehvermögen, das Mike Schmitt an den Tag legt, wird auch dieses moderne Bier in der traditionsreichen Fränkischen Schweiz ein Erfolg werden.

Auch auf der Karte:
ein traditionelles Helles

Pretzfeld
Nikl-Bräu
Die Gourmetbierbrauerei
MIKE SCHMITT
Braumeister
Newsletter abonnieren:
www.brauerei-nikl.de/newsletter.php
Egloffsteiner-Str. 19
91362 Pretzfeld

KLOSTERBRAUEREI WEISSENOHE, WEISSENOHE

WO MAN LERNT, WIE'S VOR 800 JAHREN GESCHMECKT HAT

Schließen Sie bitte für einen Moment die Augen. Danke! Jetzt stellen Sie sich einen typischen Craft-Beer-Brauer vor! Wie sieht er aus? Was für ein Typ Mensch ist er? Lassen Sie sich ruhig Zeit. Legen Sie jetzt das Bild, das Sie vor Augen haben, in der Gehirnregion ab, die bei Ihnen für Klischees zuständig ist, und vergessen Sie es. Denn Sie können nur danebenliegen. Auf einem Gruppenfoto der fränkischen Craft-Beer-Freaks wäre Urban Winkler, Inhaber und Braumeister der altehrwürdigen *Klosterbrauerei Weißenohe*, jedenfalls die Person, von der man glaubt, dass sie nur durch Zufall mit aufs Bild gekommen ist und eigentlich gar nicht dazugehört. Dem Mentor der wilden Jungbrauer-Szene fehlen zwei Charakterzüge, die unabdingbar sind, um für alle sichtbar dazuzugehören. Er steht nicht gerne im Vordergrund, will einem hippen Publikum nicht jene Personality-Show liefern, die es von einem Braurebellen gratis zum Pale Ale erwartet. Und es entspricht ihm nicht, Szene-Codes zu bedienen und sich zum Beispiel eine dickrandige Hornbrille vom Flohmarkt aufzusetzen zwecks intellektuellem Gesichtsausdruck. Urban Winkler ist einer der wenigen Franken, die schon viele Jahre Erfahrung mit jenem auf dem Buckel haben, was Street-Food-Hipster und Biergourmet-Twentysomethings gerade als das Allerneueste entdecken: Bierstile, Rezepte und Zutaten vergangener Epochen, verschwundene Brauverfahren, ausgestorbene Praktiken des Veredelns und nicht zuletzt, dass es nicht nur eine Sorte Hopfen gibt und dass jede ein Bier anders schmecken lässt. Insider nennen ihn »Vaterfigur« und »alten Fuchs« und schätzen ihn als besonnenen, dabei aber immer auch streitbaren Post-68er, der sein Wissen gerne weitergibt. Denn es geht ihm um die Sache. Beweisen muss er sich nichts mehr, die Weichen sind gestellt, sein Sohn wird die Traditionsbrauerei in nicht allzu ferner Zeit übernehmen. Dass sie weiterbesteht, ist also gesichert.

Um zu spüren, was Urban Winkler dazu getrieben haben könnte, sich bereits in den 1990er-Jahren gepichte Holzfässer anzuschaffen, um darin Bier zu lagern, empfiehlt es sich, an einem heißen Sommersonntag mit der schnuckeligen, einspurigen Gräfenbergbahn vom Nürnberger Nordostbahnhof nach Weißenohe hinauszufahren. Das Pech in den Fässern bewirkt interessanterweise, dass sich dunkle Biere beim Fasslagern aufhellen, während helle dunkler werden. Der Geschmack wird reifer und erdiger. Urban Winkler kennt diesen Effekt aus seiner Jugend, in der Alutanks und das Mehrweg-Fasssystem »Keg« noch etwas exotisch Neues waren und erst allmählich in den Brauhäusern und Gaststätten Einzug hielten.

Als wollte es sich vor den Ausflüglern verstecken, duckt sich das Dorf Weißenohe ins blumengesprenkelte Wiesenland. Eine mattgelbe Kirchturmspitze lotst die Durstigen in den Hof des Klosters, wo linker Hand die Brauereiwirtschaft, der Brauereiladen und eine von Urban Winkler und seiner Frau betriebene Galerie für moderne, undergroundige Kunst um Besucher buhlen. Rechts ein schattiger, improvisiert und deshalb unwiderstehlich einladend wirkender Biergarten, dahinter das in den Wirtschaftwunderjahren als architektonischer Fremdkörper ins Ensemble eingepasste Brauereigebäude. Ganz hinten die gelbe Sandsteinfassade der 1692 nach Plänen von Wolfgang Dientzenhofer, dem wenig bekannten der fünf Brüder aus der stilprägenden Barockbaumeisterfamilie, errichtete Kirche. Die Aura eines über 900-jährigen Auf und Abs. Gegründet wurde das Kloster um 1109 und war direkt dem Papst in Rom unterstellt. 1554 wurde es aufgelöst, wechselte von lutheranischer in calvinistische Hand, um ab 1669 wieder katholische Mönche zu beherbergen. Wie das gesamte Kloster kam auch dessen Brauerei mit der Säkularisation 1803 in privaten Besitz und 1827 schließlich in die Obhut der Familie Winkler. Das verbliebene, für heutige Zwecke viel zu groß dimensionierte historische Bauensemble zu erhalten, ist ein ewiger Kampf.

Dass so viel Tradition an einem Ort nicht belasten muss, sondern gerade Raum für augenzwinkernde Kreativität bietet, erkennt man schon am Namen einer seiner beiden Craft-Beer-Linien: »Green Monkey« nennt Urban Winkler seine hopfengestopften Biere und spielt mit den englischen Begriffen für Mönch und Grüne Meerkatze. Trinken sollte man dieses Äffchen im Drei-Sorten-Vergleich. So wird es auch konfektioniert. Ausgangsbasis ist ein unfiltriertes Pils aus regionaler Bio-Gerste und mit ordentlicher Grundhopfung. Zum Reifen wird es in drei Tanks aufgeteilt. In einen hängt Urban Winkler ein Baumwollsäckchen, das mit Hersbrucker Gebirgshopfen gefüllt ist. Das zweite erhält durch die Hopfensorte Polaris ein angenehm erfrischendes Minz-Aroma, beim dritten glaubt sich der Gaumen dank der Sorte Mandarina Bavaria in Citrusfrüchten gebadet. Der dunkle Bruder der drei heißt »Red Monkey« und ist ein im gepichten Fass gelagertes Rotbier, das mit Hersbrucker Gebirgshopfen gestopft ist. Könnten die Mönche, die dereinst die Klosterbrauerei betrieben, dem heutigen Braumeister aus ihrem katholischen

Himmel herab auf die Finger schauen, sie würden sagen: »So haben wir das auch schon gemacht.« Die Kalthopfung, auch Hopfenstopfen genannt, kam erst im Lauf der letzten hundert Jahre durch eine strengere Auslegung des sogenannten Reinheitsgebots aus der Mode.

Auch mit seiner zweiten Craft-Beer-Linie hat Urban Winkler den Dialog mit den Mönchen von Weißenohe, die viele ihrer Braugeheimnisse mit hinauf in den Himmel genommen haben, gesucht. Man erkennt sie an den bauchigen Tonflaschen, in die sie abgefüllt ist. Zwei davon sind Vertreter der historischen, nicht mit dem Reinheitsgebot konformen Gewürzbiere. Besser gesagt: Sie waren es. Im Herbst 2015 mussten sie nach einer Abmahnung aus dem Verkauf genommen werden. Gruit- oder Grutbiere waren im Mittelalter die kräuterwürzige Alternative zu den Hopfenbieren. Gebraut wurden sie mit einer regional und saisonal variierenden Mischung würziger Pflanzen, die man auf dem Feld und im Wald fand und von denen heute viele in Heiltees beliebt sind, Schafgarbe zum Beispiel Erst im 16. Jahrhundert konnte sich der Hopfen endgültig gegen die Bierwürze aus Kräutern, Rinde und Wurzeln durchsetzen. Urban Winkler griff für seine Version zu Tausendgüldenkraut, Gundelrebe, Wermut, Mädesüß, Eichenrinde und Beifuß und gab natürlich auch eine Prise Hopfen in den Sud, denn ganz ohne geht es heutzutage nicht mehr. Verblüffenderweise schmeckt man die unterschiedlichen Wachstumsphasen, die Jahreszeiten, in denen die Kräuter für den jeweiligen Sud gepflückt und frisch verbraut wurden. Nicht beanstandet ist hingegen das »Virtac Bior«, Winklers Spurensuche nach dem historischen »Feiertagsbier« der Betuchten. Es enthält Zimt, Kardamom, Orangenschale, Ingwer, Nelken und Piment. Denn »damals«, im 13. Jahrhundert, erklärt das Etikett, »zeigte man seinen Wohlstand mit der massiven Verwendung seltenster, intensivster und zugleich teuerster Gewürze.« Freilich, auch diese Spezialität ist letztendlich nur ein Hobby, das der Vater des fränkischen Craft Beers zur Entspannung auf einer entsprechend winzigen, eigens für Experimente beschafften Anlage auslebt. Wie es sich für eine fränkische Familienbrauerei gehört, so gilt auch in Weißenohe die eigentliche Aufmerksamkeit den traditionellen Lagerbieren vom Pils bis zum exzellenten Bock.

Pioniertat der Fassreifung:
das Weißenoher »Barrique«

Klosterbrauerei Weißenohe, Klosterstr. 20, 91367 Weißenohe,
Tel. 0 91 92/5 91, www.klosterbrauerei-weissenohe.de,
Direktverkauf: Mo–Fr 8.00–17.00 u. Sa 8.30–12.00.

Wirtshaus, Tel. 0 91 92/63 57, www.das-wirtshaus-klosterbrauerei-weissenohe.de,
im Sommer (1 Apr–31. Okt): Di ab 16.00, Mi–Fr ab 11.00, Sa u. So ab 10.00, Mo Ruhetag,
im Winter (1. Nov–31. März): Mi–So ab 11.00, durchgehend warme Küche bis mind. 20.30.

VELDENSTEINER BIERWERKSTATT, KAISER BRÄU, NEUHAUS A. D. PEGNITZ

GROSSBRAUEREIEN KÖNNEN AUCH ANDERS

Craft-Beer-Fans debattieren gerne, bis zu welcher Größe eine Brauerei überhaupt noch »Craft«, also handwerkliches und vor allem über dem Mainstream schwebendes Bier produzieren kann. Größe und Craft – das schließt sich aus. Darin sind sich viele einig. Die Craft-Beer-Szene mag es kuschelig. Man kennt sich und sieht sich als eingeschworene Bierrebellen-Allianz. Sechsstellige Hektoliterzahlen und Begriffe wie »vollautomatische Sudhaussteuerung« gehören zur dunklen Seite der Macht, gegen die es anzubrauen gilt.

Nur so ist zu erklären, weshalb die Craft-Beer-Marke der *Kaiser Bräu*, die *Veldensteiner Bierwerkstatt*, von vielen Craft-Beer-Fans kaum wahrgenommen wird. Und das, obwohl – oder vielleicht weil – die *Veldensteiner Bierwerkstatt* Craft Beer kästenweise und zum humanen Preis in ganz normale Getränkemärkte stellt. Eigentlich müsste die Szene über Craft Beer für jedermann jubeln. Aber Anfang der 1990er-Jahre hatte sich die 1929 gegründete *Kaiser Bräu* ein Sudhaus mit einer maximalen Kapazität von einer halben Million Hektoliter pro Jahr geleistet. In Franken gehört man schon mit weit weniger Ausstoß zu den Brauerei-Riesen – und wird von eingeschworenen Craft-Beer-Fans »übersehen«.

Dabei hatten Brauereichef Josef Laus und sein Bruder und Braumeister Wolfgang Laus die *Veldensteiner Bierwerkstatt* 2009 ins Leben gerufen, um den traditionellen Biertrinkern die Geschmacksvielfalt kreativer, außergewöhnlicher Biere näherzubringen. Die erste Kreation war ein India Pale Ale, damals in Franken noch etwas elektrisierend Neues. Für die Rezeptur zog man die *Braumanufaktur Weyermann* (s. S. 146ff.) zu Rate. Der Zusammenarbeit mit dem damaligen Braumeister Oliver Honsel entsprang auch der zweite Wurf, ein Chocolate Stout, dank Karamell- und Röstmalzen tiefschwarz in der Farbe und vollmundig schokoladig im Geschmack. Jedes Jahr kam (und kommt) ein weiteres Experiment hinzu. 2011 ein Haferbier. 2012 war das Thema Whisky, man verbraute ein torfiges, aus den schottischen Highlands importiertes Malz. 2014 entzückte die *Veldensteiner Bierwerkstatt* mit einem phänomenal süffigen »Imperial Pilsner«, bei dem man die exotisch fruchtige Impulsivität eines India Pale Ales mit der untergärigen Gemütlichkeit der Pilsner Brauart gekreuzt

War ratzfatz ausverkauft:
der 2015er-Sud des »Saphier Bocks«

hatte, gehopft wurde es mit den Sorten Green Bullet aus Neuseeland und Citra aus den USA, was sich mit reichlichst intensiven Mango-, Limetten- und Tropenfrucht-Aromen übersetzen lässt. Spätestens in diesem Jahr hätte die Community aufmerksam werden dürfen.

Veldensteiner Bierwerkstatt, Kaiser Bräu, Oberer Markt 1, 91284 Neuhaus an der Pegnitz, Tel. 0 91 56/88-0, www.veldensteiner.de, Bezug: aktuelle bzw. wechselnde Sorten saisonal im regionalen Getränkefachhandel.

KLASSISCHE AUSFLUGSTAGE MIT NEUEM BIERGENUSS

VORSCHLÄGE FÜR DIE FRÄNKISCHE SCHWEIZ

Rundwanderung durch das Obst(brand)land Fränkische Schweiz

Das kleine Dorf Pretzfeld gilt auch deshalb als Tor zur Fränkischen Schweiz, weil es genauso bequem mit der Bahn (Strecke Forchheim–Ebermannstadt) zu erreichen, aber nicht ganz so überlaufen wie sein Hinterland ist. Pretzfeld markiert gewissermaßen die Grenze des Freizeitparadieses. Fast exakt beim dortigen *Nikl Bräu* (s. S. 108ff.) beginnt und endet ein Themenwanderweg, den auch Braumeister Mike Schmitt auf seiner Webseite empfiehlt, weil er der von ihm gekonnt abgewandelten Kunst des Obstbrandes huldigt. Der neun Kilometer lange »Kirschenweg« (Gehzeit ca. 2 ½ Stunden) ist ein mit gut einem Dutzend Infotafeln gespickter Lehrpfad durch die Geschichte, Kultur und Natur des die Landschaft prägenden Obstanbaus. Den Einstiegswegweiser – Symbol: zwei Kirschen – findet man bei der Kirche. Es empfiehlt sich, die längere Variante zu gehen (über die Station 5, dafür die 6 auslassen), die über den Judenberg mit seinem jüdischen Friedhof führt. Auch wenn nach drei Viertel des Wegs die erste Dorfwirtschaft lockt: Seinen Durst sollte man bis zum Ende aufheben, denn beim *Nikl Bräu* stehen neben gewohnten Bieren auch craftige Spezialitäten auf der Karte, die es ohne die Schnapsbrennerei nicht geben könnte.
Tipp: Kirschbäume blühen zwischen Mitte April und Anfang Mai.

Bierpilgern auf den Kreuzberg

Seit dem Mittelalter gilt der Kreuzberg bei Hallerndorf unter Wanderern als ein Ziel, das man sich nicht oft genug erlaufen kann. Jahrhundertelang versprach der Wallfahrtsort seinen Besuchern Seelenheil. Heute steht dank des Erlebnis-Kellers des *Brauhauses am Kreuzberg* (s. S. 96f.) das leibliche Wohlergehen im Vordergrund. Forchheim ist Ausgangspunkt eines Rundwanderwegs, der mit einer sportlichen Länge von 19,5 Kilometern (ca. 6 Stunden Gehzeit!) den Körper so stark beansprucht, dass man ihn mehrmals mit leckeren Bieren wieder aufpäppeln muss. Startpunkt ist das Rathaus, von wo die Wegmarkierung »Grüne Raute« in westlicher Richtung zunächst über die und dann entlang der Pegnitz aus der Stadt herausführt. Exakt am Stadtrand – bzw. am unübersehbaren Parkplatz »An den Röthen« – wechseln wir auf die Markierung »Gelber Senkrecht-strich«, sie führt uns über den *Lunz-Keller* (Biere der *Brauerei Greif* aus Forchheim, geöffnet 1. Mai bis 30. September) ins Schnaps-, Schäufele- und Craft-Beer-Paradies des *Brauhauses am Kreuzberg*. Zurück folgen wir der Wegmarkierung »Gelbe Raute«, die uns zunächst nach Hallerndorf führt, wo uns die Gaststätte der *Brauerei Rittmayer* (s. S. 98ff.) schon erwartet. Ordentlich tanken! Denn der weitere Rückweg (»Gelbe Raute«) ist brauereifrei, aber acht Kilometer lang.

Lunz-Keller, Tel. 09 1 95/32 71, www.kellerwaldschaenke-lunz.de, Mo–Fr ab 16.00, Sa ab 14.00, So ab 11.00, bei schlechtem Wetter geschlossen.

Über die Kalkterrassen der Lillach zu den Zapfhähnen von Weißenohe

Hinter Weißenohe, das mit der Gräfenbergbahn an Nürnberg angeschlossen ist, inszeniert die Natur seit 10 000 Jahren ein Schauspiel, dessen meditative Dramaturgie den Wanderer zu innerer Ruhe kommen lässt und sein Denken entschleunigt. Sie hat den Bach Lillach Sinterstufen bauen lassen, eine Kette von Kalkterrassen bzw. einen Reigen kleiner Wasserfälle. Der abwechslungsreichste Rundwanderweg zu ihren Ufern ist sechs Kilometer lang (Gehzeit ca. 2 Stunden). Er beginnt vor dem Tor der *Klosterbrauerei Weißenohe* (s. S. 112ff.), suchen Sie dort die Wegmarkierung »Gelber Kreis«, die Sie zunächst in nördlicher Richtung aus dem Ort hinaus und auf den Mönchsberg hinauf lotst, auf dem Sie ein herrlicher Panoramablick erwartet. Auf halber Strecke erreichen Sie die in einem schattigen Wald versteckte Quelle der Lillach. Aus dem Gestein, das sich über ihr auftürmt, schwemmt sie große Mengen Kalk heraus. Dort, wo Sie im Anschluss aus dem Wald heraustreten, beginnen die Staustufen, die der Bach aus den Schwemmstoffen geformt hat. Ganz nebenbei: Ihr Anblick verbildlicht auch, was der Franke meint, wenn er von seinem harten Brauwasser spricht. Auch wenn das Örtchen Dorfhaus anschließend darum bittet, seinem Gasthaus die Ehre zu erweisen, schlagen Sie die Einladung aus. Denn jetzt sind es nur noch wenige Meter, dann ist das eigentliche Ziel, das Bierparadies der *Klosterbrauerei Weißenohe* mit seinen flüssigen und festen Spezialitäten und der Craft-Beer-Komposition »Green Monkey« erreicht.

WEITERE EMPFEHLUNGEN: FRÄNKISCHE SCHWEIZ

SCHESSLITZ

Brauerei Drei Kronen
Wer im Bamberger Land nach einer bestimmten *Brauerei Drei Kronen* sucht, kann sich leicht verfahren, denn zwischen Memmelsdorf und Scheßlitz tummeln sich die Kronen und Krönchen wie sonst nur auf royalen Traumhochzeiten. Zu solchen Festen würden auch die in Sektflaschen abgefüllten Craft-Beer-Kreationen von Braumeister Josef Lindner passen. Gemeinsam mit Dominik Maldoner von der *Braumanufaktur Weyermann* (s. S. 146ff.) entstehen immer wieder Schätzchen wie ein »Franken Pale Ale« oder ein »Franken Brown Ale«, zum Teil auch in holzfassgelagerten Varianten.

Brauerei Drei Kronen, Hauptstr. 39, 96110 Scheßlitz,
Tel. 0 95 42/15 64, www.kronabier.de,
Mo, Di u. Do–So 9.30–13.00 u. ab 17.00, Mi Ruhetag.

HERSBRUCK

Bürgerbräu Hersbruck
»Andere nennen es Craft Beer, wir nennen es Bier-Sonderheit.« – So die *Bürgerbräu Hersbruck* über ihr Spezialbier »Brauhaus 976«. »Bier-Sonderheit« trifft es gar nicht mal so schlecht, denn obwohl obergärig passt es nicht so recht in die Kategorie Pale Ale. Am ehesten könnte man es als obergäriges, hopfenfruchtiges und ordentlich herbes Kellerbier bezeichnen. Oder als überzeugenden Craft-Keller-Crossover-Mix. Aber so ein Begriff wäre den Hersbruckern sicher wieder zu »stylish«.

Bürgerbräu Hersbruck, Lohweg 38, 91217 Hersbruck,
Tel. 0 91 51/30 03, www.hersbrucker-bier.de,
Brauereigaststätte, Unterer Markt 19, 91217 Hersbruck,
Tel. 0 91 51/9 07 15 97, Di–So 11.00–14.00 u. ab 17.00, Mo Ruhetag.

FORCHHEIM

Getränke Kistner

Craft Beer boomt, das kann man überall lesen. Aber was nützt es, wenn man an die gesuchten Schätze nicht rankommt. Rund um Forchheim versorgt *Getränke Kistner* die nach Craft Beer dürstenden Gaumen mit Hopfenbomben und holzfassgelagerten Edelbieren. Der Schwerpunkt des Sortiments liegt natürlich noch auf traditionellem, fränkischem Brauhandwerk. Aber wer auf *Hanscraft & Co.* (s. S. 210ff.), *Maisel & Friends* (s. S. 174ff.), *Riegele*, *Schneiders TAP X* und *Schönramer* steht, wird bei *Kistner* in Forchheim, Höchstadt / Aisch und Ebermannstadt fündig. Und natürlich gibt es auch die Kreativ-Getränke von *Nikl* (s. S. 108ff.), *Pfister* (s. S. 106f.) und *Rittmayer* (s. S. 98ff.) aus der direkten Nachbarschaft.

Kistner Getränkeerlebnismarkt, Sandäcker 1, 91301 Forchheim,
Tel. 0 91 91/20 06, www.getraenke-kistner.de,
Mo–Fr 8.00–20.00, Sa 8.00–16.00.

Kistner Getränkeerlebnismarkt, Friedhofstr. 27, 91320 Ebermannstadt, Tel. 0 91 94/81 89,
Mo–Do 8.00–18.00, Fr 8.00–19.00, Sa 8.00–16.00.

Kistner Getränkeerlebnismarkt, Schwarzenbacher Ring 2 c,
91315 Höchstadt a. d. Aisch, Tel. 0 91 93/ 83 19,
Mo–Fr 9.00–18.00, Sa 8.00–14.00.

IN BAMBERG UND AM OBERMAIN

Gasthäuser, in denen aus dem Eichenholzfass gezapft wird, quicklebendiges, aus der Gegenwart gefallenes Bierbrauchtum, mehr vier-, fünfhundert Jahre alte Handwerksbrauereien, als man in einem Monat besuchen kann. Das ist Bamberg und sein Umland. Wer hier aufwächst, saugt das magische Bierflair der Stadt wie Muttermilch ein. Kein Wunder also, dass man dort den Kult um neue Geschmackserlebnisse besonders souverän, professionell und weitsichtig zu handeln weiß. Bamberg und sein Umland, das war schon immer Craft Beer.

DEUTSCHE BIERAKADEMIE, BAMBERG

GAUMENAUDIENZ BEIM BIERPAPST

Bei Wein findet es niemand erstaunlich, dass es ohne Seminare und Zertifikate gar nicht möglich scheint, zu wissen, welches Tröpfchen einem wirklich schmeckt. Der Sommelier ist ein 200 Jahre alter Beruf. Deutlich jünger sind: die Erkenntnis, dass auch Bier eine Wissenschaft für sich ist sowie die *Deutsche Bierakademie* (gegründet 2013) und die Eleven, die sich dort zu Kennern schulen lassen. Wo die bayerische Bierkönigin ihr Rüstzeug bekommt und sich das deutsche Nationalteam der Biersommeliers aufs Siegertreppchen hochtrainiert, können auch Otto und Lisa Normalgenießer in vergnüglichen Kursen die schier unendlichen Weiten jenseits von Pils und Weizen erkunden. An sorgfältig ausgewählten, stimmungsvollen Locations entführen die Referenten beispielsweise in den Parallelkosmos von Bier und Whisky, zwei Verwandten ersten Grades (beide basieren auf Malz), oder verblüffen den Gaumen durch den praktischen Beweis, dass Pralinen die perfekte Speise zu dunklen Sorten sind. Auch Kochen mit Bier und Craft-Beer-Brauen stehen auf dem Kursplan. Anmelden sollte man sich frühzeitig, denn die Plätze sind heiß begehrt. Speziell dann, wenn der Dozent Markus Raupach heißt. Ob seines unermüdlichen Einsatzes für die Bierkultur gilt der Mitinhaber und kreative Kopf der *Deutschen Bierakademie* als fränkischer Bierpapst.

Seit seiner Studentenzeit schreibt Markus Raupach Gastro- und Brauereiführer, sie lotsen zum Beispiel durch die Bierlandschaften Frankens, Bayerns und Berlins. Der aktuelle Craft-Beer-Trend, so seine Meinung, könnte sich zu einem echten Impuls auswachsen und Frankens Brauereidichte zu alter Größe zurückverhelfen. Aber nicht etwa, weil sich Craft Beer vom Nischen- zum Massenprodukt mausert. Vielmehr setzt Markus Raupach darauf, dass sich die Wertschätzung für Bier im Allgemeinen verändert. Dass der biergebildete Durstige sich sagt: Ja, selbstverständlich muss es mich mehr kosten als ein Industriebier, das von Hand gebraute Kellerbier. Die *Bierakademie*, das ist auch ein Zeichen des Widerstands gegen den schärfsten Feind der fränkischen Vielfalt. Stoppt den Kult der Städter, ein Dorfwirtshaus zu loben, wo das Seidla Selbstgebrautes nur 1,90 Euro kostet. Bezahlet, was der Handwerkskunst gerecht wird!

Zuerst genießt die Nase:
Biersommelier Markus Raupach bei der Arbeit

Deutsche Bierakademie, Grüner Markt 15, 96047 Bamberg,
Tel. 09 51/91 70 05 70 u.0 95 45/4 43 28 81, www.bierakademie.net,
Informationen zu Terminen u. Kursen, u. a. in Bamberg u. Nürnberg: über die Webseite.

»Unser Bier ist frei von E-Nummern – das ist mir besonders wichtig« – Interview mit Markus Raupach, *Deutsche Bierakademie*

Das Reinheitsgebot hat in den letzten Jahren einen radikalen Imagewandel durchlebt. Gestern noch galt es bei Bierfans als Bollwerk gegen den Hang des globalisierten Marktes zum Qualitätsdumping. Heute aber gehört es fast schon zum guten Ton, es mit Spott zu überziehen und als etwas Ewiggestriges zu betrachten, weil es Craft-Beer-Brauern beliebte Zutaten wie Orangenschalen und Koriander[1] verbietet und sie juristisch in echte Schwierigkeiten bringen kann. Markus Raupach, Gründer der *Deutschen Bierakademie*, Bierjournalist und Biersommelier, ist für seinen besonnenen und nüchternen Blick auf die 500 Jahre alte Lebensmittelordnung bekannt. Der perfekte Gesprächspartner also, um die positiven Aspekte der geltenden Brauverordnung zu beleuchten.

Ich danke Ihnen für Ihr Angebot, für unser Gespräch eine Rolle einzunehmen, mit der Sie sicherlich polarisieren werden: die des Verteidigers des Reinheitsgebots.

Markus Raupach: Ja, hier muss ich allerdings einhaken. Die derzeitige Häme hat das Reinheitsgebot nicht verdient, meist resultiert sie ja auch aus Un- oder Halbwissen oder dem Bestreben, als Rebell in der Bierszene wahrgenommen werden zu wollen. Fakt ist: Das Reinheitsgebot verhindert bis heute, dass eine ganze Palette an Zusatz- und Hilfsstoffen, wie sie sonst in der EU erlaubt sind, verwendet werden dürfen. Dadurch ist unser Bier weiterhin frei von E-Nummern, und das ist mir persönlich ganz besonders wichtig. Schauen Sie mal ins Ausland, da stehen Dutzende Säcke mit Chemikalien in den Brauereien; die einen machen zum Beispiel den Schaum weg, damit die Tanks komplett befüllt werden können, die anderen sorgen dann wieder dafür, dass beim Ausschenken Schaum entsteht; all das haben wir in Deutschland glücklicherweise nicht. Hier in Bamberg zum Beispiel hat ein Metzger jahrelange Entwicklungsarbeit investiert, um die Zusatzstoffe aus seinen Wurstwaren herauszubringen, und muss nun richtig werben, um die Kunden darauf aufmerksam zu machen. Der wäre sicher froh, wenn die Metzger auch ein Reinheitsgebot hätten.

Ich frage einfach mal ganz naiv: Warum ein 500 Jahre altes Gesetz in der Gegenwart beibehalten ...?

Markus Raupach: Das Reinheitsgebot ist wichtig ... Vor allem als Marke und Kennzeichnung. Schließlich steht das Reinheitsgebot auf der ganzen Welt neben Begriffen wie »Made in Germany« und »Mittelstand« für Deutschland und deutsche Qualität. Sehr viele Brauereien auf dem Globus brauen Biere nach dem Reinheitsgebot, selbst ein echter »Craft-Beer-Rebell« wie *Stone Brewing*[2] aus Kalifornien zu 95 Prozent. Zudem gilt es als Königsdisziplin für internationale Brauereien, ein klassisches Helles, Pils oder Festbier herzustellen. Diese Biere finden Sie in fast jeder namhaften amerikanischen Craft Brewery.

Können Sie das für uns in die Perspektive des Konsumenten übersetzen?

Markus Raupach: Für die Biertrinker hat das Reinheitsgebot den Vorteil, dass sie sich sicher sein können, was in ihrem Bier drin ist bzw. nicht drin ist. Außerhalb des Reinheitsgebots können die Brauereien wohlschmeckende Biere kostengünstiger und schneller herstellen, eben unter Verwendung zahlreicher Prozessbeschleuniger, Ersatz- und Zusatzstoffe. Wenn ich die Wahl habe, ein gutes Bier so oder so zu trinken, würde ich immer das reinheitsgebotskonforme nehmen. Es erfordert zudem mehr handwerkliches Können und Know-how, auch das finde ich gut.

Man hört häufig, dass der eigentliche Nutzen aber rein ökonomischer Natur wäre und sich die Interessensverbände der Brauer deshalb für den Erhalt aussprechen...

Markus Raupach: Für die bayerische Brauwirtschaft hat das Reinheitsgebot vor allem in der Vergangenheit große Bedeutung gehabt und den rasanten Aufstieg der bayerischen Brauereien ab der zweiten Hälfte des 19. Jahrhunderts enorm gefördert. In dieser Zeit hat sich die Bierwelt radikal verändert. Machte Bayern mit seinen Bierstilen um 1850 noch ca. zehn Prozent der Weltproduktion aus, waren es 50 Jahre später etwa 90 Prozent. Noch heute gilt dieses Verhältnis, auch wenn die großen Produzenten mittlerweile in Brasilien, China und den USA beheimatet sind. Alle untergärigen Bierstile haben ihren Ursprung im ehemaligen Königreich Bayern, genauer gesagt in der Oberpfalz.

Die heutige maßgebliche Verordnung, das »Vorläufige Biergesetz«[3], ist Ländersache und wird deshalb zum Beispiel in Nordrhein-Westfalen anders gehandhabt als bei uns im Süden. Dort dürfen Brauer, was ihren fränkischen Kollegen verboten ist …

Markus Raupach: Heute gilt in Bayern – im Gegensatz zum restlichen Bundesgebiet – eine besonders strenge Auslegung des Reinheitsgebots, weswegen Sie zum Beispiel in Düsseldorf oder Berlin ein Wacholderbier brauen dürfen, aber eben nicht in Berchtesgaden oder Ingolstadt. Hier sollte in meinen Augen mittelfristig eine Lösung gefunden werden. Schließlich kann kein bayerischer Brauer etwas dafür, dass sein Betrieb zufällig im Freistaat steht. Diese Regel für »Besondere Biere« erlaubt beispielsweise auch die Berliner Weiße[4] oder die Leipziger Gose[4], zwei hervorragende Bierstile, die in den letzten Jahren regelrecht neu entdeckt wurden.

Ein Kritikpunkt, der häufig vorgetragen wird, ist, dass Großbrauereien mehr Einfluss auf die Entscheidungen des Brauerbunds hätten, dem Fachverband der Brauwirtschaft, dass sie erfolgreich Lobbyarbeit für das Reinheitsgebot betrieben, weil es ihnen nütze … und dass kleine Brauereien für Reformen wären, aber kaum Gehör fänden.

Markus Raupach: Es stimmt, dass Großbrauereien durch ihre Direktmitgliedschaft möglicherweise einen leichteren Zugang zum *Deutschen Brauerbund* haben. Allerdings habe ich mittlerweile alle Akteure persönlich gut kennengelernt und kann Sie beruhigen. Der Verband hat natürlich auch die Interessen der kleineren Brauereien im Visier. Ich glaube, diese Kritik kommt eher daher, dass die Menschen, die sie äußern, gar nicht wissen, worum es beim *Brauerbund* als Lobbyverband in der heutigen Zeit wirklich geht. Die großen Entwicklungen der Branche bahnen sich auf der europäischen Ebene an. Da steht nicht nur das Reinheitsgebot in der Kritik, sondern vor allem die vermeintliche Präventionspolitik mit all ihren Verboten und Bevormundungen im Vordergrund. Es kann gut sein, dass Werbung für alkoholische Getränke in naher Zukunft verboten wird, dass auf den Bieretiketten Säuferlebern abgebildet sein müssen und jeweils ein Warnhinweis zum Thema Alkoholmissbrauch draufstehen muss, genauso wie bei jeder Zigarettenschachtel. Das ist die Hauptaufgabe des *Brauerbundes*, hier möglichst gegenzusteuern und auch die nationale Gesetzgebung so zu begleiten, dass es nicht bald unmöglich wird, ohne großen Hintergrundapparat eine Brauerei zu betreiben. Denken Sie nur daran, dass einige fränkische Brauereien schließen mussten, weil ihr Brunnenwasser, mit dem sie seit

Jahrhunderten brauten, nicht mehr der EU-Norm entsprach. Es gab auch schon Vorstöße des *Brauerbundes*, das heutige Reinheitsgebot, das eigentlich ja »Vorläufiges Biergesetz« heißt, in ein ordentliches Gesetz zu überführen. Jeder Ernährungsminister hat sich seitdem damit befasst, aber dann lieber die Finger davon gelassen. Denn das neue Biergesetz müsste von der EU-Kommission und anderen Gremien geprüft und genehmigt werden, und dabei könnte dann im schlimmsten Fall das Reinheitsgebot komplett gekippt werden.

In der Gerüchteküche brodelt es. Von allen möglichen Seiten ist zu vernehmen, dass eine Reform des Reinheitsgebots nur noch eine Frage der Zeit sei und im Hintergrund bereits entsprechende Gespräche und Initiativen liefen, an denen Sie beteiligt seien.

Markus Raupach: Da lassen wir die Gerüchte mal brodeln. Wie schon angesprochen, gibt es viele Akteure, die sich eine Überführung des vorläufigean in ein richtiges Biergesetz wünschen, einen aktuellen Entwurf gibt es meines Wissens dafür aber noch nicht. Und wenn, dann sind an so einer Reform sicherlich eher die Juristen der Verbände und Ministerien beteiligt, als ein Journalist und Biersommelier wie ich. Es kann gut sein, dass auch hier Europa früher eine Novelle notwendig macht, als uns lieb ist. Lassen wir uns mal überraschen.

---

[1] Klassische Zutaten für ein Witbier s. Glossar, S. 254.

[2] 1996 gegründete, vielfach ausgezeichnete Keimzelle der US-Craft-Beer-Bewegung, heute die größte Brauerei in Kalifornien. Betreibt seit 2016 auch eine Dependance in Berlin.

[3] Aktuell gültige, lebensmittelrechtliche Auslegung des Reinheitsgebots, s. S. 230ff.

[4] Mit Milchsäure vergorene bzw. mit Salz gebraute Sauerbiere, zwei Stile, die in Bayern nicht gebraut werden dürfen, s. Glossar, S. 245 bzw. S. 247.

BIEROTHEK, BAMBERG

DER COOLE DEALER FÜRS GOURMET-VOLK

In einem Eckhaus in der »Oberen Königsstraße«, die Bierkenner durch die Brauereien *Fässla* und *Spezial* kennen, stellt ein Laden Biere auf eine Art zur Schau, wie man es sonst nur aus edlen Weinhandlungen kennt. 2014 haben die Jungunternehmer Christian Klemenz und David Hertl (s. S. 160ff.) dort die erste Getränkehandlung in Franken eröffnet, die zu 100 Prozent auf Craft Beer und besondere Biere spezialisiert ist. Die Vielfalt und die Internationalität, mit der die *Bierothek* die Gaumen von Einsteigern wie Kennern verblüfft, ist weit und breit konkurrenzlos, die Lückenlosigkeit der Bierstile und Brauereien ebenso. Wahre Schätze aus allen Kontinenten reihen sich aneinander. Vorsicht: Entsprechend hoch ist der Suchtfaktor, sich jedes der Edelstöffchen einverleiben zu wollen. In den Regalen warten immer weit über 100 andernorts kaum bis gar nicht zu bekommende IPAs, Porters, Barley Wines, Eisböcke, Raritäten und Kuriositäten, die ihre zum Teil stolzen Preise von bis zu 20 Euro aber auch wert sind.

Viel wurde anfangs über das Konzept der *Bierothek* gelästert, die Fläschchen wie *Gucci*-Taschen zu inszenieren – gerade einmal zwei pro Sorte stehen im Regal und suggerieren Rarität und Exklusivität – und auf gar keinen Fall einen Bierkasten aufzustellen. Doch genau dafür gab es den *German Design Award*. Klemenz und Hertl lagen auch mit ihrer Überlegung goldrichtig, dass der Franke mit ihrer Handelsware fremdeln würde und dass sie deshalb mit jenem Eifer vorgehen müssten, mit dem Baptisten einem neu entdeckten Indianerstamm die Bibel nahebringen. Im Grunde ist die *Bierothek* gar kein Geschäft. Sie ist eine Bildungseinrichtung, ein öffentlicher Hörsaal. David Hertl steht regelmäßig selbst hinterm Tresen und macht den Kunden wieder ein paar Schlückchen schlauer. Permanent finden Veranstaltungen statt, bei denen eine Aromenwelt durchreist wird, die weit größer ist als die des Weines. Sogar eine Hotline wurde eingerichtet.

Das Mutterhaus der *Bierothek* war der erste Ort in Franken, an dem Bier mit jener Sorgfalt, Liebe und Akribie behandelt wurde, mit der ein Weingut seine Grand Crus degustiert. Der Geburtsort eines Trends. Mittlerweile haben Klemenz und Hertl ihre Missionarsarbeit auf Filialen in Nürnberg und Erlangen ausgedehnt (s. S. 64f. und S. 67) – weitere werden sicher folgen.

Frankens führendes Fachgeschäft: ständig wechselndes Sortiment

Die Bierothek Bamberg, Untere Königsstr. 1, 96052 Bamberg,
Tel. 09 51/18 54 31 21, www.bierothek.de, Mo–Sa 10.00–20.00,
Bezug: über die Webseite,
Informationen zu Terminen: über die Webseite.

Café Abseits, Pödeldorfer Str. 39, 96052 Bamberg,
Tel. 09 51/ 30 34 22, www.abseits-bamberg.de,
im Sommer (mit Biergarten!): Mo–Sa 9.00–0.30 (Küche 14.00–17.00 geschlossen),
So u. Fei 9.00–23.30 (Frühstück bis 14.00);
im Winter Mo–Sa 14.00–17.00 geschlossen, warme Küche bis 22.00.

CAFÉ ABSEITS, BAMBERG

WAS ZÄHLT, SIND DIE INNEREN WERTE

Vor der Kulisse von Bambergs bierparadiesischer Altstadt will man es kaum glauben, aber es ist so: All jene, die in das wahre Himmelreich des Gerstensafts auffahren wollen, müssen ihr den Rücken kehren und in das Viertel hinter dem Bahnhof pilgern. Dort mag sich das nach seiner Lage benannte *Café Abseits* von außen als eine unstylishe und vor sich hindämmernde Nachbarschaftskneipe gebärden. Spätestens beim Blick auf die Bierkarte aber erklärt sich die wiederkehrende Auszeichnung als beste Bierwirtschaft Deutschlands, verliehen vom weltgrößten Bierforum *Ratebeer.com*. Gerhard Schoolmann, der das *Abseits* im Kollektiv mit Werner Richter und Monika Schneyer betreibt, hat die tief in den 1980ern wurzelnde, links-alternative Szenekneipe ab 1997 sukzessive in einen global bekannten Hotspot für Handwerksbiere verwandelt – lange vor der Erfindung des Trendbegriffs »Craft Beer«. Rund 60 wechselnde Sorten umfasst die Karte. Im Ausschank ist eine illustre, sich ständig neu zusammensetzende Partisanenschar aus vorwiegend fränkischen Spezialitäten und Raritäten, verstärkt von einer Handvoll starker Biertypen aus Südbayern, Belgien und – temporär – Tschechien oder von ganz woanders. Gerhard Schoolmann hat ein Faible für jene limitierten Bockbiere, India Pale Ales und Co., die, so scheint es, nur für Insider gebraut werden, denn man bekommt sie nicht im Handel – und bei der Brauerei schon gar nicht. Dort nämlich liegen im Januar schon wieder mehr Vorbestellungen für den Weihnachtsbock vor, als Liter gebraut werden. Gerhard Schoolmann treibt ihn auf, teilt ihn mit seinen Gästen. Ihn stört es nicht, wenn ihn ein Betriebswirtschaftler des Wahnsinns bezichtigt, weil er mal wieder auf Facebook postet, dass er ein letztes 15-Liter-Fässchen *Gänstaller* (s. S. 102ff.) ergattern konnte und heute anstechen wird.

Wer den besonderen Geist des *Abseits* voll genießen will, dem sei geraten, öfter zu kommen. Nur dann wird er ihn verstehen, mit Brauern und Biersommeliers aus aller Herren Länder am Tisch sitzen und in Gerhard Schoolmann, der sich nie in den Vordergrund schiebt, den großen Freigeist unter Frankens Biermissionaren erkennen.

Unspektakulär:
man sieht ihm seinen Weltruhm nicht an

»Was uns schmeckt, sollten nicht die Bürokraten entscheiden.« – Interview mit Gerhard Schoolmann, *Café Abseits*

Als man sich in Bamberg auf das Jubiläum »500 Jahre Reinheitsgebot« vorzubereiten begann und die lokalen Bierprofis um Ideen für das offizielle Programm bat, schoss einer quer. Gerhard Schoolmann, Wirt des *Café Abseits*, verbreitete im Internet den Gegenvorschlag, Zapfhähne für Sorten frei zu machen, die mit der uralten Brauverordnung brechen, um andere Geschmacksrichtungen einzuschlagen. Denn nur wenn er wisse, was das Reinheitsgebot alles verhindere, könne sich der geneigte Bierfreund wirklich eine Meinung bilden. Wir haben uns mit dem Freiheitskämpfer auf ein paar Gläser »unreiner Sorten« getroffen.

Wo man auch hinhört, wird das Reinheitsgebot gelobt und gefeiert. Sie sind da weniger begeistert. Warum?

Gerhard Schoolmann: Ob ich ein Bier trinken mag oder es ausschenke, ist unabhängig davon, ob dieses Bier nach dem Reinheitsgebot gebraut worden ist oder nicht. Ohne zu zögern schenke ich auch Biere aus, seien es belgische oder auch deutsche, die wegen des Reinheitsgebots als »alkoholhaltiges Malzgetränk« etikettiert werden müssen.

Ich dachte, die Zeiten seien vorbei, in denen nicht jedes Bier auch Bier heißen darf …

Gerhard Schoolmann: Leider werden in Bayern kreative Brauer, die »unreine« Biere brauen wollen, daran gehindert. Sie müssen in andere Bundesländer ausweichen, wo die zuständigen Stellen mitunter gar nicht wissen, dass man hierfür eine Ausnahmegenehmigung braucht, oder eine solche einfach erteilen.

Man muss sich ein Bier, das auch andere Zutaten als Wasser, Malz, Hopfen und Hefe enthält, also genehmigen lassen? Und das funktioniert in Bayern nie und ist im übrigen Deutschland eine Frage bürokratischer Willkür?

Gerhard Schoolmann: Ich mache mich gerne lustig über den *Bayerischen Brauerbund*, der das Reinheitsgebot aggressiv verteidigt. Wichtiger als das Reinheitsgebot sind mir handwerkliche Braukunst,

Transparenz, also mit welchen Zutaten gebraut wird, wer die Rezeptur entworfen hat, wer gebraut hat, wo gebraut worden ist und wo abgefüllt. Von den Brauern erwarte ich Neugierde und Leidenschaft, sich weiterzuentwickeln und sich mit anderen auszutauschen, und Qualitätsbewusstsein, statt alles möglichst billig produzieren zu wollen. Deshalb begrüße ich Vorschläge zur Weiterentwicklung des Reinheitsgebots hin zu einem Gebot, ausschließlich natürliche Zutaten zu verwenden. Warum sollte man Bier nicht auch mit Kaffee, Kakao, Honig, Kandiszucker, Salz, Himbeeren, Süßholz, Gewürzen und Kräutern, mit Tang oder Austern brauen dürfen? Kein Bäcker, kein Metzger, kein Koch würde auf solche natürlichen Zutaten verzichten wollen.

Sie zählen Ingredienzen auf, die mitunter sehr gewagt klingen …

Gerhard Schoolmann: Schon vor 500 Jahren – vor der Verkündigung des Reinheitsgebots – wurde mit solchen Zutaten gebraut. Gruitbier zum Beispiel. Es wird heutzutage wieder angeboten, unter anderem von der *Klosterbrauerei Weißenohe* (s. S. 112ff.), gebraut mit einer Kräutermischung aus Tausendgüldenkraut, Gundelrebe, Wermut, Mädesüß, Eichenrinde und Beifuß zur Würzung und Bitterung.

Aber gehen Tang und Meeresfrüchte nicht doch etwas zu weit?

Gerhard Schoolmann: Ob »unreine Biere« eine Spinnerei oder erfolgreiche Produkte sind, sollten die Käufer entscheiden und nicht die Bürokraten. Sebastian Sauer von der Kölner Brauerei *Freigeist* hat auf dem ersten *Craft-Bier-Festival* in Regensburg im Frühjahr 2015 seine »Stillwater Atlantis Gose« ausgeschenkt, gebraut mit Austernschalen und Seetang. Dieses Bier war noch vor dem Ende des Festivals ausverkauft. Austern und Tang gehören in Küstenländern wie Belgien und England übrigens seit alters her zur Bierkultur.

Wenn ein Brauer mit solchen Zutaten arbeiten will, gibt es für ihn dann wirklich keinen Weg vorbei an der deutschen Bierbürokratie?

Gerhard Schoolmann: Es gibt für Kreative immer mehr als einen Weg. Sie brauen im Ausland und importieren ihre Biere nach Deutschland, weil ausländische Biere, die nicht nach dem Reinheitsgebot gebraut werden, in Deutschland sehr wohl als Bier vertrieben werden dürfen. Oder sie wählen eine Fantasiebezeichnung und lassen das Wort Bier auf dem Etikett weg. Die *Pax Bräu* in der Rhön (s. S. 220ff.) macht sich einen Jux daraus und schreibt »Kein

Bier« auf die Etiketten ihres »Bière Blanche«, das mit Trester von Curaçao-Orangen und gemahlenem Koriander gebraut wird.

Ich habe mir sagen lassen, dass Sie auch schon »illegales« Bier im Ausschank hatten – eine in Franken und dennoch nicht nach dem Reinheitsgebot gebraute, limitierte Kreation. Wollen Sie darüber erzählen? Sie müssen ja keinen Namen nennen.

Gerhard Schoolmann: Wir haben einen Weizenbock ausgeschenkt, der untergärig gebraut worden ist. Dies ist eigentlich verboten. Weizenmalz darf laut Reinheitsgebot nur mit obergäriger Hefe kombiniert werden, warum auch immer. Die Brauerei hat aber vorher beim zuständigen Landratsamt nachgefragt und die haben es, ohne dass es einer Sondergenehmigung bedurft hätte, durchgewinkt. So war es auch bei der *Weldebräu* in Baden-Württemberg, als sie nachgefragt haben, ob sie ein Witbier mit Orangenschalen und Koriander brauen dürfen. Nicht überall teilt man die rigide Haltung des *Bayerischen Brauerbundes*, auch nicht in Bayern.

Wenn ein Verstoß gegen das Reinheitsgebot tatsächlich geahndet wird: Welche Konsequenzen drohen dem Brauer? Und ganz nebenbei Ihnen als Wirt …?

Gerhard Schoolmann: Den Brauereien droht neben einem Bußgeld die Beschlagnahme des Bieres, der Werbemittel, der teuren Etiketten. Sie müssen vor allem auf ein Produkt ihres Sortiments verzichten, das ihren Kunden gefällt. 2015 wurde bei der *Camba Bavaria* im Chiemgau vom Bayerischen Landesamt für Gesundheit und Lebensmittelsicherheit vom Bier »Oak Aged Milk Stout – Bourbon« eine Probe gezogen – von einem Bier, das eine international besetzten Jury kurz zuvor als »Craft Beer des Jahres« ausgezeichnet hatte. Auch anderen Kreationen wurde mit Ahndung gedroht, einem Teil des Sortiments. Mit einem Schlag sahen sich die Betreiber vor den Wahnsinn gestellt, einen Präzedenzfall finanziell durchstehen zu müssen. Ohne die Einnahmen aus ihren sehr gefragten Sorten. Zu diesem Zeitpunkt gab es nur ein letztinstanzliches Urteil aus dem Jahr 2005, und dieses Verfahren war zugunsten der *Klosterbrauerei Neuzelle* ausgegangen. Bei denen hatten die Behörden versucht, das Bier »Schwarzer Abt«, gebraut mit Zucker, zu kriminalisieren. Das Bundesverwaltungsgericht hat der Brauerei aus Brandenburg recht gegeben, dass ihr die zuständige Behörde eine Sondergenehmigung erteilen muss. Gegen uns Gastronomen und auch gegen Getränkehändler wurde bislang nicht vorgegangen. Weder wurden Biere beschlagnahmt noch Bußgelder verhängt.

Sie haben vorhin Ihre belgischen Biere als Beispiele für »Unreines« erwähnt. Welche würden Sie einem Gast empfehlen, der die Terra incognita außerhalb des Reinheitsgebots entdecken, sich da aber mit fränkischer Behutsamkeit herantrinken will?

Gerhard Schoolmann: Geschmacklich kaum unterscheidbar von »reinen Bieren« sind jene, bei denen mit zugesetztem Zucker ein höherer Alkoholgehalt erzeugt wird. Ein Beispiel sind die Trappistenbiere aus Rochefort. Viele haben schon einmal von der Sorte Kriek gehört, bei der dem spontan vergorenen Bier, das eher an Apfelwein erinnert, zur zweiten Vergärung Sauerkirschen zugesetzt werden. Das »Kriek Boon« auf unserer Bierkarte ist ein gutes Beispiel. Es werden auch andere Früchte verwendet, etwa Himbeeren, Erdbeeren bis hin zur Zwetschge. In Belgien ist das erlaubt, und deshalb dürfen Fruchtlambics auch nach Deutschland exportiert und hier als Bier verkauft werden.

BRAUEREI GREIFENKLAU, BAMBERG

BAMBERGS GEHEIMSTER GEHEIMTIPP

Wer in der Domstadt lebt, der kann sich, wenn er an den 6. Januar denkt, nur als einen glücklichen Menschen vorstellen. Denn die Bewohner aus dem Rest der Republik müssen lange Fahrwege, teure Eintritte und die Geschäftigkeit eines internationalen Messepublikums auf sich nehmen, wenn sie sich die ganze Aromenvielfalt von Fassreifung und Hopfenstopfen auf einmal auf der Zunge zergehen lassen wollen. Sie müssen zur *BrauBeviale* nach Nürnberg (s. S. 65) oder zur *Braukunst Live* nach München. Der Bamberger hingegen, der begibt sich am Dreikönigstag einfach in die *Brauerei Greifenklau* und vergleicht dort bei einem Schäufele, wie groß der Unterschied schmeckt, wenn ein und dasselbe Grundbier nach dem Gären mit Dolden aus der Hallertau oder aus Neuseeland gestopft – sprich: gewürzt – wird. Oder wenn ein Bier im Eichenholzfass reift.

Warum man sich in Bamberg am 6. Januar (bis 1691 der Tag des Jahreswechsels) mit ganz vielen Bockbieren »Stärk' antrinkt«? Für jedes Seidla wird man mit einem Monat Stärke und Gesundheit belohnt. So sagt es der Volksmund, so pflegt es die Bevölkerung und so wird es auch bei Stadtführungen erzählt. Was die Fremdenführer aber stets verschweigen, ist, dass beim *Greifenklau* gleich eine ganze Reihe an Craft-Beer-Böcken angestochen wird. Man erfährt es lediglich über einen formlosen Aushang am Eingang oder über Facebook. Der junge Braumeister Sigmund Brockard – der Vierte in der Familiengeschichte mit diesem Namen – verlässt sich ganz auf Mundpropaganda. Ohne Zeitplan, Stress und Trara sticht er eines seiner Experimente nach dem anderen an. 2008 hatte ein Sommelierkurs die Lust des jungen Braumeisters am Ausprobieren entfacht. An Dreikönig 2012 präsentierte er erstmals eine Parade von Starkbieren, die in Holzfässern mit verschiedenen Aromen gereift waren. Parallel zum »normalen« Bock, man kann ja nie wissen, wie die Kundschaft reagiert. Von der Begeisterung beflügelt, legte er im Jahr darauf hopfengestopfte Starkbiere nach. Dass beim *Greifenklau* auch mal im Frühling oder Sommer ein formloser Aushang informiert, dass ein Bierexot gerade die traditionellen Sorten ergänzt, wird ebenfalls nicht an die große Glocke gehängt. Der Platz in der Gaststätte ist begrenzt, und die Tische sind meist reserviert. Aber irgendwo finden Sie schon noch Platz. Nur erzählen Sie es bitte nicht weiter ...

Spontanitätsabhängig:
Was liegt heute am Hahn?

Brauerei Greifenklau, Laurenziplatz 20, 96049 Bamberg,
Tel. 09 51/5 32 19, www.greifenklau.de,
Brauereigaststätte mit Biergarten: Di–Sa 10.30–23.30, So 10.00–14.00,
Craft Biere nur dort vom Fass erhältlich.

Brauerei Schlenkerla (Heller-Bräu Trum), Dominikanerstr. 6, 96049 Bamberg,
Tel. 09 51/5 60 60, www.schlenkerla.de,
Brauereigaststätte: tägl. 9.30–23.30, warme Küche 12.00–22.00,
Bezug des aktuellen Jahrgangs »Aecht Schlenkerla Eiche«: über Webseite.

SCHLENKERLA, BAMBERG

EIN BIER SO STARK WIE EIN BAUM

Ein Mal im Jahr, im Dezember, füllt die Rauchbierbrauerei *Schlenkerla* eine acht Prozent Alkohol starke Sonderedition ab, von der sich Kenner gerne mehrere Kästen sichern, um sie bei sich im Keller abzustellen. Dort soll mit ihr dasselbe geschehen, was Wein zur Geldanlage macht, bei Bier aber allem widerspricht, was uns der Lebensmittelhandel beigebracht hat. Bockbier kann man bis zu zwei Jahrzehnte einfach stehen lassen. Jahr für Jahr reift es nach, verändert seinen Charakter, der immer weicher, komplexer und voller wird.

Weshalb das »Aecht Schlenkerla Eiche« hierfür als besonders geeignet – und nebenbei als eines der besten Rauchbiere der Welt – gilt, liegt an der Art und Weise, wie sein Malz hergestellt wird. Sie ist speziell und gibt dem Trunk von Haus aus ein konkurrenzlos breites, ja mehrdimensionales Aromenspektrum. Anstatt wie bei Rauchbieren üblich mit Buchenholz, wird die angekeimte Gerste in der hauseigenen Mälzerei mit sündhaft teurem Eichenholz gedarrt. Man darf sich das Verfahren so vorstellen, wie man es zum Beispiel von der Zubereitung eines geräucherten Heilbutt kennt, es ist uralt und war bis zum Jahr 1807, als die Heißluftdarre die Rauchofendarre ersetzte, die einzige Möglichkeit, dem Grünmalz die Feuchtigkeit zu entziehen.

Erstaunlicherweise ist es nicht egal, welche Baumart Braumeister Matthias Trum beim Mälzen buchstäblich in Rauch auflöst. Besucht man die Gaststätte *Schlenkerla*, um dort das Märzen (Buchenrauch) mit der »Eiche« vergleichszutrinken, stellt der Gaumen fest, dass Letzeres noch weicher, nobler und in sich ruhender, zugleich aber auch fülliger schmeckt. Das ist aber nur in der Weihnachtszeit möglich, denn die jährliche Ration »Eiche« ist immer rasch ausgeschenkt. Zu kaufen gibt es sie über den Onlineshop der Brauerei, wo eventuell auch noch ein älterer Jahrgang angeboten wird, man weiß ja nicht, was Matthias Trum im Lagerkeller so alles gebunkert hat. Vielleicht tauchen dort irgendwann sogar ein paar Exemplare der im Rotwein- und Bourbonfass gereiften Varianten der »Eiche« auf, die es nur in den USA zu kaufen gab. Ob der Preise, die Sammler für solche Schätze zu bezahlen bereit sind, wären sie eine echte Wertanlage.

Touristenmagnet *Schlenkerla*: man liebt es oder hasst es

ST. ERHARD, BAMBERG

FIRST WE TAKE MUMBAI, THEN WE TAKE BAMBERG

Es soll ja für Studenten heute ganz normal sein, um den halben Globus zu jetten und ein wenig Mandarin und ein paar Brocken Hindi zu lernen, denn ohne Asien-Erfahrung kommt man heutzutage nicht mehr weit. So ein Auslandssemester soll schließlich den Blick für Neues öffnen. Aber um ausgerechnet im indischen Bundesstaat Gujarat, der zu den »dry states« gehört, in denen Alkohol von wenigen Ausnahmen abgesehen verboten ist, auf die Idee zu kommen, ins Biergeschäft einzusteigen, dafür braucht man schon Weitblick. 2010 war Christian Klemenz für ein Auslandssemester in Ahmedabad am *Indian Institute of Management*. Eine der Aufgaben während des Semesters: Den Businessplan für eine Geschäftsneugründung zu erstellen. Für einen Oberfranken konnte das nur heißen, durstige indische Kehlen mit fränkischem Premium-Kellerbier benetzen zu wollen. Was als studentisches Projekt begann, ist als Marke *St. Erhard* mittlerweile eine feste Größe auf dem Biermarkt. Dass das filtrierte, bernsteinfarbene Kellerbier in den schicken transparenten 0,33-Liter-Steinie-Flaschen, das bei der *Brauerei Rittmayer* in Hallerndorf gebraut wird (s. S. 98ff.), bei den 1,3 Milliarden Indern auf dem Subkontinent und in elf weiteren Ländern rund um den Globus als exotisch »crafty« ankommt, ist keine Frage. Aber als die ersten kleinen Fläschchen in den Getränkemärkten Bambergs aufgetaucht sind, müssen sie den Kunden wie Eulen vorgekommen sein, die jemand nach Athen getragen hat. Für den nicht gerade einfachen deutschen und den noch schwierigeren fränkischen Biermarkt hat Christian Klemenz die *Bierothek* in Bamberg (s. S. 130f.) gegründet, die mittlerweile Ableger in Erlangen und Nürnberg (s. S. 67 bzw. S. 64f.) hat.

Dass die Craft-Beer-Fans in Franken und nicht nur dort das *St. Erhard* mittlerweile doch noch so warmherzig aufgenommen haben, ist zwei nachgeborenen Sorten geschuldet. Klemenz' Geschäftspartner, das Braugenie David Hertl (s. S. 160ff.), hat sie so kreiert, dass auch die Franken mit anderen Bierkulturen fremdgehen können. Wobei er speziell beim »St. Erhard Saison« den belgischen Bierstil flott modern interpretiert hat. Das »klassische Saison« ist ein leichtes, belgisches Sommerbier mit netter Hopfung und äußerst trinkfreudigen 3,5 Prozent Alkohol. Das »Saison« von *St. Erhard* hat dagegen 6,5 Prozent Alkohol, und die verwendete Hopfenmischung ruft immer wieder neue Geschmackseindrücke auf der Zunge hervor. Der geografische Bezug des »St. Erhard Farmer« liegt dagegen in den USA, dem Land der unbegrenzten Hopfenmöglichkeiten. Die Basis des »Farmer« ist der wohlgenährte Malzkörper des »Saison«. Sein Charakter der eines kalifornischen India Pale Ale – ein massiv bitterer, zugleich fröhlich fruchtiger Zeitgenosse also, risikofrei gehopft mit den Lieblingssorten der Craft-Beer-Community: Hallertauer Tradition, Equinox, Vic Secret, Mosaic und Cascade. Und die sind für den Export nach Indien eigentlich viel zu schade.

St. Erhard, Kronacher Str. 41, 96052 Bamberg,
Tel. 09 51/9 64 92 50, www.st-erhard.com,
Bezug: in den Bierotheken und über die Webseite.

Weinstube Pizzini, Obere Sandstr. 17, 96049 Bamberg,
Tel. 09 51/5 63 89,
Mo–Do 20.00–1.30, Fr u. Sa 20.00-2.00.

WEINSTUBE PIZZINI, BAMBERG

WEIL NORMAL DEN GAUMEN LANGWEILT

Auch in Franken sind die meisten Kneipen und Bars fest an Brauereien gebunden, die vorschreiben, welche Biere der Wirt auf die Karte setzen darf – schließlich wollen sie dort ihre eigenen ausgeschenkt wissen. Entsprechend wundert es nicht, wenn manch eine Weinstube ihre Unabhängigkeit nutzt, um in fremden Revieren zu wildern. *Pax Bräu* (s. S. 220ff.) und *Braumanufaktur Weyermann* (s. S. 146ff.) sind die Köder, mit denen das *Pizzini* nicht nur Bambergs Biernerds, sondern sogar Bierverrückte aus den USA zu sich ins urgemütliche Stübchen hineinlockt. Obwohl die Craft-Beer-Auswahl hinter den klassischen fränkischen Bieren weit zurückbleibt, hat sie das 110 Jahre alte Lokal zur Pflichtstation eines »Pub-Crawls« gemacht, wie man in Amerika eine Tour von Kneipe zu Kneipe nennt. Denn sie brilliert durch die wohl intensivste Konzentration an Extremkreationen außerhalb des Reinheitsgebotes, durch die man sich in Franken trinken kann. *Pax Bräu* und die *Braumanufaktur Weyermann*, das ist zwei Mal der Ehrgeiz, fortlaufend Biersorten zu erfinden, die den Gaumen neue Kontinente des Geschmacks entdecken lassen. Kontinente, deren Existenz man zuvor für so unwahrscheinlich gehalten hat wie Kolumbus 1492 Amerika. Ein mit Haferflocken gebrautes Stout, der fast vergessene Bierstil Grätzer oder ein 13,5 Prozent Alkohol starkes, mit Honig gewürztes schottisches Ale könnten darunter sein. Je nachdem, was zuletzt auf dem Braukalender der beiden Lieferanten gestanden hat.

Dass das *Pizzini* das innige Verhältnis der Bamberger zu ihren Bieren umkrempelt, ja auf den Kopf stellt, geschieht übrigens nicht zum ersten Mal. Carlo Pizzini hatte das Lokal 1905 gegründet, um die durstigen Kehlen mit Wein aus seiner geliebten Heimat Südtirol bekannt zu machen. Ob dessen Wohlgeschmack waren die Bamberger so sehr aus dem Häuschen, dass sich der gewiefte Geschäftsmann Pizzini einige solcher kaufen konnte. Die 1923 wütende Inflation und die Weltkriege ließen den Immobilienbestand freilich wieder auf die heutige Weinstube schrumpfen. Dort fühlt man sich wie in einer Künstlerkneipe der Goldenen Zwanziger. Zeichnungen und Gemälde zieren die mit dunklem Holz vertäfelten Wände. Nicht selten setzt sich ein Gast spontan ans Klavier, bringt die Tasten zum Glühen und das Publikum zum Mitsingen.

Bevorzugt nicht nach dem Reinheitsgebot: die Bierauswahl im *Pizzini*

BRAUMANUFAKTUR WEYERMANN UND WEYERMANN FAN SHOP MALZ & MORE, BAMBERG

BRAUEN WIE EIN STERNEKOCH

Man kann nicht sicher wissen, wovon Craft-Beer-Brauer nachts träumen. Aber man kann es sich in etwa ausmalen. Davon zum Beispiel, dass Craft Beer in den Supermärkten immer ausverkauft ist, wohingegen sich die Kästen mit den geschmacklich austauschbaren Fernseh-Pilsnern zu Gebirgen auftürmen, weil niemand einen mitnehmen will. Oder dass sie aus einem schier nie enden wollenden Vorrat an Malz und Hopfen schöpfen könnten. Egal, welches Malz oder welcher Hopfen, man müsste nur zugreifen und experimentieren.

Wovon andere träumen, das lebt Dominik Maldoner, Deutscher Meister der Biersommeliers 2013 und kreativer Kopf der *Braumanufaktur Weyermann*, dem weltweit führenden Hersteller von Spezialmalzen. Endlose Vorräte an allen erdenklichen Malz-, Hopfen- und Hefesorten sowie die vollkommene Freiheit zu brauen, was man will. Warum kein Helles mit Fichtennadeln? Oder mit Süßholzwurzeln? Kein Pils mit Salbei? Pumpernickel im Porter! Honig, Schokolade und Chili – wo hinein? Dominik Maldoner ist der Braumeister, der darf, wovon seine Kollegen aus den Konzernsudhäusern so weit entfernt sind wie ein Pizzalieferdienst von einem Sternekoch. Er darf nicht nur, er soll sogar für die hauseigene *Braumanufaktur* der *Mälzerei Weyermann* aus dem Vollen schöpfen und Jahr für Jahr um die 58 oder mehr verschiedene Sorten kreieren – als Haustrunk, für Feste, Kunden, für den Verkauf im eigenen *Fan Shop* und für ausgewählte Kneipen in Bamberg. Eine Zahl, die ihresgleichen sucht und zeigt, was sich so alles brauen lässt. Nicht nur wegen dieser zum Teil großartig am Reinheitsgebot vorbei gebrauten Kreationen ist die *Braumanufaktur Weyermann* bei Profis aus der ganzen Welt schon länger in aller Munde – und hoch begehrt.

Die Urheberschaft der Idee, mit verwegenen Kreationen wie einem Weizen mit Minze die Brauwelt und die Genießer gleichermaßen zu animieren, bei den Ingredienzien fürs Bier großzügiger zu denken, können Sabine Weyermann und Thomas Kraus-Weyermann für sich verbuchen, zwei Unternehmerpersönlichkeiten mit Weitblick. Mitte der 1990er-Jahre, als in Deutschland die »Pilsnerisierung« der

Bierlandschaft im vollen Gange war, die Brauereien in den Supermärkten kaum etwas anderes platzieren konnten und sich niemand für Spezialmalze und außergewöhnliche Hopfen interessierte, entdeckten sie in den fernen USA die konträr gestrickte Welt des Craft Beers. Die dortigen Bierrebellen hatten sich das Ziel gesetzt, ihrem Bier so viel Geschmack zu geben, dass der eigene Gaumen überfordert schien. Und pflegten einen so verschwenderischen Umgang mit Hopfen und Malz, dass es hierzulande als wirtschaftlicher Selbstmord gegolten hätte. Schließlich ging der Bierkonsum daheim in Deutschland nach Jahren des Wachstums zurück.

Mit dem Craft-Beer-Boom in den USA entwickelte sich auch das Sortiment an Spezialmalzen. Über 85 sind mittlerweile im Angebot. Selbst Craft-Beer-Brauer können diese Vielfalt kaum überblicken – weshalb es neuerdings für Malz ähnlich wie für Hopfen ein eigenes »Malz Aroma Rad« gibt, das einem anzeigt, welche Aromen von Honig bis Schokolade oder von Rosinen bis Vanille zu erwarten sind. Und warum soll man nur beim Wein und beim Hopfen in Anbaugebieten denken? Die Bodenbeschaffenheit und das Mikroklima schlagen sich eben nicht nur bei Rebstöcken auf den Geschmack dessen durch, was im Herbst geerntet wird. Die Region prägt den besonderen Geschmack, das »Terroir« eines Bieres, weshalb seit ein paar Jahren über das »Terroir« des Malzes nachgedacht und wieder alte, charakterstarke Getreidesorten verarbeitet werden.

Dieses Rohstoff-Paradies reservieren die Weyermänner allerdings nicht für sich selbst. Immer wieder sind Brauer aus der ganzen Welt – von Brasilien, den USA über Australien bis zum nicht so fernen Österreich – zu Gast in Bamberg, um dort einerseits zu lernen und andererseits ihr Wissen weiterzugeben. Auch heimische Brauer nutzen die *Braumanufaktur Weyermann* regelmäßig, um unter fachkundiger Begleitung neue Ideen umzusetzen.

Aber was ist mit dem gemeinen Bamberger Biertrinker? Wenn der »seine« Brauereien aufzählt, hört man: *Schlenkerla*, *Mahr's Bräu* und *Keesmann*, *Spezial* und *Fässla*, *Klosterbräu* und *Greifenklau*, *Ambräusianum* und die im ehemals eigenständigen Stadtteil Gaustadt beheimatete *Kaiserdom*. Die *Braumanufaktur Weyermann* fehlt bei der Aufzählung oft, denn ihr *Fan Shop* war immer nur zwei Stunden vormittags und zwei bis drei am Nachmittag geöffnet. Vor oder nach der Arbeit mal schnell ein paar Fläschchen mitnehmen? Fehlanzeige! Vor zehn und nach sechzehn Uhr stand man durstig vor verschlossenen Türen.

Das hat sich seit 2014 Gott sei Dank geändert. Gleich neben der Mälzerei entstanden auf dem Gelände des Eisenbahner Turn- und Sportvereins der *Weyermann Craft Beer Fan Shop* mit einkaufsfreundlichen Öffnungszeiten und ein Besucherzentrum mit Räumen für Verkostungen und Seminare. Craft-Beer-Freunde juchzen, denn neben dem wechselnden Sortiment der *Braumanufaktur Weyermann* bekommen sie in dieser »Bierbibliothek« quasi alles, was das Herz begehrt: *Birrificio Italiano, Crew Republic, Brewdog* und *Brewfist, Left Hand Brewing Company,* die beliebten *Braufactum*-Biere, Unmengen fränkischer Spezialitäten von Hof bis Miltenberg. Ein ganz besonderes Highlight sind die Regalmeter mit den fassgelagerten Spezialbieren, Eisböcken etc. Was die Voraussetzung dafür ist, um in dieses Traumland der Biergourmets Aufnahme zu finden? Die Brauereien sind Kunden der *Mälzerei Weyermann*. Aber wer in der internationalen Bierwelt ist das nicht? Daneben gibt es noch edle Brände, Whiskys und Gin, das neue »Steckenpferd« der Weyermänner. Besonders empfehlenswert ist der Besuch am Samstag, denn dann ist von 10.00 bis 14.00 Uhr »Open Bottle Day«.

Nur eine Sache sucht man im *Fan Shop* der *Mälzerei Weyermann* vergebens: Säcke mit Malz. Die gibt es nur als Schauobjekt – oder als Tüten gefüllt mit köstlich süß-gebranntem Knuspermalz. Das stiehlt jeder Tüte gebrannte Mandeln locker die Schau, und damit lässt sich zur Not auch mal der draußen im Auto wartende Schatz besänftigen, wenn es mit dem Bier-Shoppen wieder länger dauert. Und das wird es. Garantiert!

Am Sonntag muss übrigens auch niemand mehr nach den einzigartigen Kreationen von Dominik Maldoner dürsten. Kunstwerke der *Braumanufaktur Weyermann* gibt es in Bamberg mittlerweile im *Café Abseits* (s. S. 132ff.), in der *Weinstube Pizzini* (s. S. 144ff.) in der berühmten Sandstraße unweit vom *Schlenkerla* und neuerdings immer wieder auch in Bambergs ältester Gaststätte, dem *Sternla* (s. S. 170).

Braumanufaktur und Mälzerei Weyermann, Brennerstr. 17–19, 96052 Bamberg,
Tel. 09 51/9 32 20-0, www.weyermann.de,
Bezugsquellen: über die Webseite.

Weyermann Fan Shop Malz & More, Brennerstr. 15, 96052 Bamberg,
Tel. 09 51/93 22 07 64,
Mo–Do 13.00–18.00, Fr 10.00–12.00 u. 13.00–18.00, Sa 10.00–14.00.

Zapfhahn Bierhaus & Burgergrill, Untere Sandstr. 14, 96049 Bamberg,
Tel. 09 51/51 91 99 22, www.zapfhahn-bamberg.de,
Di–Do 17.00–1.00, Fr u. Sa 11.00–3.00 (Küchenpause 14.30–17.00),
So 11.30–1.00 (Küchenpause 14.30–16.30),
Informationen zu Terminen u. Veranstaltungen: über die Webseite.

ZAPFHAHN, BAMBERG

NOMEN EST OMEN

Kennen Sie den Witz, in dem eine Frau einen Mann fragt: »Du, was ist dein liebstes Tier?« – und er darauf: »Der Zapfhahn.«? Zugegeben, ein Schenkelklopfer ist das nicht. Dass er dennoch das Format eines Klassikers hat, mag an der magischen, ja fast schon erotischen Anziehungskraft liegen, die die Verbindung aus silbern glänzendem Metall und golden schäumendem Bier speziell auf Männer ausübt. Welcher Träger des XY-Gens würde sich nicht am liebsten hinter die Theke klemmen, statt davor zu sitzen, um zärtlich Hahn und Glas zu vereinen, es zu füllen, sich am Anblick des goldenen Nektars zu laben.

So haben das Lars Baldes und Till Deininger freilich nicht gemeint, als sie 2014 ihre neue Kneipe *Zapfhahn* eröffneten. Eher steht sie für die sportliche Herausforderung, im Kreise Gleichgesinnter ein ganzes Kamasutra an Bieraromen zu verkosten, um sich zum ersten Mal im Leben wirklich befriedigt zu fühlen. Fünf Bamberger Biere vom Fass und insgesamt über 35 handwerklich gebraute Flaschenbiere, dazu noch zehn nationale und internationale Craft Biere, haben die Szene-Gastronomen hinter ihre Theke geparkt. Das genügt, um auch gestandene Genusstrinker etliche Abende zu beschäftigen und die Empfindsamkeit und Sensibilität ihrer Geschmacksknospen auf die Probe zu stellen.

Als feste Grundlage werden coole Burger aufgetischt. Bei denen setzt man ganz auf Regionalität, die Brötchen zum Beispiel kommen von der *Bäckerei Seel* drei Straßen weiter. Wie wäre es also mit einem Barley Wine von *Crew Republic*, einer Brauerei aus München, die den Craft-Beer-Trend mitangeschoben hat, als Aperitif? Oder einem Imperial Stout aus der Edelkollektion von *Schönramer*, einer Familienbrauerei aus der Region Traunstein? Wäre dann eine der Urmütter der deutschen Craft Biere, der *Riedenburger* »Dolden Sud«, recht? Und zum Nachtisch ein cremig süßer New York Cheesecake und dazu ein steintrocken-bitteres Hardcore-India-Pale-Ale der legendären schottischen Brauerei *Brew Dog*? Bei der wechselnden Auswahl an Craft Beer setzt das *Zapfhahn*-Team auf professionelle Unterstützung der Sommeliers aus der *Bierothek* (s. S. 130f.). Weil aber nicht jeder Biertrinker auch ein Craft-Beer-Profi ist, veranstaltet der *Zapfhahn* immer wieder Craft-Beer- und Whisky-Tastings.

Wiederkommen garantiert: bei dieser Bierkarte

MAINSEIDLA, BRAUHAUS BINKERT, BREITENGÜSSBACH

DIE DORFBRAUEREI, DER DIE CRAFT-BEER-PRIMUSSE VERTRAUEN

In freier Wildbahn, so heißt es, bringt der Tod immer auch neues Leben, denn erst wenn ein alter Baum stirbt, hat ein junger Licht und Luft, um zu gedeihen. Leider lässt sich dieses Naturgesetz nicht auf das Absterben der Dorfbrauereien übertragen. Obwohl es sich bei Franken um die weltweit letzte Region mit der Brauereidichte eines Urwalds handelt, keimt auch dort nicht für jedes stillgelegte Sudhaus automatisch ein neues. Wenn aber doch das Wunder eintritt, können sich die Menschen glücklich schätzen. Und das tun sie auch! Man erkennt es am Zuspruch, den Anja und Jörg Binkert seit der Gründung von *Mainseidla* aus der Mitte ihrer Dorfgemeinschaft erfahren. Dank 3500 durstiger Seelen konnte das nördlich von Bamberg gelegene Breitengüßbach zu einem Hotspot wuchern, der Craft-Beer-Kenner aus Nah und Fern magisch anzieht.

2011 hatte die lokale *Brauerei Hümmer* wegen Altersschwäche aufgeben müssen – nach 369 Jahren, der Investitionsstau war einfach zu groß geworden. »Weil in Oberfranken jede Gemeinde mindestens eine Brauerei braucht«, baute sich Jörg Binkert, im Brotberuf Leiter der Entwicklungsabteilung beim Bamberger Brauanlagenhersteller *Kaspar Schulz*, eine solche in die Garage. Anja Binkert, dem Arbeitsmarkt nach 15 Jahren Erziehungspause nur ein kaltes Schulterzucken wert, übernahm den Fulltime-Job in Sachen Marketing und Vertrieb. Getragen vom Lob der lokalen Vereine, konnten die beiden kein Jahr später draußen im Industriegebiet den ersten Spatenstich für ihr *Brauhaus Binkert* feiern. Dort, wo die Pedaltreter des Main-Radwegs unter der Autobahn A73 durchstechen, fließt eine auf fünf eigene Sorten angewachsene, irre Melange an Stilen in die Gläser. Was schon immer gut war, paart sich mit vermeintlich Exotischem.

Jörg Binkert kennt nicht nur die Vorzüge der heimischen Brautradition, er weiß auch um ihre Mängel – und wie man sie beseitigt: durch einen Blick über den Tellerrand. Als Realist kreierte der diplomierte Braumeister zunächst jene drei Sorten, ohne die er daheim nicht als trinkenswert gegolten hätte, ein klassisches Lager also, ein naturtrübes Kellerbier und ein Weizen. Was jetzt noch fehlte, waren die Tüpfelchen auf den beiden Is von *Mainseidla*. Auf der Suche nach einer Geschmacksnuance, mit der sich auch die weibliche Hälfte der Menschheit wie im Paradies fühlen würde, holte er sich in Belgien seine Inspiration. Das Amber, dort typisch, hier unbekannt, ist nah am Gewohnten gebaut und doch fruchtiger und anders. Ein kluger Zug, denn in der Szene gilt es als trendy und cool. Zugleich wird es aber auch von jenen, die nie dem Bewährten abschwören würden, in ganzen Kästen nach Hause getragen. Allerdings: Die Damen unter den Gästen des Brauerei-Taphouses – sie liebäugeln längst mit einem anderen. Seit Frühjahr 2013 verwenden sie bei ihrer Bestellung ein Wort, das in Franken bis dato niemand kannte: Porter. »Die Leute verlangten ein Dunkles – und ein normales wollte ich auf keinen Fall machen«, rekapituliert Binkert, weshalb er diesen fast ausgestorbenen Bierstil zu seiner Stammsorte Nr. 5 erkor. Porter war im 18. Jahrhundert in London erfunden worden, nach einem spektakulären Aufstieg und Fall hatte es in der DDR eine letzte Überlebensnische gefunden. Bei Jörg Binkert erhält es seine schwere Süße – ein Bier so vitalisierend wie Traubenzucker, so nahrhaft wie Keksteig – freilich nicht wie dort durch zugegebenen Sirup. Sein Porter folgt – obwohl für Binkert eine Verordnung mit Reformstau – streng dem Reinheitsgebot. Genauer gesagt: Es folgt dem selbst gegebenen *Binkert*-Regionalitätsgebot, das besagt, dass nicht nur Hopfen und Malz, sondern auch Flaschen, Kronkorken, Bierkästen und Co. aus Franken stammen müssen. Dafür wird erlaubt, dass sich bei den neuen experimentellen Saisonbieren, mit denen *Mainseidla* ab 2016 die Lust am Ausgefallenen stillen will, vielleicht auch Zutaten wie Thymian auf dem Etikett finden. Für die Biere anderer verwendet Jörg Binkert sie längst. Unter Craft-Beer-Kennern gilt Breitengüßbach auch als der Ort, den man aufsucht, wenn man selbst eine geile Rezeptur entwickelt, aber keine Möglichkeit hat, sie in großer Menge umzusetzen. Ein Kräuter-Bier für Portugal, India Pale Ales und andere Stile jenseits der Norm – diverse Primusse und Newcomer lassen sie Jörg Binkert brauen.

MAINSEIDLA-BIERE

DIE TRADITIONELLEN

Original
Ein klassisch fränkisches, untergäriges, stohblondes Lager. Der Malzkörper nimmt das Bittere des Hopfens so harmonisch in sich auf wie die Landschaft bei Breitengüßbach den Main. Nicht einfach ein regionales, sondern ein mikroregionales Bier, dessen Milde exakt den Charakter seines Herkunftsortes spiegelt. Vorsicht: sehr hohe Drinkability! 11,9 Prozent Stammwürze, 4,9 Prozent Alkohol.

Kellerbier
Unfiltriert und daher mit einem Füllhorn an leicht hefigen Aromen gesegnet. Malzbetont, der Hopfen verhält sich wie ein schüchterner Schulbub unter Mädchen: er versteckt sich dezent im Hintergrund. Erst im Nachtrunk bemerkt man ihn. 11,9 Prozent Stammwürze, 4,9 Prozent Alkohol.

Weizen
Ein Fruchtcocktail an Aromen, aber auf die fränkische Art. Schön dezent wurden Banane, Maracuja und Kiwi in einem Malzbett zugedeckt. Denn wären sie erkennbar, würde der echte Eingeborene dieses neumodische Zeug – Obst! – nie in seinen Magen lassen. So aber geht's mit Begeisterung herunter. 12,5 Prozent Stammwürze, 5,3 Prozent Alkohol.

DIE INNOVATIVEN

»Amber Spezial«
Ein obergäriges Gerstenbier in Franken, das sollte keine Rarität sein, ist es aber. Leider! Denn dieses Bernsteinfarbene wirft die Frage auf, weshalb das Land der Streuobstwiesen nicht schon lange ein Bier braut, das seine Liebe zu eben diesen ausdrückt. Die intensiven Fruchtaromen spiegeln, was hoch über Wiesen wächst, sie erinnern an die Oma, ihr frisch Gepflücktes, ihr »Heuer ist ein Zwetschgenjahr«. Angenehm, sprich: nicht zu süß. 13,8 Prozent Stammwürze, 5,9 Prozent Alkohol.

Porter
Mal angenommen, ein süßes Malzbier und ein hefig fruchtiges Weizen würden miteinander Liebe machen. Jetzt stellen Sie sich das Kind vor, das so entsteht. Legen Sie sich das Kleine auf den Gaumen. Rufen Sie dabei frei heraus: »Das schmeckt ja total kurios!« Tatsächlich müsste Ihre Imagination recht nahe an ein Porter herangekommen sein. Lakritze, Kuchenteig und Traubenzucker sind Geschmackseindrücke, die man nur bei diesem Bierstil findet. Kalt trinken! Denn dann entfalten sie sich besonders intensiv. Extrem lecker übrigens – sofern Ihr Gaumen neugierig geblieben ist. 12,9 Prozent Stammwürze, 5,3 Prozent Alkohol.

In Franken noch alltäglich: echte Holzfässer

Mainseidla, Brauhaus Binkert, Westring 5, 96149 Breitengüßbach,
Tel. 0 95 44/98 48 85 7, www.mainseidla.de,
Taphouse und Biergarten:
Mai–Sep: Mi–Sa 9.00–12.00, 15.00–20.00, So u. Fei 15.00–20.00 bei schönem Wetter,
Okt–Apr: Di–Sa 9.00–12.00 u. 15.00–20.00,
Bezugsquellen: über die Webseite,
Informationen zu Terminen u. Braukursen: über die Webseite.

Staffelberg-Bräu, Mühlteich 7, 96231 OT Loffeld / Bad Staffelstein,
Tel. 0 95 73 / 59 25, www.staffelberg-braeu.de,
Bierverkauf: Mo–Fr 8.00–18.00,
Bräustüberl: Di–So 10.00–22.00, Mo Ruhetag.

STAFFELBERG-BRÄU, OT LOFFELD / BAD STAFFELSTEIN

MITHILFE MAGISCHER KRÄFTE ...

Weit zurück im Dunkel der Zeit, als sich der Franke die Erde noch als eine Scheibe dachte, die mit tiefen, dunklen Wäldern überzogen war, sodass man sich kaum übers Nachbardorf hinauswagte, da soll es am Staffelberg bei Staffelstein von Zwergen nur so gewimmelt haben. »Querkerla« hießen sie, lebten in einer Höhle weit oben auf dem Plateau, halfen den Bauern im Umkreis mit Rat und Tat und ernährten sich davon, Sonntagsklöße zu stibitzen. Bis eine Bauersfrau aus Geiz entschied, ihre Knödel abzuzählen. Da, so erzählt man sich, waren die Zwerge so entrüstet, dass sie ihre Sachen packten und sich dorthin trollten, wohin ihnen keiner folgen würde: in die weite Welt.

Keiner kann sagen, ob die Sehnsucht nach Klößen die Gnome ab und an zurück an den Obermain treibt. Sicher ist nur, dass die *Staffelberg-Bräu* aus Loffeld in der fünften Generation ihres Bestehens ein eigenes Bier für sie ins Programm nahm, das leicht rauchige, ganz traditionelle »Querkerla« – und dass wenig später, im Jahr 2015, Braumeister Karl-Heinz Wehrfritz wie aus dem Nichts immer wieder neue Kreationen zaubert, die so international komponiert sind, dass ihm irgendjemand allerlei Rezepturen aus der weiten Welt der Bierstile vorbeigebracht haben muss. Seither entzückt der 1856 gegründete Familienbetrieb, zu dem auch das Gasthaus *Bräustüberl* gehört, die Craft-Beer-Community mit seiner »Loffelder Bierreise«. Je nach Vorrat werden dabei immer vier dieser Stil-Immigranten zu einem Set zusammengestellt. Das schön dunkle »English Style Stout« könnte dabei sein, das Nase und Gaumen mit Aromen von Mocca, dunkel gerösteter Brotrinde und dunkler Schokolade verwöhnt. Oder der »Champagner-Zwerg«, ein schön moussierendes Helles mit halbtrockenem Charakter und eleganter Balance aus Säure und Süße, das – der Name sagt es – mit Champagnerhefe gebraut wird. »American Style« ist das »Amber Zwerchla« und mischt fränkische Zutaten mit exotischen Aromahopfen wie Cascade, Mandarina Bavaria und Huell Melon. Auch in der Wirtschaft entscheidet der Lagerbestand, ob stattdessen gerade das Pale Ale oder das Rotbier auf den Tisch kommt. Hoffen wir, dass man hinten in der Küche immer ein paar Knödel mehr dreht, damit die Querkerla noch oft mit Rezepturen vorbeischauen – auf dass die Reise um die Bierwelt immer weitergeht.

Märchenhaft:
die Geschichte der »Loffelder Bierreise«

BRAUEREI KUNDMÜLLER, OT WEIHER / VIERETH-TRUNSTADT

WO BIER KONTINENTE VERBINDET

Wenn Sie ein Sonntagsausflug in den Steigerwald und dort in das Örtchen Weiher verschlägt, 110 Einwohner klein und in das Tal der Viereth geduckt, einem Zufluss des Mains, werden Sie in einer Braugaststätte einkehren, die auf den ersten Blick wie viele ist. Urig und kinderfreundlich mit Spielgerät gespickt der Biergarten, rustikal puristisch die Gaststube, sehr ordentlich und typisch die Selbstgebrauten, zart das Rauchbier und kernig der Bock. Auch die Braten und Brotzeiten, alles traditionell »handcrafted«. Aber damit sollten Sie sich ausnahmsweise einmal nicht zufriedengeben. Wer nicht durch Mundpropaganda davon erfahren hat, dass die Brüder Oswald und Roland Kundmüller auch einen ganz besonderen Gaumenkitzel im Repertoire haben, läuft Gefahr, den *Kundmüller* so unwissend zu verlassen, wie er ihn betreten hat. Denn es braucht schon ein gutes Auge, um die Sommeliergläser zu entdecken, die hinter dem Tresen auf die Bitte warten, hervorgeholt und befüllt zu werden. Man kann sich entweder einen nicht zu derben, hellen »Bourbon Bock« einschenken lassen, dem die sechs Wochen, die er im Holzfass gereift ist, genau das Maß an Whiskey-Aroma gegeben haben, die das helle Starkbier so richtig glänzen lassen. Vielleicht auch das »Weiherer IPA«, eine kosmopolitische Leckerei mit einem typisch fränkischen Malzkörper, aber einem Bouquet, das der Gaumen auf den ersten Schluck vielmehr mit einem tropischen Fruchtcocktail als mit fränkischer Gemütlichkeit in Verbindung bringt. Oder den wundervoll feinfühlig kaltgehopften Weizenbock. Bei allen Kreationen schmeckt man die Leidenschaft fürs Brauen. Und die hat sich bis nach Brasilien herumgesprochen. Genauer gesagt bis nach Votorantim, einer Stadt mit 100 000 Einwohnern, eineinhalb Autostunden von São Paulo entfernt. Alexandre Bazzo, Braumeister der dortigen *Cevejaria Bamberg*, steht beim *European Beer Star*, einem der wichtigsten Wettbewerbe der Branche, Jahr für Jahr mit so großer Wahrscheinlichkeit auf dem Siegertreppchen, dass es sich für ihn lohnt, persönlich zur Verleihung nach Nürnberg zu reisen (s. *BrauBeviale*, S. 65). Auch die Biere von Biersommelier Oswald und Braumeister Roland Kundmüller werden dort regelmäßig mit Gold, Silber und Bronze prämiert. Und da alle drei Rauchbier lieben, lag

Preisgekrönt: der »Weizenbock«

ein »Collaboration-Brew«, ein von der *Brauerei Kundmüller* und der *Cervejaria Bamberg* gemeinsam entwickelter und eingebrauter Rauchbock, nahe. Der dürfte das heimliche Highlight auf der Getränkekarte sein.

Brauerei-Gasthof Kundmüller, Weiher 13, 96191 OT Weiher / Viereth-Trunstadt, Tel. 0 95 03/43 38, www.kundmueller.de,
Gaststätte, Biergarten u. Direktverkauf: Mo, Di u. Do–So. ab 9.00, Mi Ruhetag.

Braumanufaktur Hertl, Thüngfeld 61, 96132 Schlüsselfeld,
Tel. 0 95 52/98 10 28, www.braumanufaktur-hertl.de,
Bezug: über die Webseite oder die **Bierothek** (s. S. 130f.),
Braukurse u. Veranstaltungen für Gruppen nach Voranmeldung:
Termine für jedermann per E-Mail an info@braumanufaktur-hertl.de zu erfragen.

BRAUMANUFAKTUR HERTL, OT THÜNGELD / SCHLÜSSELFELD

JUNGPROFESSOR CRAFT BEER

In Franken gibt es zwei Arten von Craft-Beer-Festen. Unterscheiden kann man sie am Geruch, der einem beim Betreten des Areals in die Nase weht. Sollte ein dichter Teppich jener süßlich einlullenden Aromen in der Luft liegen, der einen glauben lässt, inmitten einer Brauerei zu stehen, ist es ein First-Class-Event. Denn wenn die Bierwürze geruchlich ihre Übermacht über Bratwurst, Pulled-Pork und vegane Burger demonstriert, dann ist er da, der Paradiesvogel der regionalen Szene, der Popstar des Sudkessels! David Hertl – Gaumenrevoluzzer, Stilfreiheitskämpfer und Edelbrauanarcho – hat, wenn er sich und seine Kreationen präsentiert, gerne eine Kochplatte und einen großen Topf dabei. Zum Erstaunen der immer dichter werdenden Menge, die sich um ihn drängt, genügt ihm das, um live vor Publikum eine neue Biersorte aus dem Ärmel zu schütteln. So lässig, wie sich Jimmy Hendrix damals beim Woodstock-Festival seine Gitarre umschnallte, bringt er Malz und Wasser in Wallung. Mit der gleichen Inbrunst, mit der Hendrix dann die US-Nationalhymne zu einem Wimmern zersägte, formt er den klassisch angesetzten Sud zum subversiven Schlag gegen die Gralshüter des Reinheitsgebots um. Pfefferkörner, Koriander, eine Chilischote oder was ihm seine Spontaneität sonst als Zutat der Stunde eingibt, landen im Topf. Duftschwaden steigen auf und ziehen bis in die letzte Reihe. Der Popstar hat es mal wieder geschafft, denn alle sagen sich: Das muss ich, wenn es fertig ist, unbedingt probieren!

Geboren wurde David Hertl 1990. In einem Alter, in dem der Genuss von Bier das Jugendamt noch hellhörig macht, hat er sich, so die gern kolportierte Familienlegende, den Beruf des Brauers in den Kopf gesetzt. Endlich 16 geworden, tourte er als Praktikant durch sieben Brauereien und beglückte seinen Freundeskreis, indem er das Gelernte für Hobbysude nutzte. Mit 17 startete David Hertl dann seine Ausbildung zum Brauer und Mälzer, 2012 durfte er sich Deutschlands jüngsten Braumeister und 2014 Deutschlands jüngsten Biersommelier nennen.

Wer so früh weiß, dass sein Leben dem Bier gehört, für den ist ein Brotjob in einer konventionellen Brauerei, die Jahr für Jahr dieselben Sorten abfüllen wird, natürlich keine befriedigende Perspektive.

Immer einen Tick anders: auch bei der Verpackung

Den bedingungslosen Zuspruch der Familie im Rücken, erfand Hertl für sich das Berufsbild des Freestyle-Brauers. Dessen Hauptaufgabe ist es, Bier auf eine derart ungewohnte Art zu inszenieren, dass ein nach dem Reinheitsgebot gebrautes Pils im Vergleich schmeckt, als sei es an allen Ecken und Enden amputiert worden. Wenn David Hertl beispielsweise seine vielleicht verwegenste Kreation entkorkt, seinen Bier-Wein-Hybriden »Fränkische Leidenschaft«, kann das bei echten Gourmets Phantomschmerzen auslösen. Aua! – 500 Jahre lang hat das Reinheitsgebot die Menschen um solche Genüsse beschnitten. Hertls ständig wechselnde, meist auf wenige Hundert Flaschen limitierte Kreationen sind echte Aha-Erlebnisse. Seltsamerweise haben seine kontinuierliche Verstöße gegen das »Vorläufige Biergesetz« (s. S. 230ff.) dazu geführt, dass ihn die Berufsschule der Brauer und Mälzer in Kulmbach 2015 zum Dozenten für innovative Brauverfahren abseits des Reinheitsgebots berufen hat. Bei manchem weit weniger wilden Kollegen führten sie dagegen zu einer Anzeige bei der Lebensmittelaufsicht.

Wer genau wissen will, wie Freestyle-Brauen geht und wie es der exaltierte Künstler schafft, jedes Jahr 40 neue Biersorten zu erfinden, kann David Hertl in seinem Versuchslabor im Schlüsselfelder Ortsteil Thüngfeld besuchen. Die Kurse seiner *Braumanufaktur*, in denen er sein Wissen an blutige Amateure und erfahrene Hobbybrauer weitergibt, sind legendär. Denn David Hertl ist ganz nebenbei auch ein großes Unterhaltungstalent – gut möglich, dass man ihn in ein paar Jahren als bierfränkisches Pendant zu Tim Mälzer auf allen TV-Kanälen beim Maischen auf die Finger sehen kann. Oder dass er dort eine Arbeitswoche lang fünf Kandidaten beim Kreativwettbrauen scheuchen wird. Ein eingespieltes Team, das sich im Hintergrund kümmert, den Treber aus dem Fotomotiv der Brauereigäste räumt und auch dann Termine annehmen kann, wenn das Zugpferd keine Zeit hat, steht ihm längst zur Seite. Die Marke *David Hertl* ist ein Familienbetrieb. Ein äußerst liebenswerter, der es versteht, Geschäftssinn, Noblesse und Bodenständigkeit, Provinzialität und internationales Flair, Herzlichkeit und menschliche Wärme zu einem Gesamtgourmeterlebnis zu verschmelzen.

»Ich wollte ein verrücktes und ein normales Bier. Das normale war das Pumpkin Ale ...«
Interview mit David Hertl, *Braumanufaktur Hertl*

Wann ist ein Bier noch ein Bier – und ab wann nicht mehr? Bei David Hertl geht die Lust am Experimentieren bisweilen so weit, dass er sich jenseits von Definitionen bewegt. Wir haben ihn am Tresen der Bamberger *Bierothek* (s. S. 130f.) getroffen, dem von ihm mitbegründeten Fachgeschäft für Biergourmets, das selbstverständlich alle seine lieferbaren Sorten führt. Der Paradiesvogel unter den fränkischen Brauern wollte über sein mit Torfmalz gebrautes India Pale Ale mit uns sprechen und seinen Whisky-Doppelbock mit uns verkosten. Uns aber hat eine besonders revolutionäre Sorte interessiert. »Fränkische Leidenschaft« heißt sie, ist deutschlandweit einzigartig und hat das Potenzial, die Mauer in den Köpfen niederzureißen, die Bier- und Weinfreunde voneinander trennt. Denn sie ist ein Hybrid, in dem sich, so David Hertl, das Beste zweier Getränke vereint.

Wir haben gerade ein Fläschchen vor uns stehen, das nicht nur aussieht wie ein sündhaft teurer Wein. Grob gesprochen ist es auch einer. Zugleich ist es aber auch ein Bier. In jedem Fall ist es eine Ihrer verwegensten Kreationen. Was reizt einen Braumeister am Wein?

David Hertl: Der Wein ist halt doch das edlere Produkt. Und dann gibt es bei mir auch so eine Art von Familienkonflikt, der schon länger herrscht. Ich bin der einzige Braumeister in Deutschland, der einen Winzer beschäftigt, der gleichzeitig sein Vater ist. Er hat mittlerweile seinen Biersommelier gemacht. Ich meinen Weinsommelier.

Wie kommt man auf die Idee, Wein und Bier zu kreuzen?

David Hertl: Ich wollte einfach mal zeigen, was möglich ist. Den ersten Bier-Wein-Hybriden habe ich Anfang 2015 mit Süßreserve gebraut. Für das *Weingut am Stein* in Würzburg. Der Kellermeister war zuvor in Südafrika gewesen. Er ist auf mich zugekommen und hat gesagt, wenn einer verrückt genug dafür ist, dann du. Ich habe gesagt, lass uns mal überlegen, und das Ergebnis war ein Müller-Thurgau-Heller-Bock. Also ein schön sanfter, trockener Weißwein, kombiniert mit einem hellen Bock, der nicht so extrem hopfenbetont und auch nicht so malzbetont ist, damit er nicht so durchschlägt, weil Bier von der Aromenzahl dem Wein natürlich immer überlegen ist. Wir haben die Würze zusammen mit der Süßreserve im Verhältnis 60 zu 40 vergoren. Dadurch, dass wir eine Weinhefe verwendet haben, ging das Ergebnis in die mostige, kräftige Richtung. Als Finishing haben wir das Ganze dann mit Nelson Sauvin gestopft[1]. Dadurch hat es einen Chardonnay-Duft bekommen, dass die fränkischen Winzer hin und weg sind.

Noch mal für all diejenigen, die sich nicht so auskennen: Sie mischen nicht fertiges Bier mit fertigem Wein! Sondern: Sie lassen eingelagerten Traubensaft und einen auf dessen Potenzial abgestimmten Biersud miteinander gären …

David Hertl: In Deutschland gibt es das noch nirgendwo. Aber in Südafrika ist das Standard – ein ganz normales Getränk. Auch in Italien ist der Bier-Wein-Hybrid gang und gäbe, dort switchen viele Weingüter zurzeit auf Bier um, weil der junge Italiener keinen Bock mehr hat auf Wein, wie ihn die Alten machen, da ist eine Art Revolution im Gange, deswegen entstehen dort ohne Ende Craft-Beer-Brauereien.

Ihre Brauerei sitzt in Schlüsselfeld, also genau dort, wo das klassische Bierfranken in Weinfranken übergeht. Ist dieser Standort wichtig?

David Hertl: In Berlin oder München könnte so etwas gar nicht entstehen. Dafür braucht man die direkte Nähe zum Weingut. Das Schöne an meinem Standort ist, bei der Traubenernte bekomme ich sofort die frische Ware – ungeschwefelt und ganz natürlich. Momentan habe ich »Johanniter Pale Ale« in der Produktion. Und ein »Domina Sour Ale«. Das ist im Endeffekt ein Märzen, kräftig mit 5,9 Prozent gebraut, vergoren mit ganzen frischen Trauben, die vorher durch den Rebler zum Abbeeren – die Stiele und Kerne werden nicht gequetscht – gezogen werden. Die Gerbstoffe bleiben somit weitestgehend außen vor. Vergoren wird mit Wildhefe, also dem, was die Traube auf ihrer Haut ganz natürlich vom Weinberg mitbringt, weil es dort im Boden und in der Luft ist. Dadurch entsteht die Säure, das »Sour«. Ich weiß, Sauerbier ist ein verrückter Trend, der braucht noch ein paar Jahre bei uns, aber ich finde ihn hochinteressant, in Österreich machen sie welche, da zieht es dir die Schuhe aus.

Was sagt Gourmet-Deutschland zu Ihren Bier-Wein-Hybriden? Ich stelle mir ein großes Kopfschütteln vor – auf beiden Seiten, von den Weintrinkern wie den Biertrinkern.

David Hertl: Das Schöne ist, ich bin keine Großbrauerei, ich bin nicht auf jeden Kunden angewiesen. Die Leute, die etwas wirklich Besonderes wollen, die wissen meine Art zu schätzen. Wir machen in Schlüsselfeld viele Brauseminare, Brauereiführungen – viele Bier-Erklärungen im wahrsten Sinn des Wortes – und da bringen wir den Leuten den Geschmack näher. Ich mach ja auch immer nur 200 bis 400 Flaschen. Hauptkunden sind Frauen. Frauen sind sehr neugierig. Der prüde Franke, der bekommt bei mir weiterhin ein Kellerbier hingestellt, damit ist er glücklich. Für ihn ist der Bier-Wein-Hybrid schon krass. Er bekommt ja kulturell von Geburt an vermittelt: Bier und Wein, das darfst du nicht mischen.

Sie kreieren 40 Biersorten im Jahr. Wie weit geht ein David Hertl in andere Richtungen, zum Beispiel bei Gewürzen? Ich würde mich gerne schockieren lassen!

David Hertl: Soll ich einfach mal aufzählen? Ein Pumpkin Ale, traditionell, mit Kürbis. Ein Imperial Stout mit Tonkabohne, Torf-Malz und Marshmallows gebraut …

Was war das gerade: Marshmallows?

David Hertl: Das war speziell für Halloween. Die Marshmallows haut man einfach in die Würze rein. Beim Hopfenkochen. Sie zerlaufen, verkleben überhaupt nicht und vergären schön, sind ja blanker Zucker. Ich hatte mir das viel schwieriger vorgestellt. Aber ich hab sie rein, und dann sind sie hoch geschwommen und haben sich aufgelöst. Ich wollte zu Halloween ein verrücktes Bier und ein normales Bier machen. Das normale Bier war das Pumpkin Ale mit typischer Nelke, Koriander und Ingwer. Soll ich noch 'ne Schippe drauflegen?

Oh ja, bitte.

David Hertl: »Vronis Wild Blueberry Strong Ale«. Wie viele Muttis pflückt auch meine Schwarzbeeren. Seit ich denken kann, gibt es bei uns zwei Monate im Jahr alles, was mit Schwarzbeeren möglich ist: Marmelade, Shakes, Wein. Schwarzbeere, Schwarzbeere, Schwarzbeere. Letztes Jahr haben wir uns gesagt, wir könnten mit ihnen auch mal ein Bier brauen. Nächste Woche füllen wir es ab. Mutti war zwei Wochen im Steigerwald, hat 35 Kilo Beeren gesammelt. Die Beeren wurden angefroren. Dann habe ich ein Bier wie ein Lambic[2] gebraut, also mit rohem Weizen. Der ist gut für den Geschmack und die Schaumbildung. Das lasse ich zwei Tage angären, dann kommen die Beeren dazu. Weil sie nicht abgekocht wurden, haben sie wilde Hefe mitgebracht, und so kam es zu einer zweiten Gärung. Im Endeffekt ist das Schwarzbeerbier wie ein Kriek[3] gebraut…

Brauen Sie denn eigentlich auch, was der Gaumen für normal hält?

David Hertl: Ach ja, ganz geile Kooperation: In drei Wochen braue ich mit Günther Thömmes[4] auf meiner Anlage eine Free-Style-Gose[5] mit Quitte, Koriander und Salz. Aber natürlich gibt es bei mir auch immer ein ganz typisch fränkisches Kellerbier.

---

1 Nelson Sauvin ist ein seltener Hopfen, der in Neuseeland angebaut wird. Mit »gestopft« ist gemeint, dass der Hopfen erst nach der Gärung zugegeben bzw. wie ein Teebeutel in den Reifetank gehängt wurde. Zum Begriff Kriek s. Glossar, S. 249.

2 Siehe Glossar, S. 250.

3 Siehe Glossar, S. 249.

4 Günther Thömmes ist ein legendärer Craft-Beer-Pionier, sein Steckenpferd ist die Wiederentdeckung historischer Bierstile.

5 Siehe Glossar, S. 247.

Paradiesvogel David Hertl auf dem Craft-Beer-Festival Erbshausen

BAURIEDEL www.festlogistik.de
BREWMASTER
Porter
HERTL
BRAUSEMINAR
HERTL
BRAUMANUFAKTUR
Frankens kleinste Brauerei!
www.braumanufaktur-hertl.de

KLASSISCHE AUSFLUGSTAGE MIT NEUEM BIERGENUSS

VORSCHLÄGE FÜR BAMBERG UND UMGEBUNG

Auf Bierschmecker-Tour zu Bambergs Brauereien

Das historische Bamberg ist ganz schön weitläufig, und seine zehn Brauereien sind kreuz und quer über die Weltkulturerbestadt verteilt. Damit sich Ortsunkundige nicht in Gaststätten verlaufen, die andernorts produzierte Gerstensäfte in den Krug füllen, wurde die »Bierschmecker-Tour« erfunden. Startpunkt ist die Tourist-Info, in der man für 22 Euro eine Tasche umgehängt bekommt. Sie enthält einen Brauereistadtplan, allerlei Infos, wahlweise Bier-Accessoires wie einen Bierkrug oder eine Eintrittskarte für das Brauereimuseum sowie vier Gutscheine, die sich in acht Brauereien flüssig machen lassen. Craft-Beer-Freunde sollten sich von den netten Damen und Herren sogleich das *Pizzini* (s. S. 144ff.), den *Zapfhahn* (s. S. 150f.), die *Bierothek* (s. S. 130f.), den *Weyermann Fan Shop* (s. S. 146ff.) und das *Café Abseits* (s. S. 132ff.) in den Plan dazu zeichnen lassen. Dann sind sie perfekt gerüstet, um sich zielsicher durch die traditionelle und die innovative Vielfalt des fränkischen Biermekkas treiben zu lassen.

Tourist-Information Bamberg, Geyerswörthstr. 5, 96047 Bamberg,
Tel. 09 51/29 76-2 00, www.bamberg.info/bierschmecker-angebote,
Mo–Fr 9.30–18.00, Sa 9.30–16.00, So u. Fei 9.30–14.30,
Neujahr, Karfreitag, Allerheiligen u. Weihnachten geschlossen.

Auf dem »Main-Radweg« von Lichtenfels nach Bamberg

Wenn eine Pedaltour immer am Fluss entlangführt, hat das den angenehmen Nebeneffekt, dass der Sportsgeist gerne zu Hause auf dem Sofa sitzen bleibt und deshalb nicht mit seinem Hang zu Berg- und Talfahrten nerven kann. Entsprechend bietet es sich an, einen Ausflugstag lang dem Main zu folgen. Für eine gemütliche Kombination aus Bewegung und Bier empfiehlt es sich, im oberfränkischen Lichtenfels in den »Main-Radweg« einzusteigen, der durch das breite Tal

und vorbei an Badeseen direkt zum *Mainseidla, Brauhaus Binkert* (s. S. 152ff.) führt – und von dort aus weiter in die Bierstadt Bamberg. Vom Bahnhof in Lichtenfels aus die erste Markierung zu finden ist kinderleicht: Die Altstadt besteht letztlich aus nur einer Marktstraße, an ihrem südlichen Ende wartet das Bamberger Tor darauf, die Ausflügler zu verabschieden. Dass die ersten drei Kilometer doch etwas hügelig sind, bleibt die einzige körperliche Herausforderung. Fast von alleine rollt man 30 Kilometer talabwärts. Dann, wenn der Weg die Autobahn unterquert, ist im Biergarten vom *Mainseidla* (sonntags nur bei gutem Wetter geöffnet!) ein erstes Einkehren angesagt. Im weiteren Verlauf zeigt der »Main-Radweg« seinen größten Makel: Er führt uns nicht nach Bamberg hinein. Macht nichts: Einfach in Bischberg auf den »Pegnitz Radweg« wechseln – Übergangspunkt ist die Brücke über die Regnitz kurz vor dem Ortseingang. In Bamberg selbst herrscht die Qual der Wahl, welcher Brauerei man den Vorzug geben will. Wir empfehlen: keiner! Stattdessen auf zum Bahnhof, zu dessen Hinterausgang hinaus, dort nach rechts und der Straße folgen, bis sie uns in eine Linkskurve zwingt. 200 Meter hinter dieser steht man vor dem *Café Abseits* (s. S. 132ff.), einer Kneipe mit 60 Bierspezialitäten auf der Karte.
Gesamtstrecke der Tour: ca. 50 Kilometer.

Ein harter Männertag mit Baggern und Bier

In Rattelsdorf bei Bamberg wartet ein einzigartiges Wühlgelände auf Männer, die schon immer Großes bewegen wollten. Der dortige *Monsterpark* (Voranmeldung empfohlen) bietet eine üppige Kollektion an Baggern und Baumaschinen, mit denen man sich archaisch verausgaben kann – vom kleinen Gartenschaufler über den Radlader bis zum haushohen 100-Tonner. Auch Wettbewerbe im Freundeskreis sind möglich. Nach getaner Erdarbeit erhöht ein Quad-Parkours den Testosteronspiegel um ein Weiteres. Unser Tipp: den Hormonüberschuss im Anschluss mit Bier ausschwemmen – im *Mainseidla, Brauhaus Binkert* (s. S. 152ff.), das nur ein Dorf weiter auch den einst gezielt für Schwerstarbeiter entwickelten Bierstil Porter kredenzt.

Monsterpark, Im Stock 11, 96179 Rattelsdorf,
Tel. werktags (9.00–13.00) 0 95 47/3 04, Tel. Wochenende (10.00–18.00) 0 95 47/8 73 55 40, www.monsterpark.de,
Freizeitpark und Exklusivbaggern: Sa 10.00–17.00, So u. Fei 11.00–17.00, unter der Woche nur auf Anfrage.

WEITERE EMPFEHLUNGEN: IN BAMBERG UND AM OBERMAIN

BAMBERG

Eckerts
Schicke und hippe Vollverpflegungs-Bar in einer alten Mühle mit Sommerterrasse über dem Wasser. Regionalbewusst und edel bis ins kleinste Detail. Ständig das »Zwickelpils« sowie eine weitere, monatlich wechselnde Kreation von Biergenie Andreas Gänstaller (s. S. 102ff.) im Ausschank.
Eckerts, Obere Mühlbrücke 9, 96049 Bamberg, Tel. 09 51/9 84 25 00, www.das-eckerts.de, tägl. 7.00–1.00, warme Küche 11.00–24.00.

Gasthaus zum Sternla
Das älteste Gasthaus im Bamberg – durch und durch fränkisch: das Interieur, die Küche, die Menschen und die aus der Gegenwart gefallenen Sitten, mit denen Biergenuss zelebriert wird. Eines der wenigen Wirtshäuser überhaupt, das die wechselnden Kreationen der *Braumanufaktur Weyermann* (s. S. 146ff.) ausschenkt.
Gasthaus zum Sternla, Lange Str. 46, 96047 Bamberg,
Tel. 09 51/2 87 50,www.sternla.de, Di 16.00–23.00, Mi–So 11.00–23.00.

Mahr's Bräu
Das »Mahr's aller Dinge«, nicht weniger braut Stephan Michel – und ist mit seinem Kultbier »a U« – kurz für ein ungespundetes, unfiltriertes Kellerbier – in nahezu jeder Craft-Beer-Bar der Welt präsent. Natürlich gibt es das auch in der urigen Brauereigaststätte im Stadtteil Wunderburg. Dass man sich in der 1670 gegründeten Brauerei nicht nur auf Traditionen ausruht, zeigen immer wieder auftauchende Exoten wie der hopfengestopfte »Brummelbock« oder ein Chocolate Stout – auch wenn von diesen so mancher nur für die Craft-Beer-Szene in den USA gedacht ist.
Mahr's Bräu, Wunderburg 10, 96050 Bamberg, Tel. 09 51/91 51 70, www.mahrs.de, Mo 16.00–23.00, Di–Sa 9.00–23.00, So 9.00–15.00, Bierverkauf: Mo–Fr 7.00–16.00, Sa 9.00–13.00,
Bezugsquellen: über die Webseite.

Bamberger Biersymposium
Brauer auf der einen Seite, Konsumenten auf der anderen, Händler dazwischen und irgendwo am Rand auch noch die Spezialisten aus den Analyselaboren – wie schön wäre es, wenn sich Bierliebhaber aus nah und fern gemeinsam an einem Ort treffen könnten, um in ungezwungener Atmosphäre über ihr Lieblingsthema – Bier selbstverständlich – zu diskutieren. Das jährlich stattfindende *Bamberger Biersymposium*, organisiert von der *Fränkischen Bier Akademie* (*FBA*), bietet die Gelegenheit zum Austausch auf Augenhöhe. Termine in der Regel im November.
Anmeldung über die *Fränkische Bierakademie*, Paul-Keller-Ring 31, Tel. 09 51/9 37 03 49, www.fraenkische-bierakademie.de

OT THEINHEIM / RAUHENEBRACH

Brauerei und Gasthof zum Grünen Baum Bayer
Kleine, unscheinbare Brauerei mit heimlichem Faible für den belgischen Bierstil Kriek, bei dem traditionell Sauerkirschen mit der Maische vergoren werden. Experimentiert mit vielen Früchten in diese Richtung, ohne es an die große Glocke zu hängen. Tipp: Nachfragen, welcher Frucht-Bier-Hybrid denn gerade zu haben ist bzw. im eigenen Gasthaus ausgeschenkt wird.
Brauerei und Gasthaus zum Grünen Baum Bayer,
Schulterbachstr. 15, 96181 OT Theinheim / Rauhenebrach,
Tel. 0 95 54/2 93, www.bayer-theinheim.de, tägl. ab 9.00.

ZEIL A. M.

Brauerei Göller
Mancher mag sich verwundert die Augen gerieben haben, als die *Brauerei Göller* mit dem »Wiener Lager« ein Craft Beer auf den Markt brachte. Die Auflösung des Rätsels: Felix Göller hat seine Ausbildung zum Brauer und Mälzer als Bundessieger abgeschlossen. Die Mischung aus fränkischem Brauhandwerk, der österreichischen Variante des Lagers und amerikanischem Hopfen gibt es immer nur von Dezember bis Januar. Wer kosten will, muss also schnell sein.
Brauerei Göller, Wildgarten 12, 97475 Zeil a. M., Tel. 0 95 24/3 00 4-0, www.brauerei-goeller.de, Bezugsquellen: über die Webseite.
Brauereigasthof, Speiersgasse 21, 97475 Zeil a. M., Tel. 0 95 24/95 54, Mo u. Mi–So 9.30–1.00, Di Ruhetag (ausgenommen Juni–Aug).
Göllers Biermarkt, Wildgarten 12, 97475 Zeil a. M.,
Tel. 0 95 24/30 04-15, Mo–Fr 8.00–18.00 u. Sa 8.00–16.00.

DROBEN IM NORDOSTEN

Willkommen in einem Landstrich, in dem sich die Menschen fast daran gewöhnt hatten, nicht nur in ihren Forsten, sondern auch in den Getränkemärkten durch eine Monokultur zu spazieren. Die ehemalige Zonenrandlage hat in der Bierregion nördlich von Bayreuth und südlich von Hof ordentlich Kahlschlag verursacht und nur eine Handvoll Marken stehen gelassen. Den Großteil der Gastronomie hat der *Kulmbacher*-Konzern übernommen. Da tut es gut zu wissen, dass die wenigen verbliebenen unabhängigen Brauereien und eine kontinuierlich wachsende Anzahl von Neugründungen ihr Bierland wiederaufforsten!

Maisel & Friends, Hindenburgstr. 9, 95445 Bayreuth,
Tel. 09 21/40 10, www.maiselandfriends.com,
Bezug: über die Webseite.

Liebesbier, Andreas-Maisel-Weg 1, 95445 Bayreuth,
Tel. 09 21/46 00 80 20, www.liebesbier.de,
tägl. 17.00–24.00, in der Biergartensaison ab 11.00,
Informationen zu Terminen: über die Webseite.

MAISEL & FRIENDS, BAYREUTH

VOLLE HOPFENKRAFT VORAUS

Man könnte es eine Vision nennen, man könnte es auch als Weitblick bezeichnen. Craft-Beer-Freunde würden das, was der Edelbier-Ableger der Weißbierbrauerei *Maisel* auf seiner Webseite als »Vision 2025« verkündet, aber am liebsten als Versprechen verstehen: »2025 ist Craft Beer eine feste Größe der deutschen und internationalen Bierlandschaft. Es zählen Geschmack, Vielfalt, Braukunst und Leidenschaft. *Maisel & Friends* ist einer der maßgeblichen Wegbereiter der Craft-Beer-Bewegung. Gut sortierte Craft-Beer-Regale und spannende Bierkarten sind Aushängeschilder in Handel und Gastronomie und unsere *Maisel & Friends* Biere sind ein fester Bestandteil darin.« – Bis dahin ist es noch ein weiter Weg. Aber die Bayreuther sind drauf und dran, ihre Worte wahr werden zu lassen.

Das Kernteam von *Maisel & Friends* besteht aus Jeff Maisel, Chef von *Maisel's Weisse*, Marc Goebel, dem Brauchef im Team, und Rainer Seifert, der Technik-Allzweckwaffe. Dazu kommt die Hilfe der »Friends«: Jörg Binkert zum Beispiel, der als Dipl.-Braumeister, Biersommelier und Leiter der Entwicklungsabteilung des Brauanlagenherstellers *Kaspar Schulz* neue Ideen einbringt und mit seiner Brauerei *Mainseidla* (s. S. 152ff.) ab und an die Heimstatt für neue Experimente stellt. Oder Markus Eckert, Bio-Landwirt aus Herpersdorf bei Eckental im Hersbrucker Gebirge. Er ist der »Hophead« unter den »Friends« und steuert den Bieren u. a. die Hopfensorten Citra, Mandarina Bavaria oder Hallertauer Blanc bei. Und last but not least Stefan Sattran, der als Weinsommelier und Winzer immer wieder eine neue Perspektive auf das Produkt Bier einbringt.

Angefangen hat alles im Jahr 2012, als die drei Biere der »Signature-Serie« ihren Weg in die Getränkemärkte der Republik fanden: »Marc's Chocolate Bock«, eine untergärige Interpretation eines klassischen irischen Stouts mit 7,5 Prozent Alkohol. Schwarz wie die Nacht, mit einem schön vollen Körper und einem zartbitter-schokoladigen Aroma, das sich mit dunklen Beerennoten mischt. »Stefan's India Ale« ist mit 7,3 Prozent Alkohol nicht weniger stark, darüber hinaus aber, wie es sich für ein Pale Ale gehört, mit ordentlichen 40 Bittereinheiten und einer großzügigen Hopfengabe gesegnet. Und als drittes Bier »Jeff's Bavarian Ale«, mit 7,1 Prozent Alkohol das »schwächste« in der Runde – aber nur, was die Prozente angeht. Australischer Aromahopfen verleiht dieser Interpretation eines

Eigentlich für Weißbier bekannt:
Brauerei Maisel

klassisch bayerischen Weizens fruchtige Cassisnoten und einen tiefgründigen Charakter.

Neben diesen Edelbieren in 0,75-Liter-Flaschen setzt man bei *Maisel & Friends* aber auch auf Biere, die mehr »sessionable« sind, wie es in Craft-Beer-Kreisen heißt, oder wie es die klassischen Biertrinker sagen: süffig. Das Pale Ale, das als 6x0,33-Liter-Sixpack die Getränkemärkte und Craft-Beer-Herzen im Sturm erobert hat zum Beispiel – eine Hopfensymphonie: Die klassische deutsche Sorte Herkules zeichnet sich für die (für ein Craft Beer moderaten) 32 Bittereinheiten verantwortlich. Sein volles Fruchtaroma – Pfirsich, Grapefruit, Tropenobst und Zitrus – verdankt dieses Pale Ale der Kalthopfung mit Chinook, Amarillo, Simcoe und Citra. Komplettiert wird die Session-Serie um weitere Fassbiere – ein IPA, »India Ale« genannt, ein Choco Porter, ein Bavarian Ale und ein Brown Ale.

Damit ist man in Bayreuth aber noch lange nicht mit seinem Latein bzw. mit seiner Kreativität am Ende. Denn ab und an treffen sich *Maisel & Friends* mit weiteren Freunden aus der Craft-Beer-Szene. Mit Collaboration-Brews – wie man in der Szene die Zusammenarbeit von Brauereien nennt – als Ergebnis. Gemeinsam mit der *Stieglbrauerei* aus Salzburg braute man 2015 das »Stiegl Smoked Baltic Porter«, eine Mischung aus einem englischen Porter und einem Russian Imperial Stout, gepaart mit Rauchnoten und dunkler Schokolade. Und die »Maisel & Friends Bordeaux Weisse«, bei der sich das klassische Weizen, die Kernkompetenz von *Maisel* sozusagen, mit einem fruchtig-herben India Pale Ale vermischt. Seinen Namen hat es übrigens nicht, wie man meinen könnte, von einer Bordeaux-Hefe, sondern von einer urtümlichen Weizensorte, dem Bordeaux-Weizen. 2014 gab es zudem noch zweimal Co-Brewing: Das »Citrilla Wheat IPA« zusammen mit dem Team von *Ratsherrn* aus Hamburg und das »Cocktailian«, das Bier zum Bier-Guide *Cocktailian 3 – Bier & Craft Beer*.

Immer noch nicht genug? Dann könnte man sich an die Freestyle-Serie halten. Unter diesem Label erscheinen immer wieder Experimentalsude und saisonale Spezialitäten wie zum Beispiel das »Simcoe Ale«, ein Single Hop India Pale Ale, bei dem als Hopfen nur die Aromasorte Simcoe zum Einsatz kam.

Weil so viel Kreativität ihren eigenen Raum braucht, hat man sich eine »eigene Heimat« für *Maisel & Friends* in den Mauern des Stammhauses von *Maisel's Weisse* gegönnt. 2016 entsteht dort *Maisel's Brauwerkstatt*, ein 25-Hektoliter-Sudwerk, in der sich Jeff Maisel und alle seine Friends nach Herzenslust austoben können. Damit

Gourmetbiere von *Maisel*:
da ist auch Starkoch Tim Mälzer begeistert

nicht nur Brauer, sondern auch Craft-Beer-Liebhaber etwas davon haben, hat nebenan das Restaurant *Liebesbier* eröffnet, in dem sich natürlich alles ums Bier und ums Brauen dreht. 20 Biere vom Fass wollen probiert werden, und natürlich soll man den Brauern bei der Arbeit und dem Bier beim Reifen (zum Beispiel in Holzfässern) zusehen. Das Ganze im Verbund mit einer Malzschroterei, einer Bäckerei, einer Brennerei und einem Shop – da bleiben kaum noch Wünsche offen.

KOMMUNBRÄU, KULMBACH

BÜRGER, NEHMT DAS BRAUEN SELBST IN DIE HAND!

»Geschichte ist die Lüge, auf die man sich geeinigt hat«, philosophierte dereinst der große Voltaire (1694–1778). Mit dieser zeitlosen Weisheit gerüstet, fällt es leicht, jene Chronisten der deutschen Biergeschichte, welche die Jahre zwischen dem Wirtschaftswunder und der Wiedervereinigung als eine goldene Ära beschreiben, der Unaufrichtigkeit zu überführen. Sicher, bei den Großen ging es damals steil bergauf. Bei der *Reichelbräu* aus Kulmbach zum Beispiel, die 1980 die *Sandlerbräu* und vier Jahre später *Mönchshof* übernahm. Aber wäre es nicht treffender, von einer dunklen Zeit zu sprechen? Denn am Ende dieser Epoche durfte sich Kulmbach zwar »Die heimliche Hauptstadt des Bieres« nennen, von ihrer einstigen Vielfalt war aber nur noch ein einziger Player, die *Kulmbacher Brauerei AG*, übrig geblieben.

Ein unhaltbarer Zustand, wie einige Bierrebellen fanden. 1992, als sich die Übernahmeschlacht auf halb Nordbayern und Thüringen ausweitete, traten sie zur Gegenattacke an und riefen die Kulmbacher auf, Genossenschaftsanteile für ein Kommunbrauhaus zu zeichnen, das naturbelassene, ehrliche Biere brauen – und das den kleinen Leuten auf der Straße gehören sollte, statt Investmentfonds und Aktionären. Dank 400 Anteilsscheinen wurde aus der Vision ein urgemütliches Schaubrauhaus, eine Wirtschaft, bei der die Brauanlage mitten im Gastraum steht, damit jeder bei der Geburt der Würze live dabei sein kann. Mit dem »Kulmbacher Kommunbräu Helles« und dem »Bernstein«, einem unfiltrierten Malzbonbon mit einem Aromenmix aus dunkel gebackener Brotrinde, Karamell und Röstaromen, hat man zwei vollmundige und ungemein süffige Grundbiere kreiert. Das noch schlagkräftigere Argument aber, weshalb man die Gerstensäfte des lokalen Goliath beim Getränkehändler stehen lassen sollte, ist der Bierkalender: ein Jahresplan mit 13 Spezialitäten und Raritäten, darunter diverse Bockbiere mit launigen Namen wie »Kommunator« und »Deflorator«, ein hopfengestopftes, fruchtig duftendes Pils und ein Roggenbier. Im Dezember lockt endlich eine zwölf Monate gelagerte Version des »Kommunators«, der »Riserva«, mit ordentlich Alkohol! IPAs sucht man in der Brauerei, die sich eher in der Tradition des mittelalterlichen Kommunbrauwesens sieht, eher vergebens. Dennoch steht die *Kommunbräu* der Craft-Beer-Idee vom Kampf freier, handwerklich arbeitender Brauer gegen die Eintönigkeit der Brauereiriesen mit ihren Biermonopolen wesentlich näher als ein exotisch gehopftes »Beck's Pale Ale«. Das muss mal gesagt werden!

Widerstandsnest: Bierfranken ist bunt

Kommunbräu Kulmbach, Grünwehr 17, 95326 Kulmbach,
Tel. 0 92 21/8 44 90, www.kommunbraeu.de,
Wirtshaus u. Direktverkauf: tägl. 10.00–24.00,
Anstich der Monatsspezialität aus dem Jahreskalender (im Dez 2 Sorten):
immer am 1. Mi des Monats,
Informationen zu Terminen: über die Webseite.

's Antla, Amtsgerichtsstr. 21, 96317 Kronach,
Tel. 0 92 61/5 04 59 50, www.antla.de,
Mo 17.00–23.00, Mi–Fr 17.00–23.00, Sa, So u. Fei 11.00–14.00 u. 17.00–23.00,
Di Ruhetag, warme Küche bis 22.00.

'S ANTLA, KRONACH

RADIKALES FERNAB DER COOLEN SZENE

Man stelle sich vor, es hätte die Kuppel-Show *Herzblatt* schon im Mittelalter gegeben. Ob des Fachwerk-Ambientes von Kronach – ein zweites Rothenburg ob der Tauber, aber nicht so herausgeschleckt – ist das ja kein Problem. Damals hätte sich Bernd Holzmann bei seinen Kandidatinnen freilich nur für eines interessiert: die weiblichste aller Tugenden. Vor 900 Jahren war Bierbrauen in Kronach reine Frauensache, ein Braukessel die hochbegehrte Mitgift, das Pfund auf dem Heiratsmarkt. Bernd Holzmann, das ist der Hotelier, der 2008 begann, das ehemalige Kommandantenhaus der Flößer in der oberen Altstadt zu einer der ersten Genussadressen Oberfrankens umzubauen. Weil er sein eigenes Bier haben wollte und seinen Sudkessel mitten in den Gastraum setzte, kehrte auch das historische Kronacher Braumonopol der Frauen ins Stadtbewusstsein zurück. Dennoch ist es ein Mann geworden, den Holzmann 2014 mit dem Auftrag einstellte, das *Antla* zu etwas ganz Besonderem zu formen. Markus Ott kreiert Sorten, die keck auf der Grenzlinie von Tradition und Experiment balancieren. Der Duft von Hopfen und Malz zieht durch die Luft und macht Durst, zum Beispiel auf den »Flößer«. Fünf Sorten Malz, die eigentlich nicht miteinander können und heftig um die geschmackliche Vorherrschaft kämpfen – die archaische Wildheit dieses an eine Rauferei unter Landsknechten erinnernden Dunklen ist ohne Vergleich. Um dem Geheimnis der Sorte »Schluck« auf die Spur zu kommen, muss man das Etikett lesen. Warum steht da »Untergäriger Hopfentrunk«, aber nirgends »Bier«? Für den »Schluck« wird auch Weizenmalz verwendet. Wider das Reinheitsgebot wird er jedoch mit einer Hefe vergoren, die nur bei reiner Gerstenbasis erlaubt ist. Ein Hybrid also aus einem typisch fränkischen Lager und einem Pale Ale: Harzige Noten wechseln sich mit Südfrüchten ab. Entzückend! Bei seinen saisonal wechselnden Kleinsuden, die nur in der noblen Braugaststätte ausgeschenkt werden, geht Markus Ott gerne noch einen Schritt weiter. Das »Kreela« zum Beispiel hat nicht nur die Schärfe von Meerrettich – angenehm dosiert –, Wasabi stand auch auf der Zutatenliste. Schon wegen solcher Sude lohnt der Besuch. Dass auch das namensgebende Gericht, die viertel Ente, himmlisch schmeckt: zweitrangig.

Wechselnde Spezialitäten: ein Bier für jede Jahreszeit

HOPFENHÄUSLA, MÜNCHBERG

ENDLICH WIEDER MÜNCHBERGER BIER

Jedes Jahr veröffentlicht das statistische Bundesamt Zahlen zum Bierausstoß und zur Entwicklung der Brauwirtschaft, und jedes Jahr möchte man sich verwundert die Augen reiben: Denn während der Konsum im Land mit trauriger Regelmäßigkeit zurückgeht, nimmt die Anzahl der Brauereien langsam, aber stetig zu.

So kommt es, dass viele Ecken Frankens, die seit Jahrzehnten braukulturell verwaist waren, wieder »ihr eigenes Bier« bekommen – wie zum Beispiel Münchberg in Frankens hohem Norden mit dem *Hopfenhäusla*. 1997 war das Kapitel »Münchberger Brauereien« mit dem Abriss der *Bischoff-Bräu* wohl für immer geschlossen. So schien es. Hätte der Diplombraumeister Janes Reith Münchberg nicht 2015 wieder Bierdunst eingehaucht. Allerdings ist es mit der Neugründung einer Mikrobrauerei alleine nicht getan, wenn man die Biertradition am Leben erhalten will. Denn bei aller Begeisterung fürs eigene Bier, auch in Münchberg stehen in den Supermärkten die Biere der Hektolitermillionäre zu einem Bruchteil des Preises herum, den man für ein Seidla *Hopfenhäusla* zahlen muss. Damit man überleben kann, braucht es mehr als nur ein gutes Helles, ein Dunkles und für den Frühschoppen ein Weizen. Man muss seine Kunden und ihre Wünsche ernst nehmen, so wie es Großbrauereien niemals können. Sucht man da zum Beispiel eine neue Hefe fürs Bier, dann entscheiden Preis, Geschwindigkeit der Vergärung und Sedimentationseigenschaften. Janes Reith braute 2015 einen Sud Helles, ließ ihn mit unterschiedlichen Hefen vergären, und die Kunden durften über die Hefe mit dem besten Ergebnis abstimmen. Und welcher Industriebrauer kann schon immer wieder wechselndes Craft Beer ausschenken: fruchtige Ales mit wechselnden Hopfen zum Beispiel, ein dunkelmalziges Coffee Milk Stout oder ein rauchiges Whisky-Bier? Das ist die Nische, in der sich hierzulande die kleinen Brauereineugründungen halten können. Dem Münchberger *Hopfenhäusla* ist es zu wünschen.

Experimentierfreudig:
der Newcomer des Nordens

Brauerei Hopfenhäusla, Schützenstr. 22, 95213 Münchberg,
Tel. 0 92 51/4 37 13 47, www.hopfenhaeusla.de,
Gaststätte u. Biergarten: Do 18.00–23.00 u. Sa ab 18.00,
Direktverkauf: Di 17.00–19.00, Do 17.00–23.00, Fr 8.00–16.00 u. Sa 17.00–23.00.

Meinel-Bräu, Alte Plauener Str. 24, 95028 Hof,
Tel. 0 92 81/35 14, www.meinel-braeu.de,
Direktverkauf im **Brauereikontor**, Einfahrt Schleizer Str. 4 a, 95028 Hof,
Mo–Do 8.00–17.30, Fr 8.00–17.00 u. Sa 8.00–12.00.

MEINEL-BRÄU, HOF

FRISCHER WIND IN EINER ALTEN BIERSTADT

Seit 2009 können Hofer Bierfreunde wieder aufatmen. In diesem Jahr war am Nordrand Frankens die Gewissheit eingezogen, dass der 100-jährige Niedergang der einst zwölf Brauereien starken Bierstadt gestoppt ist. Denn als Monika Meinel-Hansen ihren Meisterbrief erhielt, war sichergestellt, dass die Geschichte der letzten verbliebenen Privatbrauerei nahtlos in die 13. Generation übergehen würde. Zu ihrem Einstand kreierte Deutschlands jüngste Braumeisterin einen Weizenbock, der 2010 beim *European Beer Star* gleich einmal Gold gewann. Zusammen mit ihrer Schwester Gisela Meinel-Hansen führt sie nicht nur die Hofer Brautradition weiter, sie stellt sie bisweilen auch mal auf den Kopf. So haben sie mit zwei befreundeten Brauerinnen die Marke *Holla die Bierfee* (s. S. 186ff.) gegründet, mit der sie sich in der männerbetonten Bierwelt ganz bewusst an Frauen wenden.

In ihrer eigenen Brauerei gehen sie den Kopfstand in der Bierwelt behutsamer an. Ihr Hauptstandbein, die *Meinel-Bräu*, soll auch in Zeiten hochpreisiger Gourmetbiere das gute alte Gleichgewicht aus handwerklich gebrauten Bieren für traditionelle Biertrinker und alltagstauglichen Preisen bewahren. Ihr erster gemeinsamer Anlauf, die Hofer Bierstiltradition mit dem frechen Schwung der Jugend umzukrempeln, ihr Frühlingsweizen »Blümla«, erntete zunächst noch Kopfschütteln. Es schmeckt nämlich anders, als sich der gemeine Gaumen ein Weizen vorstellt: Die deutlichen Mandarine-, Citrus- und Orangennoten verdankt es der Kalthopfung mit der Hopfensorte Bavaria Mandarina. Seit die beiden aber gelernt haben, dass sie solche Exoten erklären und sie den eingeborenen Sorten nicht als Konkurrenz, sondern als »Goodie« zur Seite stellen müssen, brummt der Verkauf. Meist entstehen die Craft Biere zu besonderen Anlässen. Der »Perlenschatz« zum Beispiel war ein Beitrag zu 40 Jahren *BUND Naturschutz*. Hier schenken die Brauschwestern dem Gaumen das blumige Aroma der Hopfensorte Perle, das fein auf einem malzigen Körper aufsteigt. Zur Unterstützung der kirchlichen Jugendarbeit erfanden sie »Konrad und Mariechen«, das – für Franken eine Revolution – nah am Altbier gebaut ist. Eine Verneigung vor Frankens Getreidebauern ist das »Körnla«, für das Malze aus Gerste, Weizen, Roggen und Dinkel in den Sudkessel kommen. Fehlt noch was? Ja, würden die Brauschwestern sagen: ein Anlass, als Mittelständler Großes zu wagen und auch ein India Pale Ale zu brauen. Höchste Zeit also, dass die Queen für ein paar Tage in Hof vorbeischaut.

Holladiebierfee, c/o **Meinel-Bräu**, Alte Plauener Str. 24, 95028 Hof,
Tel. 0 92 81/35 14, www.holladiebierfee.de,
Direktverkauf im **Brauereikontor**, Einfahrt Schleizer Str. 4 a, 95028 Hof,
Mo–Do 8.00–17.30, Fr 8.00–17.00 u. Sa 8.00–12.00.

HOLLADIEBIERFEE, HOF UND MEMMELSDORF

WENN FRAUEN SICH TRAUEN ZU BRAUEN

Im Sommer 2012 schnurrte von Hof aus ein Anruf durch das Telefonkabel, der als historisch gelten kann. Er läutete nichts weniger als den Anfang vom Ende des Irrglaubens ein, Bier wäre die letzte Männerbastion und ihr Fortbestand durch einen Nichtangriffspakt auf ewig geschützt. Gisela Meinel-Hansen, eben als 13. Generation in die Familienbrauerei *Meinel* (s. S. 184f.) eingestiegen, gab Yvonne Wernlein aus Trebgast bei Kulmbach und Isabella Mereien aus Memmelsdorf bei Bamberg die Idee eines Stammtischs fränkischer Brauerinnen durch. Auch ihre Schwester Monika würde mitmachen. Wenig später kamen die vier jungen Brauereinachfolgerinnen zusammen und gingen gleich in medias res. Sie gründeten die Gemeinschaftsmarke *Holladiebierfee*[1] und formulierten als ihr Ziel, der Damenwelt eine Kreation zu schenken, die das Potenzial hat, sich ganz oben in den Top-Ten der Entspannungsgetränke zu platzieren – noch vor Hugo, Spritz, Prosecco und Co. In Isabella Mereiens Brauerei *Drei Kronen* wurde der erste Sud eingebraut, vorsichtige 300 Liter klein. Nach der langen Reifezeit von zwölf Wochen wurde er mit einer von Gisela Meinel-Hansen beschafften Apparatur in Sektflaschen abgefüllt und wie ein solcher verkorkt. Trotz des stolzen Preises von über 15 Euro war die erste *Holladiebierfee* nach vier Wochen ausverkauft.

Dass sich *Holladiebierfee* als der unbestrittene Senkrechtstarter unter den neuen fränkischen Kreativbierlabels und als Lieblingskind der Medien entpuppte, mag auch daran liegen, dass die mittlerweile zum Trio geschrumpften Stammtischdamen es sich nicht ganz leicht gemacht haben. Sonst wäre ihr Bier vermutlich zuckersüß geworden. Laut Klischee sind Frauengetränke ja immer lieblich. Sie aber schmeckten genau hin, legten sich einen Aperol auf die Zunge, dessen Bittereinheiten jedes herbe Pils als die eigentliche »Mädchenplörre« erscheinen lässt. Sie träufelten sich Prosecco auf den Gaumen und labten sich an dessen fruchtiger, ausgeprägter Säure. Beide Male prüften sie die Alkoholangabe, fanden auf den Etiketten Werte weit oberhalb der Biernormalität. Also zogen sie für sich das Fazit, dass ihre *Holladiebierfee* ein Bockbier werden muss. »Es widerspricht sich doch«, so Yvonne Wernlein 2014 in der Tageszeitung

Edel und aufwendig:
der Champagner unter den Bieren

Die Welt[2], »wenn ich sage, ich gönne mir was. Und dann nehme ich etwas mit drei Prozent, damit ich den Mann dann doch noch heimfahren kann. Nein, da will ich was Gescheites.« Ihr erster Wurf wurde ein sieben Prozent Alkohol starkes Pale Ale, zweimal mit Champagnerhefe vergoren, und auch bei den folgenden Kreationen geizten die Schöpferinnen nicht beim Alkoholgehalt. Durch einen Anteil Roggen im Malz legen die Brauerinnen immer wieder neu fest, wie stark sie den säuerlichen Grundcharakter des Nobelbiers mit dessen Süße kontrastieren und ausbalancieren wollen. Ordentliche Aromahopfen sorgen dafür, dass es beim Einschenken meterweit nach Mandarine und Pfirsich duftet und sich der Mundraum beim Trinken mit Fruchtessenzen parfümiert glaubt. Oder sollen es doch lieber tiefe, dunkle Aromen sein? Dann wäre die tiefdunkle »Winterfee« mit ihrem Aromenmix aus Trockenfrüchten, roten Beeren und schwarzer Schokolade das Bier der Wahl. Trinken sollte Frau so ein Bier, so die Brauerinnen, stilvoll aus Sektgläsern. Männer dürfen selbstverständlich auch zugreifen, schließlich verleiben sie sich statistisch gesehen sieben Mal mehr Bier ein.

Bei aller Begeisterung, mit der Journalisten nach wie vor über Gisela Meinel-Hansen, Monika Meinel-Hansen und Isabella Mereien berichten, und auch wenn die Ankündigung der nächsten Edition nicht nur den weiblichen Teil der Craft-Beer-Community hibbelig werden und Reservierungen tätigen lässt, die Hitparade weiblicher Lieblingsdrinks haben die drei mit ihren Bieren natürlich nicht stürmen können. Damit haben sie auch nicht ernsthaft gerechnet. Sie mögen ja ein wenig verrückt sein, aber sie sind nicht naiv. Dafür aber gewieft. *Holladiebierfee* ist für die drei ein Hobby-, ein Freiraum, um sich auszuprobieren und sich Sicherheit zu verschaffen, dass sie in der Männerbastion der Brauwelt bestehen werden – auch ohne ihr geliebtes Dirndl gegen Hosen einzutauschen. Schließlich stehen sie Tag für Tag in ihren Brauereien ihre Frau. Und allen dreien hat die euphorische Resonanz auf ihre *Holladiebierfee* bestätigt, dass sie sich als Frauen in der Männerdomäne Bier nicht verbiegen müssen – im Gegenteil. In der *Welt* bringt es Gisela Meinel-Hansen auf den Punkt: »Wir sind mehr selbstverwirklichungsmäßig drauf.«

---

1 Ursprünglich *Holla die Waldfee*, aber diesen Namen hatte sich der Getränkehersteller *Boente* schützen lassen

2 Anja-Maria Meister: *Dieses Frauenbier mischt jetzt den Markt auf.* In: *Die Welt* vom 20.03.2014.

Bierfee

Biersalon Trompeter, Bismarckstr. 10, 95028 Hof,
Tel. 0 92 81/9 28 62 77, www.biersalon-trompeter.de,
Di–Sa ab 18.00.

BIERSALON TROMPETER, HOF

DER SCHNELLSTE WEG NACH KOPENHAGEN

Kalt ist es, dunkelgrau und trist. Immer. In Hof. Schneewehen blasen durch menschenleere Straßen. Ganzjährig. Die Fenster und Türen sind verrammelt. Denkt man an das nördliche Schlusslicht Bayerns, fällt einem nur ein Ort im Freistaat ein, an dem es noch ungemütlicher ist: die Zugspitze. Dass die Regionalbahn, die über Bayreuth und Münchberg in das fränkische Sibirien hinauftuckert, zwar nicht ganz so voll wie die Zahnradbahn auf Deutschlands höchstem Berg, immerhin aber besetzt ist, es könnte dem *Trompeter* geschuldet sein, einem der ältesten Gasthäuser der Stadt. Seit seiner Verwandlung zum Tap-House lockt er mit einer Bierkarte, auf der auch ein paar jener Brauereien gelistet sind, für die der Craft-Beer-Nerd sogar bis zum Polarkreis reisen würde. Am Hahn liegen sieben Sorten sowie ein wechselndes Monatsbier der lokalen *Brauerei Meinel* (s. S. 184f.), die den *Trompeter* betreibt. Die größten Schätze warten in Kühlschränken darauf, dass ihnen ein Flaschenöffner um den Hals fällt. Um die Gunst, ins Glas zu dürfen, buhlen zum Beispiel das »Duvel Triple Hop«, das »Prototyp« von *Kehrwieder*, das glutenfreie »Vagabond« von *Brew Dog*, das »Kuehne Blonde« von *Kuehn Kunz Rosen* und das »Camba Coffee Porter« von *Camba Bavaria*. Vier Namen, die für den Laien wie die Dörfer des nahen Böhmens klingen mögen, dem Kenner aber ein klares Indiz dafür sind, dass der Abend lang werden wird. Auch die Kreationen von *Holladiebierfee* (s. S. 186ff.), das Trendlabel der jungen Chefinnen von *Meinel*, machen dem Gast schöne Augen. Der eigentliche Grund aber, der das im März 2015 neu eröffnete Lokal über Nacht zur Pflichtadresse jeder Bierbildungsreise hat werden lassen, kommt aus Kopenhagen. Die Biere des Dänen Mikkel Borg Bjergsø gehören zum Kreativsten, was die Szene derzeit zu bieten hat. Das Imperial Stout seiner Brauerei *Mikkeller* etwa rangiert seit 2009 unter den Top 50 des weltweit führenden Bewertungsportals *Ratebeer.com*. Auch die ausgefuchste Biercocktail-Karte beweist, dass der *Trompeter* den Wunsch der Community verstanden hat, sie mit immer noch gewagteren Experimenten zu verblüffen. Also: rauf nach Hof. Zur Not kann man ja für den Weg zwischen Bahnhof und Tresen eine dicke Jacke anziehen.

Dänemark im Kühlschrank:
das gibt's nur hier

KLASSISCHE AUSFLUGSTAGE MIT NEUEM BIERGENUSS

VORSCHLÄGE FÜR DEN NORDOSTEN

Ein Tagesausflug nach Kronach

Die Geburtsstadt des Malers Lucas Cranach d. Ä. (ca. 1472–1553) ist eine weltvergessene Perle der Mittelalter-Romantik. Übersieht man ein paar Bausünden aus der Nachkriegszeit, bietet sich dem Auge das geschlossene Ambiente von anno dazumal. Um Kronach für Ausflügler von heute besonders attraktiv zu machen, hat man es damals auf drei Ebenen angelegt: Unten, wo sich die Flüsschen Haßlach, Kronach und Rodach vereinen, die historische Vorstadt. Darüber auf einem Plateau die »Obere Stadt«, die eigentliche, eng zusammengerückte Altstadt mit der Brauerei und Gaststätte *'s Antla* (s. S. 180f.), die letztlich aus nur einer in die Länge gezogenen Ringstraße besteht. Ein weiteres Stockwerk höher thront die Festung Rosenberg, eine Burg mit 800 Jahren Baugeschichte. Unabhängig von Wetter und Jahreszeit sollte der Burgparkplatz als Ausgangspunkt des Ausflugstages gewählt werden. Bei Kälte und Regen besucht man zunächst die weitläufige Festung (einstündige Führung sowie das hochkarätige Museum »Fränkische Galerie«, täglich außer Montag geöffnet), schlendert anschließend auf der unübersehbaren Ringstraße der Oberen Stadt entlang und landet automatisch im *'s Antla*. Mehr Programm braucht es gar nicht, um einen Regentag zu füllen. Bei Wanderwetter kann man hingegen aus fünf Rundwegen auswählen, die alle an diesem Parkplatz beginnen. Der Bodenlehrpfad informiert an elf Stationen über die Naturgeschichte und Vielfalt dessen, worauf der nahe Frankenwald wächst (2,5 Kilometer, ca. 1 ½ Stunden). Wesentlich anspruchsvoller ist der Rundweg »Entlang der Marter«, der über Felder und durch Wälder auf den Rauschberg führt, einem spektakulären Aussichtspunkt, und dabei sportliche 335 Höhenmeter überwindet (14,9 Kilometer, ca. 4 ¾ Stunden). Drei weitere, hervorragend ausgeschilderte Wege liegen von ihrer Länge und ihrem Höhenprofil dazwischen. Nach der Rückkehr müssen Sie die Füße dann nur noch wenige Meter weit tragen. Zur Brauerei *'s Antla* geht es hinunter zum Stadttor – nach diesem einfach rechts in die Ringstraße einbiegen und der Kurve folgen.

Festung Rosenberg, Führungen: März–Okt Di–So 11.00, 12.30, 14.00 u. 15.00, Nov–Feb Di–So 11.00 u. 14.00; jeweils auch nach Anmeldung.
Fränkische Galerie, März–Okt Di–So 9.30–17.30, Nov–Feb geschlossen.

Ein Tagesausflug in die vermeintliche Bierweltstadt Kulmbach

Ein Tagesausflug in die Höhle des Industriebierlöwen – die Stadt, die wie keine andere für die Vereinheitlichung von Bier und das Diktat des Mehrheitsgeschmacks steht – das verspricht einen gewissen Thrill. Wer sich in die »Heimliche Hauptstadt des Bieres« begibt, um auf dem Grat zwischen Industrie- und Handwerksbier zu wandern, sei vorab gewarnt, dass dieser dort weit weniger schmal erscheinen kann, als er tatsächlich ist. Denn die Marketingmaschinerie der *Kulmbacher Brauerei AG* zieht alle Register, damit uns ihre *Mönchshofs*, *EKUs* und Co. als die wahren Meisterschlücke erscheinen. Beginnen sollte man am Vormittag mit dem *Bayerischen Brauereimuseum*, das die *Kulmbacher* auf dem ehemaligen Produktionsgelände von *Mönchshof* betreibt, aber nicht nur für sachdienliche Informationen nutzt; die Eigenwerbung wirkt stellenweise arg penetrant. Zum anschließenden Mittagessen bleibt man im Haus bzw. wechselt dort in die *Mönchshof Brauereigaststätte*, wo eine rustikale Küche, eine 4- oder 6-Sorten-Bierprobe und das naturbelassene Museumsbier versuchen, den Gaumen auf ihre Seite zu ziehen. Lassen Sie sich beim Bezahlen den kurzen Weg zum Zentralparkplatz in der Innenstadt erklären, denn von dort bringt Sie ein Shuttlebus hinauf zur Plassenburg, der über der Stadt thronenden Nachmittagsattraktion (Abfahrt ca. alle 45 Minuten). Ausgenüchtert und hungrig geht es anschließend mit dem Shuttlebus und dann zu Fuß an jenen Ort am Rand der Innenstadt, der in den Augen der Craft-Beer-Welt Kulmbachs ramponierten Ruf als Bierstadt gerettet hat. Die *Kommunbräu* (s. S. 178f.), 1994 aus Frust über das Gebaren der *Kulmbacher Brauerei AG* eröffnet, beweist, dass die Kluft zwischen Masse und Klasse letztendlich doch unüberschmeckbar ist.

Bayerisches Brauereimuseum, Hofer Str. 20 (außerhalb der Altstadt), Di–So 10.00–17.00, Führungen u. Zusatztermine nach Absprache.
Mönchshof Brauereigaststätte, Di–So 9.00–23.00.

Plassenburg-Express Apr–Okt tägl. 9.00–18.00, Nov–März tägl. 10.00–16.00.

WEITERE EMPFEHLUNGEN: DROBEN IM NORDOSTEN

VIELERORTS

Sagasser
Nördlich von Bamberg ist es schwer, an nicht traditionelle Bierstile und Außergewöhnliches heranzukommen. Entsprechend glücklich darf sich schätzen, wer eine Filiale des Getränkehändlers *Sagasser* in seiner Nähe weiß. Berühmt ist die Kette für ihre einzigartige Auswahl fränkischer Biere. Die Abteilungen für Innovatives hingegen sind noch deutlich ausbaufähig und konzentrieren sich auf das bereits Gängige – aber immerhin. In den Regalen stehen zum Beispiel *Maisel & Friends* (s. S. 174ff.) und Saisonbiere der *Veldensteiner Bierwerkstatt* (s. S. 116f.) sowie Leckereien von Craft-Beer-Primussen wie *Riegele* (Augsburg) und *Crew Republic* (München).

www.sagasser.de

COBURG

1627
Bar und Restaurant mit zwar kompakter und nicht fränkischer, dafür ausgesucht guter Bierkarte. Auf Trend gebürstet, erfüllt alle Klischees einer Hipster-Kneipe. Entsprechend überlaufen. Veranstaltet immer mal wieder Degustationsabende.

1627, Steingasse 14, 96450 Coburg, Tel. 0 95 61/79 44 446, www.restaurant1627.de, Di–Fr 17.00–24.00 u. Sa. 17.00–1.00.

Stadt-Sennerei
Begnadeter Käseaffineur und -händler mit kleinem, würzig riechendem Ladengeschäft – und großer Liebe zum Craft Beer. Bietet immer eine große Auswahl an *Pax-Bräu*-Bieren (s. S. 220ff.), die dem Braukalender folgt.

Stadt-Sennerei, Badergasse 4, 96450 Coburg, Tel. 0 95 61/31 83 55, www.stadt-sennerei.de, Di–Fr 9.00–18.00 u. Sa 8.30–13.00.

VOM UNTERMAIN ZUR FRÄNKISCHEN SAALE

Ausgerechnet dort, wo Franken von Weinbergen geprägt ist, hat die Craft-Beer-Kultur ihre volle Pracht entfaltet. Zwischen Untermain und Saale drängeln sich die besonders Extravaganten, wird auf Sterne-Niveau gebraut und getrunken. Wie kann das sein? Fragt man die Herren der Sudkessel, entgegnen sie Erstaunliches: Wein lehrt den Menschen, dass Genuss darauf basiert, sich Wissen anzueignen und neugierig zu sein – und dass bei ihnen auch das Bier diese Wertschätzung erfährt. Die Nachbarschaft zu Winzern – ein Standortvorteil.

INES' BEERSTORE, ERBSHAUSEN

BIERLOGI(STI)K AN DER AUTOBAHN

Manchmal liegt eine Idee auf der Hand. Man muss nur noch mit den Händen einen Käfig formen und zuschnappen. Warum die Idee, im Nirgendwo des Hinterlands von Würzburg ein Craft-Beer-Fachgeschäft zu eröffnen, im Fall von *Ines' Beerstore* so zündend gut war, leuchtet jedem Bierfreund unmittelbar ein, wenn er ihre Geschichte kennt. Sie löst auch das Rätsel, was eines der umfangreichsten Sortimente unorthodoxer, exquisiter und internationaler Biere ausgerechnet ins Gewerbegebiet von Erbshausen, dem ersten Ort hinter der A7-Autobahnausfahrt 100 »Gramschatzer Wald«, verschlagen hat. Also, die Geschichte geht so: 2002 gründete der Bamberger Braumeister und Brautechniker Hans Wächtler ein Dienstleistungsunternehmen, das Fässer und Fittings (die Ventile, über die Fässer befüllt und geleert werden) instand setzt – die Firma *HW Brauerei-Service*. Dieses zog 2013 vom schlecht angebundenen Bergtheim (Kreis Würzburg) so nah an die Autobahn, dass die Monteure seither auf schnellstem Weg zu Brauereien überall in Europa ausschwärmen können. Und wenn sie schon mal dort sind, so der Gedanke von Ines Bergauer, der Nachfolgerin von Hans Wächtler, könnten sie dort gleich interessante Biere einkaufen und nach Erbshausen mitbringen. Seit der Eröffnung im Februar 2014 spricht es sich immer weiter herum, dass *Ines' Beerstore* deshalb auch Weizen- und Witbiere, belgische Doubles, Triples und Trappistenbiere, Porter und Stouts, Ales, Pale Ales und India Pale Ales, Frucht- und Sauerbiere, Rauchbiere und, und, und in den Regalen stehen hat, die der Craft-Beer-Shop daheim ums Eck nicht hat auftreiben können. Wie gut, dass jeder irgendwann auf der A7 unterwegs ist und seine innere Uhr so einstellen kann, dass sie genau auf der Höhe von Erbshausen eine Lenkzeitpause anmahnt.

Ines Bergauer, Würzburgs erster und bislang einziger weiblicher Biersommelier, arbeitet einstweilen daran, Erbshausen zu einem ganzheitlichen Genuss- und Weiterbildungszentrum auszubauen. Ihr 2015 erstmals zelebriertes Craft-Beer-Fest (s. S. 227) hat das Potenzial, sich zu einem Pflichttermin der Szene zu mausern. Regelmäßig veranstaltet sie gemischtgeschlechtliche oder Frauen vorbehaltene Verkostungsabende, Brauseminare und ein Kulinarium, bei dem der jamaikanische Koch Vinroy Sterling zu fünf Gängen Bier ein karibisches Menü kocht. Nur wie man wieder über die Autobahn nach Hause kommt, bleibt die Frage. Schließlich sollte keiner seinen Führerschein riskieren …

Lohnender Zwischenstopp: Bierparadies an der A7

Ines' Beerstore, Am Wiesenweg 29, 97262 Erbshausen,
Tel. 0 93 67/98 87 84-0, www.ines-beerstore.de,
Mo–Do 8.00–17.00 u. Fr. 8.00–15.00,
Informationen zu Terminen u. Veranstaltungen: über die Webseite.

Brew Dudes, Neubergstr. 2, 97072 Würzburg, www.brewdudes.de,
kein Direktverkauf, dafür Lieferservice in Würzburg,
Bezug u. Bezugsquellen: über die Webseite.

BREW DUDES, WÜRZBURG

ALL THE YOUNG DUDES …

1972 schrieb David Bowie der damals ziemlich frustrierten Jugend das Klagelied *All the Young Dudes* auf den Leib. 43 Jahre später bestätigten sieben biermissionarische Jungs aus Würzburg: Die Nr. 256 auf der Liste der »500 Greatest Songs of All Time« des *Rolling Stone*-Magazins ist eine zeitlose Hymne, sie ist auch für ihre Generation gültig. »Dudes«, so heißen bei Bowie jene Twentysomethings der US-Ostküste, die vom Gefühl getrieben sind, ihnen fehle in ihrem Leben irgendetwas ganz Wichtiges. Was die Studenten Philipp, Tony, Moritz, Manu, Till, Dani und Steffen vermissten, war hingegen sehr konkret: ein Bier nach ihrem Geschmack. Um ihren Main-Ufer-Frust zu bekämpfen, gründeten sie 2015 die Craft-Beer-Marke *Brew Dudes* und kreierten stilbewusst ein Pale Ale, ein Trend-Bier amerikanischer Ausprägung. New-York-Feeling für die Studi-Community.

Kennengelernt haben sich die sieben, die ob der Allgegenwart des Facebook-Du immer nur ihren Vornamen nennen, während des Studiums für Marken- & Medienmanagement. Ihr *Brew Dudes* ist ein Kommilitonenprojekt nach Lehrplan. Bei der Vermarktung und in den sozialen Netzen dürfte kein zweites fränkisches Craft Beer vergleichbar durchgestylt, kreativ und hip sein. Beim Sortiment hingegen folgte man der goldenen Regel, dass weniger mehr Effizienz bringt. Man wollte sich auf eine Sorte beschränken. Für diese suchten sich die *Brew Dudes* nach Versuchen als Hobbybrauer fachmännische Unterstützung bei der *Sternbräu* in Albertshofen bei Kitzingen. Mit regionalen Zutaten entstand ein fruchtig cooles Obergäriges, handwerklich gebraut und – was von den sieben gerne betont wird – per Hand abgefüllt und etikettiert. Mit 4,5 Prozent Alkohol liegt das Pale Ale im Bereich eines traditionellen Hellen. Das soll es leichter machen, auf die Szene-Fläschchen umzusteigen. Gehopft wird mit den klassischen Sorten Magnum und Perle, dazu kommt eine Handvoll des aromatischen Cascade. Dieser Mix ergibt feine Grapefruitnoten, die gekonnt in einen honigfarbenen Körper aus Pale-Ale-, Cara-Amber- und Wiener Malz eingebettet sind. Die Bittere liegt bei 30 IBU – man ist mit einem deutschen Pils auf Augenhöhe. Genau das will man auch sein. Hip, aber massenkompatibel. Anders und doch gleich.

So schmeckt das Studium: jung und mutig

MAX MUNDUS, WÜRZBURG

ÜBERZEUGUNGSTAT MIT EIGENNUTZ

Ganz Unterfranken ist von Winzern besetzt. Ganz Unterfranken? Nein, denn wie das Dorf von Asterix und den unbeugsamen Galliern gibt es im Caput Mundi des Bocksbeutels, in der Hauptstadt des fränkischen Weines, eine Taberna ausgerechnet für Craft Beer. Freilich, was bleibt jenen jungen Menschen auch anderes übrig, die Pale Ales so heiß begehren wie Obelix seinen Zaubertrank, aber in einer Stadt leben, in der sich die Wirte darauf verständigt haben, nur Massensude der *Kulmbacher*-Gruppe auszuschenken (zu der die *Würzburger Hofbräu* seit 2005 gehört). Endlich auch andere fränkische Marken und vor allem Internationales jederzeit im Kühlschrank zu haben – dieser ursprünglich ganz eigennützige Wunsch ist für Nico Oßwald und Max Schulte zum Beruf geworden. Ihr Craft-Beer-Shop heißt *Max Mundus*, liegt zentral zwischen der Juristischen Fakultät und dem Bischöflichen Ordinariat – ein von der Weinanpreisung umzingeltes gallisches Dorf. Damit sie mit ihrem Start-up nicht baden gehen, haben die beiden Jungspunde schon lange vor der Eröffnung Aufruhr veranstaltet, zum Beispiel Craft Beer vom Mainkutter herunter ausgeschenkt – von der schwimmenden Imbissbude *Fischbar zum Krebs*. Oder in unzähligen Verkostungen den Titel Biersommelier ausgespielt – und dabei auch eine Vinothek als Veranstaltungsort erobert. Die beiden haben sogar ihr eigenes Hausbier kreiert, das »Max Magnus hopfengestopfte Pils«, zusammen mit niemand Geringerem als Alexander Himburg vom *Braukunstkeller* in Michelstadt im Odenwald, einer mit Preisen überhäuften Craft-Beer-Legende. Weil Pils in der Community als langweilig verschrien ist, hat man natürlich vieles anders gemacht. Wiener Malz und Karamellmalze formen einen leicht honigsüßen Körper, die Hopfensorten Simcoe und Citra schaffen einen ungewöhnlich fruchtig-frischen Charakter. Im Shop der beiden warten rund 150 Biere aus aller Welt darauf, aus den engen Regalen befreit, nach Hause getragen und mit Liebe in ein Glas freigelassen zu werden. Die Auswahl verrät eine exzellente Kinderstube, sie spannt den großen Bogen rund um die Welt. All das ist da, was den Hipster entzückt und für den passionierten Weintrinker eine neue Offenbarung sein könnte. Asterix hat letztlich ja auch Rom erobert …

Max Mundus, Domerschulstr. 7, 97070 Würzburg,
Tel. 09 31/35 82 39 62, www.maxmundus.de,
Di–Sa 11.00–20.00.

Brauhaus Faust, Hauptstr. 219, 63897 Miltenberg,
Tel. 0 93 71/9 71 30, www.faust.de,
Bezug: über die Webseite.
Informationen zu Terminen und Braukursen: über die Webseite.

Brauerei-Laden, Tel. 0 93 71/97 13 48,
Jan–März: Mo–Fr 8.00–17.00,
Apr–Okt: Mo–Fr 8.00–18.00, Sa 10.00–18.00 u. So 11.00–16.00,
Nov u. Dez: Mo–Fr 8.00–18.00 u. Sa 10.00–18.00.

BRAUHAUS FAUST, MILTENBERG

WO MIT BIER GESCHICHTE UNTERRICHTET WIRD

Wenn Johannes Faust, Mitinhaber der Brauerei, die in vierter Generation seinen Familiennamen trägt, von einer Reise erzählt, die ihn vor zehn Jahren in die USA führte, dann ist es wieder einmal so weit. Aufstehen würde man am liebsten und mit einem Ausrufezeichen in der Stimme hervorstoßen: »Ja sind denn letztendlich nur die Biere verschieden und ihre Erzeuger alle gleich?« Denn tatsächlich: Fast alle fränkischen Traditionsbrauereien, die auch im Craft-Beer-Segment aktiv sind, berichten von einem Besuch des Homelands der neuen Genusskultur als ihrer Initialzündung. Johannes Faust stieß dort freilich nicht nur auf eine Wertschätzung für Bier, wie man sie hierzulande nur in sündhaft teuren Weinboutiquen erleben kann, sondern auch auf ein Stück eigene Geschichte. Vielleicht ist das der Grund, weshalb den Miltenbergern ihre als »Raritäten« bezeichneten Edelgourmetkreationen so gut gelungen sind, dass die Preisurkunden und -medaillen nur so auf sie niederregnen. 1849 hatte sich ein gewisser August Krug, Held der eben niedergeschlagenen freiheitlichen Revolution, gezwungen gesehen, sich in Bremerhaven in das Heer der Auswanderer einzureihen. Im Jahr darauf besuchte ihn sein Vater Georg Anton, damals Besitzer der heutigen *Brauerei Faust*. Kurz zuvor war dieser in einem Keller aus dem Mittelalter auf ein Goldversteck gestoßen, das Startkapital, mit dem die blutjunge *August Krug Brewery* in Kilbourntown/Milwaukee zur – nach einem aus Mainz ausgewanderten Geschäftspartner benannten – *Joseph Schlitz Brewing Company* werden und 1902 zur größten Brauerei der USA aufsteigen konnte.

»Bier ohne Geschichte und Hintergrund ist für uns schwierig«, so Johannes Faust, der für das Geschäftliche zuständig ist, während sein Bruder Cornelius, der Deutschland 2015 bei der Weltmeisterschaft der Biersommeliers mitvertrat, im Sudhaus Regie führt. Und so entschied man sich, in genau jenem Keller tief unter dem historischen Brauhaus, der dem Bierland USA so viel Glück gebracht hatte, fortan Schätze flüssiger Natur im Holzfass reifen zu lassen. Die darüberliegenden, für einen heutigen Braubetrieb viel zu kleinen Räume, verwandelte man in ein Schulungszentrum für Biergourmets, Hobbybrauer und alle, die es werden wollen. Aber auch das Bier als solches kann bei *Faust* Geschichte erzählen. Zum Beispiel über den Grund, weshalb sich dereinst Millionen deutsche Auswanderer nach Übersee einschifften: die Hoffnung auf ein gutes Leben.

AUSGEWÄHLTE CRAFT-BEER-RARITÄTEN DER BRAUEREI FAUST

»Auswandererbier 1849«
Als August Krug dereinst über den großen Teich aufbrach, soll ihn sein Vater für die lange Überfahrt mit einem besonders gehopften Bier ausgestattet haben. Das »Auswandererbier 1849« ruft dessen Geschmack in die Erinnerung zurück. Es handelt sich um ein deutsches Imperial IPA mit 18 Prozent Stammwürze und satten 7,5 Prozent Alkohol. Der Star bei diesem Bier ist natürlich der Hopfen. Neben den deutschen Sorten Tettnanger und Perle kommen auch noch die US-amerikanischen Sorten Chinook, Citra, Columbus und Cascade zum Einsatz – also alles, was der Craft-Beer-Fan so liebt. Das ergibt eine »Hopfenbombe« mit satten 80 Bittereinheiten und der ganzen Bandbreite von Südfruchtaromen (Grapefruit, Mango, Zitrus), die geschmacklich die Sehnsucht der Auswanderer nach paradiesischen Verhältnissen symbolisieren.

»Brauerreserve 1237«
Ein fränkischer Barley Wine: ein schweres, kastanienrotbraunes Bier, das sich im Glas eher wie ein Sherry verhält. Die Nase nimmt ein Potpourri von verschiedenen Aromen wahr: Trockenfrüchte, brotige Aromen, Getreide … Das steht der Komplexität eines Weines sicher in nichts nach. Und auch auf der Zunge ist er schwer, untergründig süß wie Sherry und dennoch anspruchsvoll würzig wie Rotwein oder Whisky. Das liegt am breiten Spektrum der Fruchtnoten (Trockenpflaumen, Rosinen, Beeren) und den Karamellnoten zum einen sowie zum anderen an den trockenen, holzigen Tönen, die wiederum von Brot- und Röstaromen begleitet werden.

»Holzfassgereifter Eisbock«
Der »König« der heimischen Craft Biere! Bei *Faust* gibt es ihn als Jahrgangsbier mit limitierter Flaschennummer auf dem Etikett. Bevor der dunkle Bock in die Flasche kommt, darf er zehn Monate im hauseigenen Felsenkeller in ausgewählten Holzfässern reifen. Und das macht sich geschmacklich bemerkbar: Schwer ist er, süß und voller Aromen von Rosinen, Marzipan und Karamell. 11,5 Prozent Alkohol lassen die Frage aufkommen, ob er noch Bier oder sogar noch mehr sein will. Besonders, weil das vollmundige Bouquet an Sherry erinnert. Einer der besten Eisböcke überhaupt, was auch der *European Beer Star* in Silber belegt.

BRAUERRESERVE
1237
naturtrüb
Aus einer besonderen Malzkomposition eingebraut und mit obergäriger Hefe vergoren reift diese exklusive Bierrarität über 9 Monate in ausgesuchten Eichenholzfässern im Felsenkeller der Faust Schatzkapelle.
alc. 10,4 % vol
0,75 l

Eders Brauwerkstatt, c/o **Eder & Heyland's Brauerei**,
Aschaffenburger Str. 3–5, 63762 Großostheim,
Tel. 0 60 26/50 9-0, www.eders-brauwerkstatt.de,
Bezug: über die Webseite.

EDERS BRAUWERKSTATT, GROSSOSTHEIM

WIDER DEN TECHNISCHEN FORTSCHRITT GEBRAUT

Groß und voll steht der Mond, Beschützer der Schlafenden, über der Kleinstadt Großostheim – und sollte er sich verdunkeln, dann ist das nicht immer einer vorbeiziehenden Wolke geschuldet. Es gibt Nächte, da setzt sein Licht kurz aus, weil er zusammenzuckt. Denn manchmal, wenn er in die *Brauerei Eder & Heyland's* hineinlinst, hat der Braumeister mit einem Grundsatz des Industriezeitalters gebrochen, der da lautet: »Gehst Du abends heim, hinterlasse Deinen Sudkessel leer und rein!« »Digerieren« heißt eine alte, ausgestorbene Technik, bei der man Malz und kaltes Brauwasser schon acht bis zwölf Stunden vor dem Maischen in den Kessel füllt. Wozu? Um das Gemisch über Nacht einfach stehen zu lassen. Das Verfahren führt dazu, dass sich weit mehr und auch andere Aroma- und Farbstoffe lösen, als man in aller Schnelle aus dem Malz herauskochen kann. Wie groß der Unterschied schmeckt, zeigt *Eders Brauwerkstatt*, die Craft-Beer-Linie der Großostheimer Brauerei, mit dem »Weizenbock aus alter Zeit«. Seine Aromen pendeln zwischen fruchtigen Bananen und würzigen Nelken. Die Süße ist fein – mit Noten von Kandis. Erstaunlich, wie das »Digerieren« den wohl pummeligsten Biertyp, den nahrhaft dicken Weizenbock, in eine fast schon schlanke Grazie zu verwandeln vermag und ihm die kräftige Farbe reifer Orangen verleiht.

Drei Craft Biere hat *Eders Brauwerkstatt* bislang zu bieten. Nicht viele. Dafür preisgekrönt. In Relation zum Gesamtausstoß – rund 280 000 Hektoliter, die unter fünf Markennamen vertrieben werden – spielen sie kaum eine Rolle. Braumeister Markus Sabel und seine Mitstreiter haben sie aus »Spaß an der Freude« kreiert. Sie bevorzugen das Spiel auf der Klaviatur ausgemusterter Brautechniken. Das wird auch bei ihrem »Bock Cuveé Yin und Yang« deutlich. Wie bei einer Wein-Cuvée werden hier zwei Biere miteinander verschnitten. Ein separat eingebrautes dunkles Starkbier mit deutlichen Röstnoten und ein fein gehopftes, filigranes Helles vermählen sich im Lagerkeller. Was so einfach klingt, ist kompliziert, da sie sich wegen ihrer unterschiedlichen Dichten nicht einfach mischen. Doch Markus Sabel weiß, wie man eine Ehe zwischen der herben Blondine und der feinen Malzaromatik von Papa Bock stiftet, mit der auch der Herrgott hochzufrieden sein dürfte.

HANSCRAFT & CO., ASCHAFFENBURG

VON 0 AUF 100 AN DIE WELTSPITZE!

Beim Anblick des Aschaffenburger Gründer-Zentrums, eines kasernenartigen Stadtrandaltbaus, denkt man sicherlich nicht daran, dass hier eine der faszinierendsten Bier-Karrieren Frankens ihre Heimat hat. Dabei schlummern im Keller Spezialitäten, die Fachportale wie *Ratebeer.com* zu den besten zählen – weltweit. Gut möglich, dass Christian Hans Müller hier gerade einen neuen Export-Deal mit Südkorea abschließt und für einen Moment kurz schlucken muss. Wegen der Geschwindigkeit, mit der er sich in die Szene braute. 2012 kam sein Erstling auf den Markt, das »Müller Dreistern«. Ein Starkbier, das wie ein weicher Cognac vor dem Kaminfeuer wärmt und mit dem er eine alte Familientradition aufgriff: Sein Großvater war Wein- und Spirituosenhändler. Es reift im Weinbrandfass zwecks Aromenspiel aus Vanillenoten, Trockenfrüchten und Eichenholz. Ein Jahr später dann Geniestreich Nr. 2: das fruchtige Weizenbier »Bayerisch Nizza«. Es heißt so, wie Aschaffenburg wegen seiner mediterranen Sommer im 19. Jahrhundert genannt wurde. Mild und doch auch deutlich gehopft, exotisch und doch auch traditionell, umspielt es den Gaumen mit den fruchtigen Aromen der Côte d'Azur, die sich mit dem urbayerischsten aller Bierstile paaren. Wer es noch stylisher mag, der sollte zum Westcoast India Pale Ale »Backbone Splitter« greifen, das als eines der besten IPAs bezeichnet wird und durch den geradezu kunstakademischen Einsatz von Aromahopfen so mancher stilbildenden US-Bierlegende den Rang abläuft. Orangegolden leuchtet es im Glas. Legt man es sich auf die Zunge, spielt im Mund eine Hippie-Band *California Dreamin'*. Sonne. Strand. Honigsüßes Malz praktiziert freie Liebe mit fruchtigem Hopfen. Beim Schlucken surfen sie gemeinsam auf einer knackigen Bittere davon. Dieses Bier katapultierte Christian Hans Müller zum Deutschland-Vertreter der *Global Association of Craft Beer Brewers* (*GACBB*). Ständig legt er neue, meist in einer kleinen Dorfbrauerei im Nirgendwo des Spessarts realisierte Aha-Erlebnisse nach – zum Beispiel das Witbier »Very White Pornstar« oder das Imperial Stout »Black Nizza«, das sich aus zwölf Malzen zusammensetzt.

Stilprägend:
Kreationen von Christian Hans Müller

Hanscraft & Co., Würzburger Str. 152, 63743 Aschaffenburg,
Tel. 0 60 21/5 80 89 9-0, www.hc-co.de,
kein Direktverkauf, Bezugsquellen: über die Webseite.

»International betrachtet hat sich Craft Beer durchaus schon etabliert.«
Interview mit Christian Hans Müller, *Hanscraft & Co.*

Unter Frankens Craft-Beer-Brauern gibt es nicht viele, die auch auf internationaler Ebene als Trendsetter und feste Größe gelten. Der Aschaffenburger Christian Hans Müller, Gründer und Inhaber des Bierlabels *Hanscraft & Co.*, ist einer von ihnen. Wir haben uns mit dem weit gereisten Szene-Insider auf ein Pils getroffen – ein sehr spezielles und antiindustrielles –, um mit Genuss über den Stand der Bewegung, ihre Zukunftsperspektiven und natürlich auch über seine eigenen Kreationen zu sprechen.

Sie sind deutscher Country-Manager der Global Association of Craft Beer Brewers (GACBB). *Was ist das für eine Vereinigung?*

Christian Hans Müller: Die *GACBB* ist eine Vereinigung inspirierter und unabhängiger Brauer weltweit. Ihr Ziel ist es, sich über die Grenzen hinaus bestmöglich zu vernetzen, gemeinsame Projekte zu verfolgen und voneinander zu lernen. Da der Zuspruch und demzufolge die Mitgliederzahl stetig wächst, werden die einzelnen Regionen von sogenannten Country Managern organisiert. Mir obliegt seitdem die Verantwortung für Deutschland, was u. a. meinem Standort Aschaffenburg geschuldet ist. Hier organisiere ich die deutschen Mitglieder untereinander und plane Treffen und Events.

In dieser Funktion kommen Sie sicher viel herum und haben nationale und internationale Vergleichsmöglichkeiten. Tut man sich in der Region mit der höchsten Brauereidichte tatsächlich schwer, mitzuhalten? Franken, heißt es häufig, hinke in Sachen Craft Beer hinterher.

Christian Hans Müller: In der Tat steht meiner Meinung nach eine Entwicklung in Sachen Craft Beer im direkten Widerspruch zu der in Franken bereits vorhandenen regionalen Vielfalt. Schauen Sie, ich möchte das an zwei Beispielen verdeutlichen. Wir sind mit unserer Marke *Hanscraft & Co.* zum Beispiel sehr erfolgreich in Slowenien und Polen. Beides sind Länder, in denen vor gut 20 Jahren noch so etwas wie Monopolismus herrschte. Wenige, in der Regel riesige Braustätten hatten die Aufgabe, für das ganze Land Bier zu brauen[1].

So einheitlich wie eben möglich. Das prägt natürlich – und sobald dann irgendwo im Land plötzlich jemand kommt, Dinge anders angeht und das die Runde macht, ist die Bevölkerung natürlich viel eher daran interessiert, zu sehen, was da vor sich geht. In Franken würde man das vermutlich nicht mal bemerken, wenn irgendwo eine neue Brauerei eröffnet und nicht mit viel Tamtam auf sich aufmerksam macht.

Wo liegen denn die deutschen Epizentren des Craft Beers?

Christian Hans Müller: Spontan würde ich sagen, in Metropolregionen wie Berlin und Hamburg, aber auch im Ruhrgebiet und in München. Überall dort, wo eine gewisse urbane Mittelschicht vorhanden ist, die sich gezielt differenzieren möchte und das zum Ausdruck bringt. Aber auch das Sauerland oder Sachsen sind Regionen, die fernab des ganzen Hipstertums schon länger sehr affin für Craft Beer sind. Es ist darüber hinaus schön zu sehen, dass sich die Begehrlichkeiten aber inzwischen in alle Winkel der Republik vorzuarbeiten scheinen. Gleichwohl hinkt man hierzulande aber bisweilen weit hinter Nationen wie den USA, den Niederlanden, Dänemark oder sogar Polen hinterher.

Wie ist Ihre Einschätzung, wohin die Entwicklung gehen wird?

Christian Hans Müller: Franken ist bekannt für einen gewissen Feinsinn, was Genuss angeht. Da wird auch über kurz oder lang Craft Beer in internationaler Ausprägung eine Rolle spielen. In Deutschland merkt man bereits, dass Craft Beer – wie oben schon erwähnt – mehr und mehr auf dem Vormarsch ist. Es liegt ja auch in der Natur des Deutschen, dass es, wenn er etwas will, dann schnell gehen muss. Und somit ist das nicht tragisch, zum jetzigen Zeitpunkt das Niveau anderer Länder noch nicht erreicht zu haben. International betrachtet hat sich Craft Beer durchaus schon etabliert.

In den USA ist der Marktanteil von Craft Beer mittlerweile auf zwölf Prozent geklettert. Glauben Sie, dass sich der Trend im Land des Reinheitsgebotes ähnlich stark durchsetzen wird?

Christian Hans Müller: Da wird er es zunächst schwer haben. Man muss dem ja auch gegenüberstellen, dass sich die zwölf Prozent Marktanteil in den USA schon seit den 1980er-Jahren entwickelt haben. Dass dieser Trend erst vor etwa vier Jahren zu uns über den Teich kam, zeigt, dass wir dafür noch 30 Jahre Zeit haben dürften. Entgegen kursierender Statistiken bewerte ich den Marktanteil in Deutschland bei unter einem Prozent. Das ist allerdings nicht schlecht, wenn man betrachtet, dass dies der Anteil eines Jahresgesamtvolumens von etwa 100 Millionen Hektolitern Bierausstoß in Deutschland ist. Die Erwartungshaltung sieht natürlich anders aus, aber hierzulande gibt es ausreichende Hindernisse für eine allzu schnelle Entwicklung des Craft-Beer-Trends. Außerdem wird er sich konsolidieren müssen. Die Tatsache, dass wöchentlich überall neue Unternehmungen aufpoppen, die auf den fahrenden Zug aufspringen, belebt zwar das Gesamtkonstrukt, wird dem ein oder anderen wirtschaftlich Schwächeren jedoch über kurz oder lang zum Verhängnis werden.

Ist es denn überhaupt im Sinne der Craft-Beer-Bewegung, Erfolg an wirtschaftlichem Wachstum zu messen? Man weiß ja, dass das Betriebswirtschaftliche nur selten über Experimente und Qualitätskonsequenz jubelt.

Christian Hans Müller: Durchaus. Denn so funktioniert es. Gerade die Qualitätskonsequenz bestimmt die Beständigkeit. Wer in diesem Bereich zu fahrlässig agiert, fällt schneller hinten herunter,

als er schauen kann. Dann greift wieder das Gesetz der Vielfalt. Und diese lässt sich nur durch Experimentierfreude erreichen. Natürlich schlägt ein geschulter Controller die Hände über dem Kopf zusammen, wenn er sieht, wie großzügig mit Rohstoffen umgegangen wird. Aber gerade in dieser Investitionsphase gibt einem das wirtschaftliche Wachstum recht, den richtigen Weg zu gehen. Wenn die Kalkulation stimmt und die Nachfrage vorhanden ist, ist Craft Beer aus betriebswirtschaftlicher Sicht kein schlechtes Modell.

Das Reinheitsgebot gilt vielen Craft-Beer-Brauern als Ärgernis, denn es setzt der Kreativität Grenzen, die man zum Beispiel in den USA nicht hat. Mit welchen Zutaten wird dort bzw. international mittlerweile gebraut?

Christian Hans Müller: Nun, der Einsatz weiterer Zutaten ist dort ganz normal. Es gibt nichts und niemanden, der da etwas dagegen hätte. Somit werden Früchte, Gewürze, Kräuter und alles, was man sich an – natürlichen – Zutaten vorstellen kann, bedenkenfrei eingesetzt. Oft sind auch regionale Aspekte im Anbau der Rohstoffe wichtig. In Asien zum Beispiel wird wesentlich mehr Reis angebaut als Gerste. Somit liegt es nahe, sich bei vergleichbaren Eigenschaften beider Rohstoffe beim Bierbrauen zugunsten des Reises zu entscheiden. Darüber hinaus ist noch keiner gestorben, weil ein Bier zum Beispiel auf Kirschen vergoren wurde[2]. Wenn jemand keine Kirschen mag, muss er es ja nicht trinken. Es steht ja groß und deutlich auf dem Etikett, was ich auch gut und wichtig finde.

Ich sage jetzt mal grob: Ein Bier auf Reis-Basis ist ein Bier ohne Malz. Gibt es auch Bier ohne Hopfen?

Christian Hans Müller: Lange wurde Bier früher ohne Hopfen gebraut, zumal es schon »Bier« gab, bevor der Hopfen entdeckt wurde. Sogenannte »Grutbiere«, die mehr im Norden Deutschlands als in dessen Süden verbreitet waren. Schafgarbe, Heidekraut und Beifuß sind nur einige der Vorgänger des Hopfens. In manchen benachbarten Ländern wie Dänemark oder den Niederlanden gibt es wieder Revivals dieser Biere. Bei uns ist das mit der gültigen Gesetzeslage nicht ganz so einfach zu vereinbaren. Für mich persönlich jedoch gehört stets Hopfen ins Bier.

Welches ist eigentlich Ihr persönliches Lieblingsbier?

Christian Hans Müller: Mein persönliches Lieblingsbier ist gar nicht so abstrus und durchaus nach dem Vorläufigen Biersteuergesetz[3] – das geläufige Wort benutze ich nicht – herzustellen und mit ihm in Einklang zu bringen. Trotz allem schaue ich gerne über den Tellerrand hinaus und erfreue mich an Bieren, die zu überraschen wissen und den Brau-Horizont erweitern.

Jetzt haben Sie aber mit konkreten Namen gegeizt. Ich frage anders: Gibt es internationale Craft Biere, von denen Sie sagen, die sollte man unbedingt getrunken haben.

Christian Hans Müller: Als jemand, der in Chicago seine Ausbildung gemacht hat und dort regelmäßig vorstellig ist, prägt mich dieser Markt enorm. Meine regionale Lieblingsbrauerei dort ist *Revolution Brewing Co.*, von denen ich zwei Biere präferiere, die jetzt nicht zwingend extrem sind, aber ein tolles Qualitätsniveau besitzen. Das ist zum einen das »Anti Hero IPA« und der »Eugene Porter«. Beide aus der Dose!

Sie selbst haben erst kürzlich für Ihr Label Hanscraft & Co. *ein Pils kreiert, eine ganz traditionelle Sorte also, die zudem als Paradestil der Industriebrauereien gilt. Gibt es in der Welt der Craft Biere ein Übermaß an Außergewöhnlichem, an Bieren, die man trotz ihrer Genialität nicht jeden Abend trinken kann – und somit einen Mangel an Alltagsbieren?*

Christian Hans Müller: Diese Idee ist von der Leidenschaft getrieben. Mir tut es im Herzen weh, wie mit dem Begriff »Pils« in den letzten Jahren und Jahrzehnten umgegangen wurde. Erstens: Die meisten unter dieser Bezeichnung in Bayern gebrauten Biere verdienen ihren Namen in Anbetracht seiner ursprünglichen Bedeutung schon mal gar nicht. Und zweitens: Die Erzeugnisse aus der bundesweiten Großindustrie folgten diesem Trend und bezeichnen ebenfalls als »Pils«, was keines ist. Meiner Meinung nach ist jedes Pils, das unter den Aspekten von vor 30 Jahren gebraut wird, heute wieder etwas ganz Besonderes. Mit meinem Pils möchte ich diesem in Deutschland nach wie vor beliebtesten Braustil meine Handschrift geben. Ein Pils, das einerseits auf klassische Braukunst abzielt und mit dem modernen Geist als Craft Beer einzustufen ist. Das anfängliche Feedback lässt jedenfalls davon ausgehen. Und wenn man es mal ehrlich betrachtet, sind typische Craft-Beer-Stile wie zum Beispiel India Pale Ale ebenfalls kreativ interpretierte Klassiker ihrer Länder, wie hier das Pils.

Ich hab es ja gerade vor mir im Glas – und kann schon nach dem ersten Schluck sagen: Heureka, ich will nie wieder eines dieser wahren Bittbecksteiner aus Jever. Wie machen Sie das – diesen himmelweiten Unterschied?

Christian Hans Müller: Hier spielt der eigene Geschmack eine wesentliche Rolle. In so einem Projekt muss ganz viel Persönlichkeit stecken. Das ist ein schmaler Grat, denn für viele geht es dabei nur um ein Pils, für mich geht es um die eigene Interpretation des populärsten deutschen Bieres. Also ist die Frage jene, was in meinen Augen ein Pils ausmacht und was ich tun würde, um einem Pils meinen eigenen Charakter einzuhauchen. Neben den typischen Eigenschaften wie einem schlanken Körper, einer gewissen Eleganz und einer deutlichen Hopfenblume muss es für mich zwingend unbehandelt bleiben. Das steht im Widerspruch zum klassischen deutschen Pils, das stilgerecht filtriert sein muss. Widersprüche beleben aber den Spirit und deshalb gehe ich genauso vor. Somit handelt es sich daher nicht mehr um ein Pilsener im geläufigen Sinne, sondern um ein unfiltriertes Kellerpils. Diesem sollte als individuelles Charakteristikum eine gewisse Fruchtigkeit zukommen, die sich mit dem hellen, schlanken, eher grasigen Grundstil vereinbaren lässt. Das erreiche ich über eine moderate Kalthopfung – auch Hopfenstopfen genannt, indem ich dem Bier nach der Hauptgärung im Lagertank bei nur 4 °C Hopfen zugebe, der entgegen dem Hopfenkochen keine bitternden Stoffe, sondern tatsächlich fruchtige Aromen ins Bier trägt. Also nächste Frage: »Welcher Hopfen?« Ich habe mich bewusst dafür entschieden, einen heimatlichen Hopfen einzusetzen, während ich sonst ja auch dafür bekannt bin, in erster Linie auf internationale Sorten zurückzugreifen. Somit entschied ich mich für den Hallertauer Blanc. Und wenn, dann richtig … Diesen Hopfen habe ich während des gesamten Entstehungsprozesses eingesetzt, das heißt gekocht und gestopft. Daraus entstand ein sogenanntes »Hallertauer Blanc Single Hop Kellerpils«. Die heimatlichste Seele meiner Braukunst.

In Ihrem Imperial Stout, dem »Black Nizza«, stecken zwölf Sorten Malz. Geben Sie uns einen Vergleich: Mit wie vielen kommt ein Guinness *und ein typisches deutsches Dunkles aus? Und warum nehmen Sie so viele, was bewirkt das?*

Christian Hans Müller: Das verraten die natürlich nicht. Aber ich vermute, dass ein *Guinness* unter industriellen Bedingungen mit maximal drei Malzsorten auskommt, darunter unvermälzte Röstgerste, die in Deutschland nicht zugelassen ist. Ein gutes Dunkles bekommt man ebenfalls mit drei Malzsorten hin. Warum nehme ich also zwölf? Jedes dieser zwölf Malze steht für einen bestimmten Charakter, den das Bier dadurch erlangt. Dabei geht es um Süße, um Farbe, um Röstaromen ... nicht aber allein um Röstaromen, sondern auch um Aromen, die an Kaffee und Schokolade erinnern. Lakritzartige Noten sehe ich ebenfalls in einem Imperial Stout. Das mit nur drei Malzen zu erzielen, ist schier unmöglich. Und um etwas Besonderes zu machen, muss man zu besonderen Maßnahmen bereit sein.

Ich versuch's mal als Abschlussfrage: Brauen als Kunst, als hochartifizielles Komponieren mit Zutaten und Verfahren – wie Karlheinz Stockhausen mit Noten, Jonathan Meese mit Provokationen und Norman Foster bei Gebäuden. Ist das für Sie Hanscraft & Co. *– und Craft Beer ganz allgemein?*

Christian Hans Müller: Ja und nein. Craft Beer und insbesondere *Hanscraft & Co.* polarisieren. Wir machen bewusst Dinge anders. Tasten uns bis dicht an die Grenzen des Erlaubten heran. Finden Wege, diese überschreiten zu können, und zeigen auf, was tatsächlich möglich ist und warum man offen sein darf, dieser Entwicklung ihren Raum zu geben.

---

1 In den kommunistischen Ländern Osteuropas wurde die Bierproduktion zentralisiert. Brauereien wurden – wie die gesamte Wirtschaft – zunächst verstaatlicht. Im Lauf der Zeit wurden immer mehr von ihnen zugunsten einer Handvoll Großbrauereien geschlossen. Dieser Prozess, der sich aus den Erfordernissen der Planwirtschaft erklärt, war Anfang der 1980er-Jahre abgeschlossen. Nach dem Fall des Kommunismus wurden die zentralen Braustandorte fast ausnahmslos von internationalen Konzernen aufgekauft. Seit Ende der 1990er-Jahre erlebt Osteuropa eine Welle an Neugründungen. In Polen gibt es heute wieder weit über 100, in der Tschechischen Republik sogar über 300 private Brauereien.

2 In Belgien ein traditionelles Verfahren, s. den Bierstil Kriek im Glossar, S. 249.

3 Gemeint ist die aktuelle Fassung des Reinheitsgebots. Siehe auch S. 230ff.: »Hoch gelobt. Viel kritisiert. Das Reinheitsgebot – Mythen und Wahrheiten.«

Pax Bräu, Rathgeberstr. 7, 97656 Oberelsbach,
Tel. 01 78/8 06 89 58, www.pax-braeu.de,
Direktverkauf: Mo–Mi 9.00–11.00 u. 13.00–17.00,
Bezug u. Bezugsquellen: über die Webseite.

PAX BRÄU, OBERELSBACH

MOTÖRHEAD IN FLASCHEN

»Lasst uns Schwerter zu Zapfhähnen schmieden«, appelliert ein schmiedeeiserner Ausleger, der weit in ein Seitensträßchen von Oberelsbach hinausragt, an die durstigen Bewohner dieses in der endlosen Weite der Rhön versteckten Dörfchens. Andreas Seufert hat ihn kunstvoll im alten Stil anfertigen und am alten Bauernhaus anbringen lassen, das seine *Pax Bräu* von der phlegmatischen Stille der Bauernlandidylle abschirmt; man muss schon zweimal hinsehen, damit die filigran geletterte Botschaft beim Auge ankommt. Hinten im Hof braut der Rock'n'Roller der fränkischen Craft-Beer-Komponisten ein Line-up, das den Freunden echt handwerklicher Hopfenmedleys klarmacht, was Rock'n'Roll wirklich ist: dem Gaumen mit ordentlich hohen Drehzahlen an Alkohol und einem Feuerwerk an Aromen zu zeigen, wo der Hammer hängt. Wenn Industriebier so etwas wie die Helene Fischer unter den Getränken wäre, dann wäre Craft Beer wie die Red Hot Chili Peppers. Und die *Pax Bräu* wäre Motörhead – und das nicht alleine, weil Lemmy – Gott hab ihn selig – und Andreas Seufert offenbar zum selben Barbier gehen. Haben sich die Malz-Baseline und Hopfensolis, Bittereinheiten-Beats und der heisere Bellgesang des Alkohols erst mal in Bauch, Beine und Hirnwindungen gefressen, ist es zu spät. Ein Schluck *Pax Bräu* und du bist für immer Fan.

Und wie jeder Rock'n'Roller hat Andreas Seufert eine brave Seite. Die konnte man sehen, als das *Bayerische Fernsehen* 2015 die Geburt einer seiner Kreationen filmte. Hastig bekommt die Kamera vom Brauer erklärt, dass er das große, im Hof aufgebaute Stahlbehältnis gleich als Sudkessel nutzen wird. Das Objektiv staunt Bauklötze. In einem Stahlkorb, den sich Andreas Seufert ebenfalls extra für dieses Bier hat schmieden lassen, schichten sich kindskopfgroße Basaltsteinbrocken. Dieses Gestein – erstarrte Lava – ist typisch für die Rhön. Der Stahlkorb steht in einem Glutnest. Als die Steine rot vor Hitze sind, hebt ihn ein Mitarbeiter mit dem Gabelstapler über ein passgenaues Loch auf den Deckel des Sudkessels. Aber die große Hitze hat den Stahlkorb gedehnt, das Loch ist zu klein. Andreas Seufert setzt sich an den Lastenheber, presst mit Gewalt. Der Sudkessel ächzt. Dann ein Zischen und Brodeln, der Basalt ist drin, die Maische kocht. Wie Mandeln in heißem Zucker wird die Maische am Basalt karamellisieren. Sie wird die Brocken mit einer feinen Schicht

Malzzucker überziehen. Die ummantelten Steine wird Andreas Seufert nach der Gärung in den Reifetank legen, damit sie dem Starkbier das zurückgeben, was diese Kreation einzigartig machen wird: die Süße eines Karamellbonbons. Abgefüllt wird der »Basalt Bock« in wuchtige 1-Liter-Flaschen. Wie fast alle Spezialitäten der *Pax Bräu*.

Auch wenn der »Basalt Bock« so schnell vergriffen war wie das Kartenkontingent für die letzten Motörhead-Konzerte, die ganz großen Hits der *Pax Bräu* sind noch härter, schneller und lauter. Sie werden von den Fans frenetisch bejubelt, weil sie das Bier-Establishment ordentlich aufmischen. Nur einmal im Jahr werden sie gebraut. Wann, kündigt die Brauerei auf ihrer Webseite in einem Bierkalender an. Wobei man ab und an mit Änderungen rechnen muss, schließlich braut Andreas Seufert am liebsten spontan das, was er auf seinen vielen Reisen rund um die Welt kennengelernt hat. Und das entspricht nicht immer dem in Bayern geheiligten Reinheitsgebot. Andreas Seufert gehört nämlich zu jenen Brauern, die sich viel mehr einem Natürlichkeitsgebot verpflichtet fühlen. Natürliche Zutaten wie zum Beispiel Süßholz oder Haferflocken, die das »Black Gold« zu einem echten Lakritz Oatmeal Stout machen – ein Bier, das der Kehle eine Vorstellung von der Konsistenz und dem Geschmack dessen gibt, was aus einem 70 Jahre alten *Lanz*-Traktor rinnt, wenn man ihm endlich mal einen Ölwechsel gönnt. Der Bierkalender mit solchen Krachern ist wie eine Doppel-CD konzipiert. Zwölf hammergeile Songs auf der einen Scheibe. Für jeden Monat einer. Und noch mal acht Bonustracks auf der zweiten. Das »Braggot« zum Beispiel mit seinen 13,5 Prozent Alkohol, 27,2 Prozent Stammwürze, Honig, Rauchmalz, Gerstenmalz, Hafer und Emmer und den jungen Trieben Rhöner Fichten. 8,5 Prozent Alkohol, Szechuanpfeffer und Habanero-Chilis geben dem Witbier »From Asia with Love« den richtigen »Sound«. Und satte 650 Gramm Hopfen verordnet Andreas Seufert jedem Hektoliter seines India Pale Ales »Cissy«, der deutsche Durchschnitt liegt bei gerade einmal 100 Gramm. Und das ist nicht alles: Ganz IPA-untypisch haut er als Zugabe noch eine ordentliche Schippe Rauchmalz mit drauf! Jedes Jahr legt die *Pax Bräu* so einen Bier-Longplayer auf.

Ja, Andreas Seufert polarisiert. Kein Bier für Weicheier. »But that's the way I like it, Baby!«

GRAVEYARD
Pax Bräu

RHÖNBRAUEREI DITTMAR, KALTENNORDHEIM

BERLIN, BERLIN, WIR FAHREN NACH BERLIN!

»Die Rhön ist schön«, wirbt die karge Region, in der sich Osthessen, Südthüringen und Nordwestfranken treffen, für sich selbst. Und manch einer, der die Rhöner Schafe für gesprächiger als die wortkargen Bewohner der Mittelgebirgslandschaft hält, fügt im Geheimen hinzu: »Aber schöner wär sie ohne Rhöner!« Zugegeben, Orte wie das gut 1700 Einwohner zählende Kaltennordheim hoch oben in der Rhön kennt keiner. Wie auch? Erstens liegt es im thüringischen Teil Frankens und zweitens klingt Kaltennordheim schon so nach … Kälte und Norden eben. Und dafür haben die Kernfranken doch eigentlich schon Hof.

Dabei liegt der Vergleich mit Hof nahe. Denn beide Orte teilen die Leidenschaft für Bier, nicht nur für handwerklich gebraute, traditionelle Biere, sondern auch für Hopfenexperimente, die man eher in den hippen urbanen Zentren erwarten würde. In Berlin zum Beispiel, wo die Craft-Beer-Szene richtig aufblüht, wo Hopfenkünstler wie Johannes Heidenpeter und Thorsten Schoppe die Szene elektrisieren, wo die Biersommelière Sylvia Kopp als Europabotschafterin für amerikanisches Craft Beer die *Berlin Beer Academy* führt, ja dort erwartet man das frech-moderne Zusammenspiel malziger Geschmeidigkeit mit der bombastischen Fruchtfülle amerikanischer Hopfensorten. In Berlin steppt der Bär, in der Rhön grasen höchstens Schafe.

Denkt man und denkt falsch. Denn wenn sich Julian Reukauf, der Braumeister der *Rhönbrauerei Dittmar* in Kaltennordheim, mit seinem Laster auf nach Berlin macht, dann nicht, um Craft Beer zu holen, sondern um es zu verkaufen. Und manchmal meint man, er sollte sich besser Ellbogen- und Schienbeinschoner anlegen. Denn kaum hält der Laster, wollen ihm die Bierbegeisterten die Kästen von der Hebebühne zerren. Was wiederum an den beiden hopfengestopften Köstlichkeiten, der »Hopfensinfonie« und der »Simco Serenade«, liegt.

Gerade Letztere ist ein Traum. Die »Simco Serenade« ist mehr als nur ein unfiltriertes, kaltgehopftes Pils. Bei diesem Bier wird der urdeutscheste Bierstil durch den amerikanischen Aromahopfen Simcoe und eine Schippe Münchner Malz geradezu beFRUCHTet. Im wahrsten Sinne des Wortes. Die klassisch deutschen Hopfen Merkur

In Berlin heiß begehrt:
Bier aus Kaltennordheim

und Saphir umspielen den Gaumen mit einem würzig-hopfigen Ton, bevor der amerikanische Kult-Hopfen Simcoe sein Füllhorn an Fruchtaromen ausschüttet – Maracuja und Grapefruit – und den Genießenden für einen Moment lang die Sprache raubt: Wow! Craft Beer ohne Schnörkel, ohne Attitüde, einfach so! Wer sagt, dass einheimische Biere immer langweilig sein müssen?

Mittlerweile haben es auch die Rhöner mitbekommen und greifen zu. Sagen werden sie es trotzdem keinem. Sie sind halt so, die Rhöner.

Rhönbrauerei Dittmar, Fuldaer Str. 6, 36452 Kaltennordheim,
Tel. 03 69 66/83 49-0, www.rhoenbrauerei.de,
Direktverkauf: Mo–Fr 6.00–16.45,
Bezugsquellen: über die Webseite,
Besichtigung der Brauerei u. des hauseigenen Museums für Gruppen auf Anfrage.

KLASSISCHE AUSFLUGSTAGE MIT NEUEM BIERGENUSS

EIN VORSCHLAG FÜR DEN UNTERMAIN

Rundwanderung um das romantische Miltenberg

Die von einer Museumsburg bewachte Fachwerkstadt Miltenberg ist eine Augenweide – und Ausgangspunkt einer ganzen Reihe von Wanderwegen, zum Beispiel mit Kloster, historischem Steinbruch, Weinberg und Panoramablick auf das Maintal am Wegesrand. Die 15 Kilometer lange Rundtour mit dem Wanderzeichen M1 (ca. 4 ½ Stunden) ist besonders geeignet, um sich erst die eigenwillige Geschichte und Natur der Mikroregion Maintal zu erlaufen und sich dann mit den Bierspezialitäten der *Brauerei Faust* (s. S. 204ff.) zu belohnen. Startpunkt ist der Marktplatz im historischen Zentrum, dort die bergan steigende Gasse wählen, das Wanderzeichen M1 entdecken und diesem zu Naturdenkmälern und historischen Hinterlassenschaften von Germanen und Römern folgen. Nach der Rückkehr durch das unübersehbare Mainzer Tor nicht am Main bleiben, sondern bei der ersten Gelegenheit leicht rechts auf die historische Hauptstraße wechseln. So kommen Sie automatisch beim Shop der *Brauerei Faust* vorbei, in dem auch die großartigen Spezialsorten auf Sie warten. Dort gleich links um die Ecke lädt die Bar *Faust Braustuben* – ihr Biergarten verwöhnt mit freiem Blick auf den Schiffsverkehr des Mains – zum Kennenlernen der traditionellen Sorten ein. Wenn man dann auf der Hauptstraße 300 Meter weiter durch die Fachwerkstadt schlendert, steht man vor dem von *Faust* betriebenen *Riesen*, dem ältesten Gasthaus Deutschlands, Herberge von Kaisern und Königen, das seine eigene Biersorte bekommen hat.

Eine kostenlose Wanderkarte – auch zu den anderen Rundwegen und Wandermöglichkeiten – ist in der Tourist-Info erhältlich.

Tourist-Information Miltenberg, Engelplatz 69, 63897 Miltenberg, Tel. 0 93 71/40 41 19, www.miltenberg.info

WEITERE EMPFEHLUNGEN: VOM UNTERMAIN ZUR FRÄNKISCHEN SAALE

ASCHAFFENBURG

30 Leut' – Die Bar am Dalberg
Schicke kleine Genuss-Kneipe – und eine von wenigen Möglichkeiten, in Aschaffenburg Biere von *Hanscraft & Co.* (s. S. 210ff.) zu trinken. Christian Hans Müller selbst ist dort immer mal wieder als Event-Matador zu erleben.

30 Leut', Dalbergstr. 49, 63739 Aschaffenburg, Tel. 0 60 21/6 25 33 19, www.30leut.de, Di–Do 18.00–1.00, Fr u. Sa 18.00–2.00, an Bundesligaspieltagen ab 15.00.

ERBSHAUSEN

Craft-Beer-Festival Erbshausen
Erstmals im Oktober 2015 von *Ines' Beerstore* (s. S. 198f.) veranstaltetes Treffen herausragender fränkischer Craft-Beer-Brauer, garniert mit stylischen Food-Trucks. Die Premiere hat die Messlatte so hoch gelegt, dass man sich nach den nächsten Terminen erkundigen sollte. Wird mindestens jährlich stattfinden.

www.ines-beerstore.de

ALBERTSHOFEN

Albertshöfer Sternbräu
Im Januar 2009 hatten zwei Freunde spontan die Idee, dass das unterfränkische Albertshofen nach 100 Jahren doch wieder eine eigene Brauerei verdient hätte. Gesagt, getan – so entstand die *Albertshöfer Sternbräu.* Auf einer kleinen 200-Liter-Anlage werden seither neben dem unfiltrierten Hellen und einem Weizenbier saisonale

Spezialitäten wie ein Brown IPA, ein Chocolate Cream Stout und vieles mehr hergestellt. Wer jetzt Durst bekommen hat, sollte gerade die Saisonbiere per E-Mail vorbestellen, denn wenn weg, dann weg!

Albertshöfer Sternbräu, Hindenburgstr. 5, 97320 Albertshofen,
Tel. 01 62/2 69 90 78 (Erik Löschner),
www.albertshoefer-sternbraeu.de,
Bierverkauf tägl. 10.00–18.00, Brautage immer Sa 10.00–18.00,
an Nicht-Brautagen Verkauf durch die Pension *Goldener Stern* (im selben Haus).

WERNECK

Wernecker Bierbrauerei

»Hopfenfluch«! Was wie der Albtraum Hallertauer Hopfenbauern klingt, ist in Wirklichkeit ein edles Starkbier der *Wernecker Bierbrauerei*, das sich an einem englischen IPA orientiert. Dass das kein »Zechbier« ist, sieht man sofort. Die 0,75-Liter-Dinner-Flasche liegt in einer edlen Holzbox in einem Bett von Hopfendolden. Besonders gut passt dieses fränkische Hopfenstarkbier mit 70 Bittereinheiten zu deftigen, scharfen Gerichten, aber auch zum Dessert. Fluchen muss man da höchstens, wenn die Flasche zur Neige geht.

Wernecker Bierbrauerei, Schönbornstr. 2–4, 97440 Werneck,
Tel. 0 97 22/9 15 0-0, www.wernecker-bier.de,
Brauereigasthof, Tel. 0 97 22/9 10 80, tägl. 7.00–9.00 u. 11.00–23.00,
Direktverkauf: Sa 9.00–14.00.

WIESEN

Bürgerliches Brauhaus

Im Wald, da sind die … Römer. Auch wenn es die Römer im Gegensatz zu den Räubern eigentlich nie in den Hochspessart geschafft haben, entsteht mitten im dunklen Forst im *Bürgerlichen Brauhaus Wiesen* ein Bier mit römischem Namen und amerikanischem Hopfen. »Pompejanus« heißt das hopfengestopfte Pils, benannt nach der Aschaffenburger Sehenswürdigkeit Pompejanum und entstanden in der Zusammenarbeit mit Peter Gemeinhardt, Geschäftsführer des Aschaffenburger Hotels *Wilder Mann*, wo es das Bier natürlich auch gibt.

Bürgerliches Brauhaus Wiesen, Hauptstr. 97, 63831 Wiesen,
Tel. 0 60 96/3 73, www.brauhaus-wiesen.de, Bezugsquellen: über die Webseite.
Hotel/Restaurant *Wilder Mann,* Löherstr. 51, 63739 Aschaffenburg,
Tel. 0 60 21/30 2-0, www.hotel-wilder-mann.de,
Mo–Sa 18.00–23.00, So u. Fei geschlossen.

OT STADELHOFEN / KARLSTADT

Pfarrbräu

Ihren Namen trägt die *Pfarrbräu*, weil das Sudhaus in einem Nebengebäude des ehemaligen Pfarrhauses in Stadelhofen steht. Neben »Klassikern« wie einem hopfigen Kellerpils, einem Dunklen und natürlich einem Weizen stellt Wolfgang Seufert dort auch immer wieder ein hopfenbetontes Dinkelbier oder ein tiefschwarzes Stout her. Und wer will, kann es unter fachkundiger Anleitung auch selbst brauen.

Pfarrbräu, Am Dorfplatz 8, 97753 OT Stadelhofen / Karlstadt,
Tel. 0 93 96/99 59 56, www.pfarrbraeu.de, Fr. 15.00–18.00,
Sa 10.00–13.00, Bezugsquellen: über die Webseite,
Brauereibesichtigung u. Brauseminare für Gruppen: über die Website.

HOCH GELOBT. VIEL KRITISIERT.

DAS REINHEITSGEBOT – MYTHEN UND WAHRHEITEN

Das Reinheitsgebot gilt als die älteste Lebensmittelverordnung der Welt. Weitläufig ist der Mythos verbreitet, dass es seit 500 Jahren unverändert sei und aus einer ganz simplen Formel bestehe, die auf jeden Bierdeckel passe: Hopfen, Malz, Wasser, Hefe – basta! Aber die Wahrheit ist – wie so oft – natürlich viel komplizierter. Ihre heute gültige Form wurde 1993 im Bundesgesetzblatt veröffentlicht. Sie trägt den vielsagenden Namen »Vorläufiges Biergesetz«, erlaubt eine Vielzahl von Hilfs- und Zusatzstoffen und räumt den Behörden der Bundesländer die Möglichkeit ein, im Einzelfall auch das Brauen mit Zutaten wie Früchten oder mit Milchsäure zu erlauben. Im Gegensatz zur übrigen Bundesrepublik werden in Bayern Ausnahmegenehmigungen generell nicht erteilt. Der Grund, weshalb das aktuelle Reinheitsgebot als ein »vorläufiges« bezeichnet wurde, sind die Bestrebungen der EU, die Märkte europaweit zu harmonisieren. Lassen Sie sich anhand der zehn häufigsten Mythen, Vorurteile, Argumente und Kritikpunkte das Reinheitsgebot bzw. das »Vorläufige Biergesetz« im Detail erklären.

1) Seit 500 Jahren gilt in Deutschland bzw. in Bayern das Reinheitsgebot!

Auch wenn 2016 überall im Land 500 Jahre Reinheitsgebot gefeiert werden, muss man sagen: Eine 500 Jahre andauernde Kontinuität des Reinheitsgebots gibt es nicht! Es gibt sie wohl nicht einmal für Bayern selbst! Karin Hackel-Stehr weist in ihrer Dissertation über *Das Brauwesen in Bayern vom 14. bis 16. Jahrhundert, insbesondere die Entstehung und Entwicklung des Reinheitsgebotes (1516)* (Berlin, 1987) darauf hin, dass es 1551 eine weitere landesherrliche Verordnung fürs Brauen gab, die neben Hefe auch Koriander und Lorbeer erwähnt. 1616 sollen in einer nächsten landesherrlichen Verordnung auch Salz, Wacholder und Kümmel zugelassen worden sein. Das »frühe« Reinheitsgebot galt in Bayern also gerade mal 35 Jahre. In der Neuzeit besann man sich im 19. Jahrhundert, genauer im Landtagsabschied von 1861, wieder auf eine Beschränkung auf die vier bekannten Zutaten. Zählt man diese 155 Jahre zu den 35 Jahren im 16. Jahrhundert hinzu, könnte man 2016 bestenfalls 190 Jahre »Reinheitsgebot« in Bayern feiern. Oder anders ausgedrückt: In Bayern wird seit 1516 länger gegen das Reinheitsgebot als nach der berühmten Regel gebraut! Auch das nachträgliche »Würzen« von Bieren mit Kräutern und Gewürzen wird zum Beispiel in Hausbüchern des 17. und 18. Jahrhunderts empfohlen.

2) Nach dem Reinheitsgebot dürfen nur Wasser, Malz, Hopfen und Hefe zum Brauen verwendet werden.

Stimmt so nur für untergärige Biere. Obergärige Biere dürfen tatsächlich auch Zucker enthalten. Für die Bereitung von obergärigem Bier ist die Verwendung von technisch reinem Rohr-, Rüben- oder Invertzucker sowie von Stärkezucker und Farbmitteln, die aus Zucker der bezeichneten Art hergestellt werden, zulässig (§9(2) Vorläufiges Biergesetz). Auch die Zugabe von Kohlensäure ist bei alkoholfreien Bieren erlaubt. Entstammt die Kohlensäure demselben Brauprozess, muss die Zugabe nicht gekennzeichnet werden. Stammt sie von einem anderen Brauprozess, muss sie als Gärungskohlensäure angegeben werden.

3) Dass es keine Lebensmittelskandale beim Bier gibt, verdanken wir dem Reinheitsgebot.

Stimmt zum Teil. Denn einen »großen, landesweiten Skandal« wie bei Gammelfleisch oder Dioxin-Eiern gab es tatsächlich erst 2016 – Stichwort Glyphosat. Die Liste der bekannten Zutaten schließt »Schummeleien« wie künstliche Aromen oder Konservierungsstoffe aus. Ganz so sauber, wie es der *Bayerische Brauerbund* gerne hätte, geht es beim Bier aber trotzdem nicht zu. Nur ein paar Beispiele:
Manchmal sind sogenannte Produktionshilfsmittel, zum Beispiel Hilfsmittel für die Filtration und Stabilisierung, das Problem. Bis in die 1980er-Jahre waren das u.a. Kieselgurgemische mit Asbest. Dabei war die gesundheitsschädliche Wirkung durchaus schon bekannt und auch, dass sich im filtrierten Endprodukt Asbestpartikel nachweisen ließen (s. Europäische Patentschrift EP 0031522 A2 – Verfahren zum Filtrieren von Getränken).
2008 stellte die Karlsruher Lebensmittelüberwachung fest, dass bei der Hälfte aller untersuchten dunklen Biere zu deren Herstellung KEIN GRAMM DUNKLES MALZ verwendet wurde. Hier wurden also helle Biere mittels Röstmalzextrakt (früher Farbebier genannt) zur dunklen Spezialität umgefärbt. Völlig legal und ohne gegen das Reinheitsgebot zu verstoßen, wohlgemerkt! Ein Vergleich mit Erdbeerjoghurt ohne Erdbeeren und Vanillepudding ohne echte Vanille

drängt sich da auf. Nur 22 Prozent der dunklen Biere wurden mit dunklem Malz und ohne Röstmalzbier gebraut. Mit der vielgepriesenen Reinheit des Bieres hat das nicht mehr viel zu tun.
Der Jahresbericht des Bayerischen Landesamtes für Gesundheit und Lebensmittelüberwachung (LGL) weist übrigens für das Jahr 2013 bei Bier, bierähnlichen Getränken und den Bierrohstoffen 13,3 Prozent beanstandete Proben auf, 2012 sogar über 20 Prozent. Das waren mehr als bei den überprüften Fertiggerichten, die keinem Reinheitsgebot unterliegen und einen wesentlich schlechteren Ruf haben. Bei den Fertiggerichten lagen die Beanstandungen in beiden Jahren unter 11 Prozent.
Wenn das Reinheitsgebot etwas schützt, dann wohl in erster Linie den Ruf des deutschen Bieres. Was die Gefährdung der Gesundheit angeht, steht das durch das Reinheitsgebot geschützte Bier nicht besser da als zum Beispiel eine Tiefkühlpizza.

4) Mit Wasser, Malz, Hopfen und Hefe lassen sich nahezu unendlich viele Geschmacksnuancen erreichen. Solange die nicht ausgeschöpft sind, brauchen wir keine anderen Biere!

Ein schwieriges Thema. Zwar sind die »unter Einhaltung des Reinheitsgebotes gegebenen Möglichkeiten der sensorischen Produktdifferenzierung noch längst nicht ausgeschöpft«, wie es der *Bayerische Brauerbund* in der Zeitschrift *Brauwelt* Nr. 44 (2014) so schön ausdrückt, aber daraus abzuleiten, dass deshalb nicht mit anderen Aromen gebraut werden dürfe, ist schwer nachvollziehbar. Dieses Argument berücksichtigt nämlich nicht den Umstand, dass sich eben nicht alle Geschmacksrichtungen nachbilden lassen. Wer zum Beispiel ein belgisches Witbier nach dem Reinheitsgebot brauen will, stößt an seine Grenzen. Orangenaromen können mit modernen Flavour-Hopfen noch simuliert werden. An der pfeffrigen Schärfe von Kardamomsamen scheitert man aber. Mit dem Reinheitsgebot ist ein solches Bier nicht adäquat zu brauen! Was uns gleich zum nächsten Punkt bringt:

5) Das Reinheitsgebot ist ein Einheitsgebot! Es schränkt die Kreativität der Brauer und die Geschmacksvielfalt der Biere ein!

Damit machen die Reinheitsgebotsgegner Stimmung, aber so einfach ist es nicht: Gerade in Franken wird die Vielfalt an Bierstilen, die sich nach dem Reinheitsgebot brauen lassen, deutlich. Man kann also innerhalb des Reinheitsgebotes durchaus sehr viele unterschiedliche Biere brauen. Aber warum geschieht es dann nicht überall? Hier ist tatsächlich das Reinheitsgebot »mitschuldig«. Während man bei anderen Lebensmitteln leicht Produkte aus der Massenproduktion und solche aus handwerklicher Herstellung an der Qualität unterscheiden kann, fällt das dem Konsumenten beim Bier durch das Reinheitsgebot, das als Qualitätssiegel verstanden wird, deutlich schwerer. Bei qualitativ gleichwertigen Bieren entscheidet der Kunde häufig über den Preis und landet bei besagten »Einheitsbieren« für den Massengeschmack. Dass sich vor allem die nationalen Großbrauereien auf ähnlich schmeckende Pilsner Biere eingeschossen haben, hängt also indirekt sehr wohl mit dem Reinheitsgebot zusammen.

Und das Reinheitsgebot hindert Brauer auch daran, mit anderen Aromen zu experimentieren und lokale Stile mit außergewöhnlichen Aromen zu kombinieren. Oder einfacher ausgedrückt: Wenn zum Beispiel Alfons Schuhbeck Weißwürste mit Chili kombiniert, wird er dafür mit Auszeichnungen überhäuft. Ein bayerischer Brauer, der ein Weißbier mit Chili braute, würde dafür hingegen bestraft werden. Geschmackliche Vielfalt wird durch das Reinheitsgebot also durchaus gebremst.

6) Wenn Ausnahmegenehmigungen für besondere Biere erteilt werden, dann bitte nur für alte, traditionelle deutsche Sorten! So »verrückte Biere« wie ein Lavendelbier braucht doch niemand!

Mit dieser Forderung machte der Beirat des *Bayerischen Brauerbunds* unlängst Druck (s. *Brauwelt* Nr. 44 (2014)). Der Bierstil Gose (mit Salz und Koriander) soll demnach außerhalb Bayerns weiterhin genehmigungsfähig sein. Das Witbier (mit Orangenschalen und Koriander) aber in ganz Deutschland nicht. Mal abgesehen davon, dass sich »die deutschen Grenzen« in den letzten 500 Jahren immer wieder verschoben haben, ist eine »Deutschtümelei« in Sachen Bier bedenklich. Was »alt« und »traditionell« sein soll, ist fraglich. Wie viele in Deutschland gebraute Witbiere braucht es zur Tradition?

Und letztlich entscheiden die Verbraucher, was sie trinken wollen und was nicht. Ob also »verrückte« Sorten irgendwann einmal (wieder) Teil der deutschen Brau- und Biertradition werden, sollte die Geschichte erweisen.

Übrigens, ein »Lavendelbier« wird zur Gesundheitsverbesserung und Krankheitsprophylaxe in Johann Christoph Thiemes *Hausbuch* empfohlen, gedruckt im späten 17. Jahrhundert in Nürnberg!

7) Das Reinheitsgebot ist angewandter Verbraucherschutz!

Da wollen wir gar nicht selbst antworten. Das überlassen wir dem Bundesverwaltungsgericht in Leipzig: »Ob dieses Reinheitsgebot verfassungsrechtlich zu rechtfertigen ist, ist umstritten. [...] Seinen rechtfertigenden Grund findet es nicht in den Belangen des Gesundheitsschutzes, sondern allein in der Pflege einer kulturellen Tradition – der deutschen Braukunst – und der Gewährleistung eines bestimmten Produktniveaus. [...] Die Pflege der kulturellen Tradition und die Gewährleistung eines bestimmten Produktniveaus erfordern es nicht, alle Abweichungen vom Reinheitsgebot zu verbieten, als handele es sich dann zwangsläufig um minderwertiges, trügerisches (gepanschtes) oder gar gefährliches Bier.«
(BVerwG 3 C 5.04)

8) Wer das Reinheitsgebot aufgibt, bekommt Chemiebiere!

Die Gefahr besteht tatsächlich. Wird zum Beispiel die Zugabe von Früchten erlaubt, besteht Gefahr, dass Fruchtaromen und Fruchtauszüge folgen. Schon heute stehen ausländische Trendbiere und deutsche Biermischgetränke mit genau solchen Inhaltsstoffen in den Regalen – und werden von den Konsumenten wie selbstverständlich als Bier wahrgenommen. Dagegen hilft nur eine Kennzeichnungspflicht aller Inhaltsstoffe – und zwar groß und deutlich! Zudem ließe sich ähnlich wie bei Hopfenprodukten festlegen, welche Formen von zum Beispiel Fruchtzubereitungen erlaubt sein sollen. Bei Hopfenprodukten gibt es nämlich mittlerweile eine breite Palette an zum Teil chemisch verarbeiteten Produkten wie reines Hopfenöl (als Aroma), Hopfen-Antischaum (aus den Lipiden und Wachsen des Hopfens), Downstream-Produkte, die nur die Bitterstoffe des Hopfens enthalten und vieles mehr. Diese Produkte sind aber jetzt schon nach dem Reinheitsgebot nicht zulässig. Für die Zugabe von Früchten, Kräutern und Gewürzen ließen sich ähnliche Grenzen setzen und so Chemie im Bier vermeiden.

9) Das Reinheitsgebot schützt die deutschen Brauereien, vor allem den Mittelstand, vor der ausländischen Konkurrenz.

Schön wäre es, aber das ist ein Märchen. Zum einen können ausländische Großbrauereien auch reinheitsgebotskonform viel günstiger brauen als der deutsche Mittelstand. Zum anderen dürfen ausländische Brauer Malz durch günstigeren Industriezucker ersetzen und ihr Produkt trotzdem hierzulande als Bier vermarkten. Im Gegenteil: Kreativbiere wie Coffee Stouts oder weihnachtliche Gewürzbiere könnten für kleine Brauereien sogar zur lohnenden Marktnische werden, die in- wie ausländische Großbrauereien mit ihren am Massengeschmack orientierten Produkten nicht bedienen können.

10) Dank des Reinheitsgebots hat das deutsche Bier einen so guten Ruf im Ausland!

Jein! Was den Ruf Deutschlands als Biernation begründet, sind die vielen Traditionen rund um das Bier. Der Frühschoppen, die Eckkneipe, die Kerwa, das Oktoberfest usw. All das ergibt zusammen mit dem Reinheitsgebot ein romantisches Gesamtbild, von dem nicht nur die deutsche Brauwirtschaft zehrt. Allerdings ist es durchaus bedenklich, dass eine 500 Jahre alte Regel für den Ruf des Biers verantwortlich sein soll und nicht die Qualität und der Geschmack.

HOPFEN, MALZ & MEHR!

Wer die Etiketten von Craft Bieren liest, sich mit Brauern unterhält oder Verkostungsberichte zu Rate zieht, stößt immer wieder auf Rohstoffe, die ihm nicht näher bekannt sind: Ale-Hefe und Melanoidinmalz, Cascade-Hopfen oder Röstgerste. Damit Sie in Zukunft ordentlich mitreden können, stellen wir Ihnen hier einige der gängigsten Rohstoffe genauer vor.

MALZ IST NICHT GLEICH MALZ!

Malz gibt dem Bier seinen Körper. Vor allem aber liefert es den Zucker, den die Hefe in Alkohol und Kohlensäure umwandelt. Per Definition ist Malz alles künstlich zum Keimen gebrachte Getreide. Die meisten Biertrinker kennen Gerstenmalz und Weizenmalz. Daneben werden aber auch Roggen, Dinkel, Emmer oder Einkorn vermälzt und natürlich auch verbraut. Beim Mälzen wird das Getreide zunächst mit Wasser ein bis zwei Tage »eingeweicht«, worauf es zu keimen beginnt. Während dieses Prozesses wandelt sich unlösbare Stärke durch Enzyme in Maltose (Malzzucker) um. Das gekeimte »Grünmalz« wird anschließend durch heiße Luft getrocknet, also »gedarrt«. Deren Temperatur entscheidet über die Farbe des Malzes und sein Aroma. Man unterscheidet zwischen sogenannten Basismalzen und Spezialmalzen, die vor allem zur Färbung und zur Aromatisierung dienen. Malz ist also nicht gleich Malz!

Pilsner Malz: Dieses Gerstenmalz ist die Basis vieler Biersorten. Nicht nur das klassische Pils, auch zahlreiche Dunkle und sogar Weizenbiere enthalten einen nicht geringen Anteil »PiM«. Es wird besonders schonend bei 80 °C gedarrt und ist daher sehr hell. Die Farbstärke beträgt gerade mal 2-3 EBC[1]. Pilsner Malz schmeckt leicht süßlich und natürlich malzig. Im Bier kann Pilsner Malz eine feine Honignote erzeugen.

Pale-Ale-Malz: Pale-Ale-Malz ist ebenfalls ein Gerstenmalz, das einen Tick dunkler als das dominierende Pilsner Malz ist (zwischen 5,5 und 7,5 EBC[1]). Es wird für klassische, englische und amerikanische Ales, aber auch als Basis für Porter oder Stouts verwendet. Es gibt dem Bier feine Noten von Biskuit, Mandel und Karamell.

Wiener Malz: Wiener Malz ist die erste Wahl, will man hellen Bieren einen vollmundigeren Körper und eine glänzend goldene Farbe (8–12 EBC[1]) geben. Es ist ebenfalls ein Gerstenmalz, sorgt für Karamell-, Toffee- und Honignoten und wird vor allem bei Märzen- und hellen Festbieren verwendet. Zahlreiche Bierstile werden mit Wiener Malz geschmacklich abgerundet.

Münchner Malz: Dieses bei ca. 100 °C gedarrte Gerstenmalz gibt es in verschiedenen Farbtönen, zwischen zwölf und je nach Hersteller bis zu 50 oder mehr EBC[1]. Es färbt ein Bier braun bis schwarz. Seinen Namen hat es von den dunklen Bieren, für welche die bayerische Landeshauptstadt früher berühmt war. Mit dem harten Münchner Wasser ließen sich damals keine brauchbaren Hellen brauen. Heutzutage wird das »MüM« in vielen Sorten – vom Altbier bis zum dunklen Bock – zur Intensivierung des Geschmacks und der Farbe eingesetzt.

Weizenmalz: Dieses Malz besteht, der Name sagt es ja bereits, aus Weizen und wird für Weizen- bzw. Weißbiere verwendet. Weizen besitzt im Vergleich zur Gerste keine Spelze (= natürliche Umhüllung des Korns). Das kann beim Brauen zu Problemen führen: Denn durch die Spelzen wird der Malztreber lockerer und luftiger, sodass die Würze beim Läutern leichter und schneller abfließen kann. Weizenbiere werden deshalb in der Regel mit 30 Prozent Gerstenmalz oder mehr eingebraut. Weizenmalz gibt es als helles und als dunkles Malz. Biere mit Weizenmalz müssen nach dem Reinheitsgebot obergärig vergoren werden. Außerhalb Deutschlands geben Brauer ihren untergärigen Bieren ein paar Prozent Weizenmalz zu, da es für einen weicheren Körper und eine schönere Schaumbildung sorgt.

Roggenmalz u.a.: Ähnlich wie beim Weizenmalz gibt es helles, dunkles und Karamell-Roggenmalz. Sie alle geben dem Bier ein deutlich kerniges, aber bisweilen auch leicht säuerliches Brotaroma. Roggenmalz findet man in vielen Mehrkorn- und Erntebieren. Diese enthalten auch Malze aus anderen alten Getreidesorten wie Einkorn, Emmer oder Dinkel. Nach dem Reinheitsgebot dürfen Biere mit solchen Malzen nicht untergärig vergoren werden.

Karamellmalze: Dieser Begriff vereint eine Vielzahl an hellen (5 EBC[1]) bis sehr dunklen (500 EBC[1]) Malzen. Ihre Gemeinsamkeit: Die Stärke verwandelt sich beim Mälzen komplett in unvergärbaren Zucker. Für die Hefe sind diese quasi unverdaulich. Den Bierfreund erfreuen sie dagegen mit größerer Vollmundigkeit und Süße des Bieres. Karamellmalze lassen sich aus jeder beliebigen Getreidesorte herstellen.

Melanoidinmalz: Das »Mela« ist ein Gerstenmalz, das aufgrund eines speziellen Darrprozesses dem Bier eine rote Färbung und einen charakterstarken, kernigen Malzgeschmack gibt. Der Farbwert liegt bei 50 bis 80 EBC[1]. Obwohl Melanoidinmalz kein Röstmalz ist, kann es dem Bier deutliche Toast- und Röstnoten verleihen.

Röstmalz: Durch besonders langes und heißes Darren bekommt dieses Malz eine tiefbraune bis rabenschwarze Färbung von 800 bis 1 500 EBC[1]! Da beim Darren ähnliche chemische Prozesse wie beim Rösten von Kaffee- oder Kakaobohnen ablaufen, erinnern mit Röstmalz gebraute Biere häufig an dunkle Schokolade oder Mokka. Damit die Spelze beim Darren nicht verkohlt, stellt man Röstmalz in der Regel aus entspelzter Gerste her. Ein typisches Einsatzgebiet sind die klassischen Schwarzbiere.

Rauchmalz: Die urtümlichste Malzform. Da es das launische Wetter unserer Breitengrade nicht erlaubt, keimende Malze in der Sonne zu darren, musste man früher mit offenem Feuer nachhelfen. Dabei wurde heißer Rauch durch das Malz geleitet und aromatisierte es so. Bis zur Erfindung eines indirekten, von den antiken römischen Thermen inspirierten Heizsystems 1807, der Heißluftdarre, dürften alle Biere mehr oder weniger rauchig geschmeckt haben. Normalerweise verwendet man zum Räuchern Buchenholz, aber für besondere Biere findet auch Eichenholz Verwendung, zum Beispiel wird für den alten Bierstil Grätzer ein Eichenrauch-Weizenmalz verwendet.

Sauermalz: Dieses Malz »schmeckt« man nicht, aber für viele Brauer ist sein Einsatz unerlässlich. Denn bei zu hartem Brauwasser wirken helle, hopfenbetonte Biere schnell kratzig und unsüffig. Sauermalz senkt den PH-Wert und verändert so die Wasserhärte. Beim Sauermalz werden natürlich auf dem Malz vorkommende Milchsäurebakterien beim Mälzen bewusst vermehrt, um in der Maische die Arbeit der Enzyme zu verbessern.

Röstgerste: Röstgerste ist genau genommen kein Malz, sondern rohes Getreide. Es hat einen Farbwert von über 1 000 EBC[1]. Da Röstgerste nicht vermälzt wird, enthält sie keine für den Brauprozess wichtigen Enzyme. Eine Schüttung von um die fünf Prozent gehört zu jedem klassischen Stout oder Porter. Obwohl das »originale

Reinheitsgebot« von 1516 ausdrücklich Gerste als Zutat vorschreibt, ist der Einsatz von Röstgerste nach heutigem Verständnis nicht mehr reinheitsgebotskonform.

HOPFEN, DIE SEELE DES BIERS!

Was wäre Bier ohne Hopfen? Undenkbar? Nicht unbedingt: Lange Zeit trank man in Deutschland Grutbiere, die mit allerlei Kräutern und Wurzeln gewürzt waren. In Europa kann man den Anbau von Hopfen bis ins 8. Jahrhundert nach Christus zurückverfolgen. Nachweise für Hopfenbiere dagegen gibt es erst seit dem 9. Jahrhundert. Beim Brauprozess hat die Pflanze aus der Familie der Hanfgewächse gleich mehrere Funktionen. Zum einen gibt sie dem Bier das typische Aroma. Dank seiner Bitterstoffe, der sogenannten α-Säure, wirkt Hopfen zugleich als natürliches Konservierungsmittel. Hopfen ist der mit Abstand teuerste Rohstoff beim Brauen. Man unterscheidet zwischen Aromahopfen (Flavour-Hops) mit weniger als zehn Prozent α-Säure und Bitterhopfen mit bis zu 20 Prozent α-Säure. Aromasorten bringen mehr ätherische Öle und Polyphenole ins Bier – und damit das, was ihr Name verspricht: mehr Aroma. Weltweit gibt es um die 200 Hopfensorten; Züchtungen und Kreuzungen lassen diese Zahl jährlich ansteigen. Der hopfenverrückten Craft-Beer-Community dürfte ihr Lieblingsrohstoff deshalb nicht so schnell ausgehen! Vorstellen können wir Ihnen leider nur eine kleine Auswahl an Sorten, die Craft-Beer-Brauer häufig verwenden.

CRAFT-BEER-HOPFEN AUS DEUTSCHLAND

Cascade: Dieser ursprünglich aus den USA stammende Hopfen ist der Liebling der Craft-Beer-Szene. Sein blumiges und fruchtig-würziges Aroma prägt die Bierstile American Pale Ale und India Pale Ale. Er zeichnet sich durch eine milde Bittere aus. Mittlerweile wird er auch in Deutschland angebaut.
Aromen: Litschi, Grapefruit, Zitrus

Hallertau Blanc: Diese deutsche Neuzüchtung klingt nicht nur nach Weißwein, sie gibt dem Bier auch ein weißweinfruchtiges Bouquet.
Aromen: Ananas, Stachelbeere, Trauben, Weißwein

Huell Melon: Ein neuer deutscher Flavour-Hopfen, der in eine beerig-süße Richtung geht.
Aromen: Erdbeere, Honigmelone

Mandarina Bavaria: Ein weiterer neuer heimischer Lieblingshopfen vieler Craft-Beer-Brauer. Je nach Handhabung produziert er ein feines, fruchtiges bis leicht bitteres Mandarinenaroma.
Aroma: Mandarine

Polaris: Der legendäre »Gletschereisbonbon«-Hopfen aus Deutschland! Er bringt eine minzfrische Note ins Bier – hat aber mit um die 19 Prozent α-Säure verdammt hohe Bitterwerte. Er eignet sich deshalb vor allem zum Hopfenstopfen.
Aroma: Pfefferminze

CRAFT-BEER-HOPFEN AUS FRANKREICH

Strisselspalter: Der klassische Hopfen aus dem Elsass. Da er ein feines Aroma und wenig α-Säure besitzt, eignet er sich vor allem für Biere mit einem leichten Körper, aber auch für belgische Ales und klassische Lagerbiere.
Aromen: Blumen, würzig, Zitrus

CRAFT-BEER-HOPFEN AUS DEN USA

Amarillo: Dieser US-Hopfen ist in der ganzen Welt Kult, dabei wird er nur von *Virgil Gamache Farms* im Bundesstaat Washington angebaut. Dementsprechend hoch sind Nachfrage und Preis.
Aromen: Orange, Zitrus

Centennial: Die Nummer zwei in Amiland, zumindest was die Anbaufläche angeht. Mehr bietet nur noch die US-Variante von Cascade. Beliebt wegen seines blumigen Aromas und seiner Zitrusnoten.
Aromen: Blumen, Harz, Kräuter, Zitrus

Chinook: mit zehn bis zwölf Prozent α-Säure eigentlich ein Bitterhopfen, hätte er nicht ein so deutlich würziges Grapefruitaroma. Als Allrounder lässt er sich zur Bitterung und als Flavour-Hop einsetzen.
Aromen: Grapefruit, Pinie, Zitrus

Citra: Wer bei Citra nur an Zitrus denkt, liegt falsch. Er ist die Fruchtbombe unter den amerikanischen Hopfen. Das macht ihn gerade für American Style Pale Ales und India Pale Ales interessant.
Aromen: Limette, Mango, Tropenfrüchte

Comet: Der Oldie but Goldie unter den Hopfen. Wird schon seit den 1960er-Jahren angebaut, geriet in Vergessenheit und erlebte dank des Craft-Beer-Booms in den USA und schließlich in Deutschland ein großes Comeback.
Aromen: Grapefruit, Zitrus

Equinox: Beeindruckt durch seine spannende Aromengrätsche – von Tropenfrucht bis zum Salatgemüse.
Aromen: Guave, grüne Paprika, Limette, Melone, Papaya

Simcoe: Diesen Hopfen gibt es schon seit dem Jahr 2000 und damit – gemessen am Zeitgefühl der Craft-Beer-Community – seit einer halben Ewigkeit. Seine Popularität ist wegen der würzigen und fruchtigen Aromen ungebrochen.
Aromen: Grapefruit, Maracuja, Pinie, Zitrus

Sorachi Ace: Der Name dieses Hopfens klingt nicht nur nach Japan, seine Wurzeln liegen auch dort. Er wurde ursprünglich speziell für eine japanische Brauerei gezüchtet.
Aromen: Kokos, Limone

CRAFT-BEER-HOPFEN AUS NEUSEELAND

Green Bullet: Fasziniert durch seine Mischung aus würziger Pinie und Zitrusfrucht. Dank ordentlich α-Säure ein echtes Allroundtalent.
Aromen: Limone, Pinie, würzig

Nelson Sauvin: Wer an Hopfen aus Neuseeland denkt, denkt automatisch an Nelson Sauvin – und das nicht nur wegen der stilprägenden Bierkreation »Schneider Weisse Tap X Mein Nelson Sauvin«. Er imitiert das Aroma der Weißwein-Traube Sauvin-Blanc.
Aromen: Grapefruit, Traube, Stachelbeere

Pacific Gem: Ein weiterer Allround-Hopfen mit viel α-Säure (um die 15 Prozent) und einem schönen Beerengeschmack. Gut für dunklere Biere geeignet.
Aromen: Brombeere, Eiche, Pinie

Ella: Ein Traum von einem Hopfen! Ob Blumenwiese oder tropischer Fruchtsalat, Ella kann so ziemlich alles. Und hat dazu noch ordentliche Bitterwerte.
Aromen: Blumen, Grapefruit, Tropenfrüchte, würzig

Enigma: Diese neue Hopfensorte aus Australien stammt von der deutschen Sorte Tettnanger ab. Interessant, weil sie – ähnlich wie Hallertauer Blanc und Nelson Sauvin – Weißweinaromen erzeugt.
Aromen: Himbeere, Honigmelone, Johannisbeere, Pinot gris, Tropenfrüchte

Galaxy: Für Pale Ales und India Pale Ales mit tropenfruchtigen Aromen ist dieser Hopfen erste Wahl.
Aromen: Maracuja, Zitrone, Tropenfrüchte

Vic Secret: Weil Craft-Beer-Brauer gerne auf den Putz hauen! Dieser Hopfen bringt ordentlich viel Bitterness und ist eine Fruchtaromenbombe. Und: Sex sells! Wer denkt beim Namen Vic Secret nicht an heiße Engel in noch heißeren Dessous?
Aromen: Ananas, Passionsfrucht, Pinie

DIE HEFE BRINGT LEBEN INS BIER!

In den meisten einheimischen Bieren sieht, schmeckt und riecht man nichts mehr von der Hefe – und doch wäre keines ohne sie denkbar. Die Hefe verwandelt den pappig-süßen Malzsirup der Würze in ein spritziges, berauschendes Getränk. Hierfür »fressen« die eifrigen Mikroorganismen den Malzzucker, um ihn als Alkohol und Kohlensäure wieder »auszupupsen«. Streng genommen ist die Hefe der fleißigste Mitarbeiter in der Brauerei. Deshalb sollte sie stets die besten »Arbeitsbedingungen« – ihre Lieblingstemperatur und nicht zu viel Druck – bekommen. Gerät die Hefe in Stress, rächt sie sich nämlich mit fiesen Fehlaromen und zwingt den Braumeister, die ganze Plörre wegzuschütten.

Untergärige Hefen: Sie sind die coolen Typen in der Brauerei, denn sie stehen auf Temperaturen von 4–10 °C. Geschmacklich ist die untergärige Hefe (Saccharomyces carlsbergensis) unauffällig und kann nach getaner Arbeit herausfiltriert werden. Ihren Namen hat sie, weil sie auf den Boden des Gärgefäßes sinkt, wenn sie sich am Malzzucker satt gefressen hat. In Franken (und ganz Deutschland) dominieren untergärige Biere, ihr Siegeszug begann mit der Erfindung der industriellen Kühltechnik Ende des 19. Jahrhunderts. Bierstile: Lager, Pils, Export, Märzen.

Obergärige Hefen: Manche mögen's heiß! Obergärige Hefen arbeiten am besten bei Temperaturen zwischen 15 und 25 °C. Sie produzieren nicht nur Alkohol und Kohlensäure, sondern auch fruchtige Aromen, die den Bierstilen Weizen, Ale, Porter, Stout, Kölsch, Alt und Berliner Weisse ihren spezifischen Charakter geben. Dass in England und den USA schon immer obergärige Biere dominiert haben, liegt am milderen Klima. In Deutschland wurden sie ab der Mitte des 19. Jahrhunderts mehr und mehr verdrängt. Obergärige Hefen bilden mit ihren Tochterzellen sogenannte Sprossverbünde. Deren große Oberfläche ist der Grund dafür, dass sie während der Gärung – von der Kohlensäure getragen – nach oben aufsteigen. Obergärig eben.

Belgische Hefen: Wer schon mal ein belgisches Trappistenbier in der Hand hatte, wird sich über den verblüffend hohen Alkoholgehalt gewundert haben. Bis über zwölf Prozent Alkohol sind möglich – dank besonders gefräßiger obergäriger Ale-Hefen. Beim Witbier hingegen sind Kostverächter gefragt. Damit sich bei dieser Weißbier-Variante die zugegebenen Orangenschalen und der Koriander gut entfalten können, wird ein zurückhaltender obergäriger Hefetyp benötigt.
In belgischen Brauereien wird traditionell auch mit wilden Hefen gearbeitet. Diese werden der Würze nicht »geplant« zugegeben, sondern schwirren – wie es sich für Mikroorganismen gehört – frei in der Luft herum. Setzen sie sich auf der Würze ab, beginnt die sogenannte Spontangärung, die mehr oder minder starke Säurenoten produziert.

---

[1] EBC: International standardisierte Skala der Farbe eines Bieres, s. Glossar, S. 246.

GLOSSAR

ALE

Das Englische kannte vor langer Zeit zwei Wörter für Bier. »Beer« stand für allerlei gerstensaftartig Hergestelltes, das auch Hopfen enthielt. Ein »Ale« konnte dagegen auch mit Kräutern gebraut sein. Heutzutage bezeichnet der Begriff »Ale« eine so weitreichende Bandbreite, dass der Gaumen kaum eine Gemeinsamkeit erschmecken kann: Das malzig-schokoladige →Stout ist ein Ale, das bitter-fruchtige →Imperial Pale Ale aber auch. Und in den USA würde man sogar eine Berliner Weisse, ein Kölsch oder ein Alt als Ale bezeichnen. Allen gemeinsam ist, dass sie mit einer obergärigen Hefe eingebraut wurden. Eine typische Ale-Hefe unterstreicht durch ihre Aromenbildung den Fruchtcharakter eines klassischen Ales. Deshalb sind bei Craft-Beer-Brauern Ales so sehr beliebt.

ALT / ALTBIER

Zumeist dunkler, →obergäriger Bierstil. Seinen Namen bekam er, weil die Altbier-Brauer an der »alten« obergärigen Brauweise festhielten, statt die moderneren, »neuen« →Lagerbiere zu brauen.

AMBER / AMBER ALE

»Amber« ist die englische Bezeichnung für Bernstein – und dementsprechend ist die Farbe dieser Biere. In der Craft-Beer-Szene ist Amber Ale ein beliebter Begriff parallel zu den nicht ganz so hellen →Pale Ales. In der belgischen Bierkultur gibt es Amber-Biere, auch Spéciale genannt, dabei handelt es sich um obergärige Biere, die mit einer Kräutermischung (→Grutbier) gebraut werden.

AMERICAN PALE ALE

Die amerikanische Variante des englischen →Pale Ale. In den 1980er-Jahren spaltete sich dieser Bierstil mit der Craft-Beer-Bewegung in den USA von seinem englischen Verwandten ab. Charakteristisch ist der vergleichsweise geringe Alkoholgehalt von ca. fünf Prozent, um die 40 Bittereinheiten (→IBU), eine häufig hellere Farbe als beim klassischen Pale Ale und natürlich der Einsatz amerikanischer Flavour-Hops (Aromahopfen).

BARLEY WINE

Zu diesem Bier gibt es wie zu vielen anderen eine erhellende Entstehungslegende: Für die Engländer bedeuteten die Napoleonischen Kriege (1792–1815) einen Zwangsverzicht auf Wein, denn die

Auseinandersetzungen wurden auch mit der Waffe des Handelsembargos geführt. Es galt also so schnell wie möglich eine Alternative zu Bordeaux und Co. zu kreieren: den Barley Wine. Man braute →Ales mit einem Alkoholgehalt, der dem von Wein entsprach (neun bis zwölf Prozent). Heute zählt der Barley Wine – deutsch: Gerstenwein – zu den Paradedisziplinen, bei denen der Brauer sein ganzes Können (und Equipment) vorzeigen kann. Ein Barley Wine ist malzbetont, wird häufig lange Zeit in Holzfässern »ausgebaut« und inszeniert auf dem Gaumen das Mit- und Gegeneinander von malziger Süße und deutlicher Bittere (bis zu 70 →IBU).

BERLINER WEISSE

In ihrer echten Form ein auch mit Milchsäure vergorenes, obergäriges →Sauerbier, im 16./17. Jahrhundert durch wiederholte Optimierung aus Vorgängerbieren entwickelt. Ursprünglich nur pur, seit Anfang des 19. Jahrhunderts auch mit einem Schuss Sirup getrunken. Sollte nicht mit Weizenbieren Berliner Brauereien verwechselt werden, bei denen – konform zum Reinheitsgebot – auf die Zuhilfenahme von Milchsäure verzichtet wird.

BIÈRE BLANCHE

→Witbier

BITTER

Das Bitter ist vielleicht DAS traditionelle britische Bier. Obergärig, in der Farbe eher hell bis bernsteinfarben und deutlich gehopft. Man unterscheidet das alltägliche »Ordinary Bitter«, das ein wenig stärker gehopfte und dunklere »Special Bitter« oder »Best Bitter« und das »ESB«, das »Extra Strong Bitter«, eine Art des englischen →Pale Ales. Einfache »Bitter« haben unter vier Prozent Alkohol und um die 35 →IBU, beim »ESB« können es bis über sechs Prozent Alkohol und 50 →IBU sein.

CHOCOLATE STOUT

→Stout mit extrem intensivem Schokoladen-Aroma. Oft, aber nicht immer, steht Schokolade auch auf der Zutatenliste.

DUBBEL / DOUBLE, TRIPEL / TRIPLE, QUADRUPEL

Craft-Beer-Brauer sind von sehr starken Bieren fasziniert, weshalb viele die belgischen Bierstile lieben. Bei einem Dubbel/Double wird mit einer zweiten Gärung mehr Alkohol produziert. Ein Tripel/Triple ist einfach gesagt dreimal vergoren und dementsprechend stärker, ein Quadrupel viermal.

EBC
In der *European Brewery Convention* festgelegte Skala, die die Farbe eines Bieres klassifiziert. Basiert auf der unterschiedlichen Menge an Licht, die ein Bier mit einer bestimmten →Stammwürze absorbieren kann. Für die hellsten Sorten, →Berliner Weisse oder →Witbier, liegt der Wert bei vier EBC. Ein typisches deutsches Pils hat vier bis sechs EBC, ein normales Dunkles um die 35 EBC. Wer glaubt, bei einem *Guinness* bereits Schwarz zu sehen, darf sich die Augen reiben. Denn der Klassiker aus Irland hat schlappe 57 EBC – die absolute Dunkelheit liegt erst im vierstelligen Bereich, zum Beispiel bei einem Double Stout mit um die 1 400 EBC.

EISBOCK
Bierstil mit einem Alkoholgehalt weit über dem, was eine normale Bierhefe leisten kann. Dieses Edelbier wird zum Beispiel als Aperitif konsumiert. Ausgangsbasis dieser teuren Spezialität ist ein Bockbier, egal ob obergärig oder untergärig. Dieses wird im Fass eingefroren, wodurch seine Wasseranteile zu Eis erstarren. In der Fassmitte sammelt sich ein Sirup, der den gesamten Alkohol enthält. Wird diese Prozedur mehrfach wiederholt, kann ein Eisbock auf über 50 Prozent Alkohol kommen. »Erfunden« wurde er durch ein Missgeschick: In Kulmbach soll ein Lehrling eines Winters ein paar Bierfässer übersehen und über Nacht im Freien stehen lassen haben.

EXPORT
Ein →Lagerbier, das sich wegen seiner höheren →Stammwürze und der untergärigen Brauweise über weite Entfernungen exportieren ließ. Es existiert als helles Dortmunder Export, als dunkles Münchner Export und als Wiener Export, auch als →Wiener Lager bekannt.

FASSGEREIFT / FASSREIFUNG
Was vor der Einführung von Lagertanks aus Aluminium und Stahl ganz normal war, ist in Craft-Beer-Zeiten ein großer Hype. Für ein fassgereiftes Bier wird die Würze in ein Eichenfass gefüllt, um dort bis zu zehn Monate zu reifen. Mit der Zeit lösen sich aus dem Holz Aromastoffe, die für eine ungewohnt erdige bis leicht harzige Note sorgen. Wurde im Fass vorher Wein, Sherry, Whisky oder ein anderes alkoholisches Getränk ausgebaut, hinterlässt auch dies deutliche Aromaspuren. Fassgereift werden vorwiegend Starkbiere, da diesen eine lange Lagerung gut tut. Neben der Holzfassreifung gibt es die Möglichkeit, mit Holzprodukten (Staves, Chips) einen ähnlichen Effekt zu erzielen. Ehrliche Brauer bezeichnen solche Biere als »auf Eichenholz gereift«.

GOSE
Erfrischend säuerlicher, obergäriger Bierstil aus Goslar, wohl zu jener Zeit kreiert, als die frühen Könige und Kaiser des Heiligen Römischen Reichs dort zunächst eine Burg und eine Pfalz errichteten. In Ost- und Mitteldeutschland bis zum Siegeszug des Lagerbiers im 19. Jahrhundert weit verbreitet. Zwischenzeitlich galt die Gose als Durchfall erregendes Gebräu, das bestenfalls zu Suppe taugte. In jüngster Zeit erlebt das Sauerbier seine Caft-Beer-Renaissance. Gose wird mit Salz und Koriander gewürzt, die Verwendung von Milchsäure verleiht ihm ein feines Prickeln.

GRÄTZER
Im 19. Jahrhundert langsam verdrängter regionaler Weizenbierstil aus der bis 1918 preußischen, heute polnischen Stadt Grätz/Grodzisk Wielkopolski. Wird im Gegensatz zu den meisten anderen Weizenbieren auch tatsächlich ausschließlich mit Weizenmalz, genauer gesagt aus Eichenholz-Weizenrauchmalz gebraut. Mit nur 2,6 bis 3,5 Prozent Alkohol extrem leicht. Früher ein spritzig-säuerlicher Ganztagsbegleiter bei körperlich schwerer Arbeit, heute als das perfekte Sommerbier wiederentdeckt.

GRUTBIER / GRUITBIER
Bier, das gar nicht mit Hopfen oder nur zu einem kleinen Teil mit Hopfen aromatisiert wird, dafür mit allerlei Kräutern und anderen Ingredienzien. Bis ins 16. Jahrhundert in nördlichen Regionen das meist verbreitete Bier, da dort kein Hopfenanbau möglich war. Das Wort »Grut« ist seit dem Jahr 999 als lebensmittelrechtlicher Begriff für die verwendete Kräutermischung nachgewiesen. Deren Zusammensetzung unterschied sich aber nach Region und Epoche. Enthalten waren zum Beispiel Schafgarbe, Heidekraut, Gagel, Kümmel, Wacholder, Lorbeer, Rosmarin, Anis, Thymian – und halluzinogene Naturrauschmittel wie Fliegenpilz, Stechapfel und Tollkirsche.

HAFERBIER
Bier, das mit hierfür eigentlich ungeeignetem, gemälztem Hafer gebraut wird. Um ein trinkbares Ergebnis zu erzielen, muss auch Gerstenmalz zugegeben werden. Wurde früher in Regionen gebraut, in denen das Klima oder die Böden den Anbau anderer Getreidesorten erschwerten, oder in Notzeiten als qualitativ minderwertiges Billigbier. Als Oatmeal →Stout ist es in Craft-Beer-Kreisen beliebt. Der Hafer gibt dem Stout einen sahnig-sämigen Charakter.

HOPFENSTOPFEN = KALTHOPFUNG = DRY HOPPING

Beim konventionellen Brauprozess wird der Hopfen beim Kochen der Würze oder im Whirlpool (nach dem Kochen) zugegeben. Durch die höhere Temperatur werden neben den Aromen auch Bitterstoffe aus dem Hopfen gelöst. Beim Hopfenstopfen erfolgt eine zusätzliche Hopfengabe während der Vergärung der Würze oder im Lagertank, indem »große Teesäckchen« in das Bier gehängt werden. Bei dieser auch Kalthopfung genannten Technik werden die Aromastoffe aus dem Hopfen »gezogen«, während die ebenfalls enthaltenen Bitterstoffe kaum ins spätere Bier übergehen.

IMPERIAL PALE ALE

Besonders starkes →India Pale Ale, hat in etwa so viel Alkohol wie Wein.

IMPERIAL PILSNER / IMPERIAL LAGER

Ein Stilmix aus einem →IPA und einem →Lagerbier. Dabei wird entweder ein IPA untergärig eingebraut oder ein →Pils/Lager so massiv wie ein IPA gehopft.

IMPERIAL SMOKED DOUBLE PUMPKIN PORTER

Zugegeben, diesen Bierstil gibt es wahrscheinlich noch nicht, aber er zeigt, wie Craft-Beer-Brauer Bierstile mischen, um daraus Neues entstehen zu lassen. Das Imperial Smoked Double Pumpkin Porter wäre demnach ein sehr starkes (→Imperial) dunkles Ale (→Porter), das mit Rauchmalz gebraut wurde (Smoked) und doppelt mit einer Ale-Hefe und zum Beispiel einer Weinhefe vergoren wurde (→Double). Der Fantasie sind hier keine Grenzen gesetzt.

INDIA PALE ALE (IPA)

Britischer Bierstil, der durch einen extrem großzügigen Einsatz von Hopfen charakterisiert ist. Im Vergleich zum deutschen Durchschnitt (1 Gramm Hopfen/Liter Bier) wird bei einem IPA die bis zu sechsfache Menge verwendet (→Hopfenstopfen). Dadurch ist es dem Brauer natürlich auch möglich, viele unterschiedliche Hopfensorten zu kombinieren. Das Ergebnis ist eine herausragende geschmackliche Vielschichtigkeit, bei einem IPA können sich diverse Aroma-Noten aneinanderreihen und gegenseitig ablösen, wodurch das Bier im Mund eine »Geschmackskurve« zum Beispiel von Aprikose im Antrunk über Honig zu harzigen Tannennadeln vollzieht. IPAs sind obergärig – und stark, sie haben bis über zehn Prozent Alkohol und zum Teil irrwitzige Bittereinheiten von 100 →IBU und mehr. Normal sind um die 60 IBU. Die Erfindung dieses Bierstils wird üblicherweise ins 19. Jahrhundert datiert. Oft ist zu lesen, dass das IPA als Bier für die britischen Kolonialtruppen erfunden worden sei. Durch die großzügige Hopfengabe habe dieses Bier die lange Seereise nach Indien überstanden, wo es dann auf normale Stärke herunterverdünnt werden sollte, was die Soldaten aber unterließen. So schön das klingt, einer wissenschaftlichen Überprüfung hält dieser Indienmythos nicht stand.

INTERNATIONAL BITTERNESS UNITS (IBU)

International gebräuchliche Maßeinheit für die Bitterkeit, die der Hopfen einem Bier verleiht. Wird bei Craft Bieren häufig als Qualitätsmerkmal angegeben. Zur Orientierung: Ein Weizen hat um die 15, ein Pils um die 25 bis 40 IBU. Ein →India Pale Ale kann im Extremfall bis zu 100 IBU haben, normal ist bei ihm ein Wert zwischen 40 und 60.

KELLERBIER

Bier, das genauso ins Glas kommt, wie man es aus dem Lagertank geholt hat. Kellerbier wird nicht filtriert. Daher enthält es Hefereste, die den vollmundigeren Geschmack erklären, ist es leicht trüb und häufig kürzer haltbar. Viele Kellerbiere sind zudem →ungespundet, haben also weniger Kohlensäure.

KÖLSCH

Ein helles, obergäriges, filtriertes Vollbier. Kölsch ist regional geschützt. Welche Brauereien Kölsch brauen dürfen, regelt die Kölsch-Konvention.

KRIEK

Belgische Bierspezialität aus der Familie der →Lambics. Der Name bedeutet auf Flämisch Sauerkirsche. Für ein Kriek werden ein fertiges Lambic und 200 Gramm der Früchte pro Liter für mindestens drei Monate gemeinsam in einem Fass gelagert bzw. dort einer erneuten Vergärung unterzogen. Das Ergebnis polarisiert, die einen lieben den fruchtig-säuerlichen Geschmack, andere verspotten das Kriek als flüssiges Gummibärchen. Kriek wird traditionell wie Sekt abgefüllt und verkorkt, auf belgischen Weihnachtsmärkten wird es als eine Art »Bierglühwein« auch heiß getrunken.

LAGER

Sozusagen der »Gegenspieler« zum →Ale. Lagerbiere bezeichnen alle möglichen Arten von untergärigen Bieren, zum Beispiel →Pils, →Export, →Märzen oder →Kellerbier. Spätestens ab dem 16. Jahrhundert lösten in Deutschland Lagerbiere die Biere mit obergäriger Hefe ab. Nachteil der untergärigen Hefe: Sie benötigt Temperaturen von um die 8 °C. Aber sie hat auch entscheidende Vorteile: Lagerbiere waren weniger anfällig für Infektionen und verdarben nicht so leicht. Ab den 1870er-Jahren nutzten immer mehr Brauereien neuartige Kältemaschinen, weshalb Lagerbiere das ganze Jahr über auch ohne kühle Natursteinkeller gebraut werden konnten. So wurde allerorts erstmals Bier mit einer konstanten Qualität, einer – der Name sagt es – langen Lagerzeit und einem immer gleichen Geschmack produziert. Außerdem ließen sich Lagerbiere mit dem neuen Verkehrsmittel Eisenbahn über weitere Strecken transportieren, ohne zu verderben. Der Siegeszug der Lagerbiere und der industriellen »Bierkultur« gingen Hand in Hand.

LAMBIC
Archaisch gebrauter belgischer Bierstil. Beim Lambic ist es nicht der Braumeister, der die Hefe ins Spiel bringt, sondern der »Zufall«. Hat der Brauer den Sud gekocht, lässt er ihn in einer offenen Wanne stehen, auf dass der Luftzug ein paar Hefesporen hineinbringe. Ob und wann nach dem Abfüllen in Holzfässer dann die sogenannte Spontangärung einsetzt, kann er nicht wissen – es kann durchaus dauern. Ebenso ist der Geschmack schwer vorhersehbar, denn er hängt immer auch von der Arbeit der Hefe ab. Lambic entstammt einer Zeit, als die Menschheit noch wenig über die unsichtbaren Seiten der Natur wusste, und kann nur im Frühjahr und Herbst gebraut werden, da Hefe nur bei milden Lufttemperaturen fliegt. Werden junge und alte Lambics verschnitten und in der Flasche nachvergoren, erhält man das →Sauerbier Geuze.

MAISCHE
Malz, das in Wasser eingeweicht wird, um Zucker, Aromen und Farbstoffe herauszulösen. Der erste Schritt beim Brauprozess.

MÄRZEN
Stärkeres, untergäriges →Lagerbier. Konnte vor den 1870ern-Jahren aufgrund der verwendeten untergärigen Hefe nur bei kälteren Temperaturen – also bis März zum Beispiel – gebraut werden. Märzen wurden stärker eingebraut, um sie über den Sommer in Felsenkellern lagern zu können. So gab es auch im Sommer untergäriges Bier.

MEHRKORNBIER
Bier, das auch mit aus Dinkel, Roggen, Einkorn, Emmer oder aus anderen alten oder seltenen Getreidesorten gewonnenem Malz gebraut wird.

MILK STOUT

Streitobjekt zwischen den Verfechtern des Reinheitsgebots und kreativen Bierrebellen, die – wie ihre Kollegen aus den USA zum Beispiel – die volle Bandbreite natürlicher Zutaten nutzen wollen. Schlagzeilen machte der Fall der oberbayerischen Brauerei *Camba Bavaria*. Ihr Milk Stout wurde 2014 mit dem *Meiningers International Craft Beer Award* bedacht – aber auch mit einem Verkaufsverbot. In dessen Folge nahm das Bayerische Landesamt für Gesundheit und Lebensmittelsicherheit (LGL) im Juli 2015 weitere, bis dato unbeanstandete Sorten unter die Lupe. Es kam zu einer Welle der Solidarität durch Bierfreunde, aber auch zu ernsthaften juristisch-bürokratischen Problemen. Bei einem originalen Milk →Stout stehen Milchzucker (Laktose) und Getreideflocken auf der Zutatenliste, wodurch sich das Zartbitter-Schokolade-Grundaroma und ein Einschlag von Spekulatius und Honigmilch aufs Angenehmste ausbalancieren lassen.

NASSHOPFUNG

Bei der Nasshopfung wird das Bier mit frisch gepflückten Hopfendolden gebraut bzw. →hopfengestopft. Nur während der Erntezeit im Frühherbst möglich.

OBERGÄRIG

Bier, das mit einer Hefe vergoren wird, die nach oben steigt, wenn sie den Zucker des Malzes in Alkohol umgewandelt hat. Populäre Beispiele sind →Weizen und →Kölsch.

PALE ALE

Vom Namen her ein helles, wörtlich: blasses →Ale. Der Name führt häufig zu Verwirrungen, weil Pale Ales selten richtig hell, sondern eher bernstein- bis manchmal kupferfarben sind. Entstand mit der Industrialisierung des Mälzungs- und Brauprozesses, als es möglich wurde, gleichmäßig helle Malze zu produzieren.

PILS

Offiziell 1842 (inoffiziell bereits 1839) im böhmischen Pilsen von Joseph Groll entwickelter Bierstil, der entscheidend zu einem Epochenwechsel in der Bierkultur beigetragen hat. Gehört zur Familie der Lagerbiere, wird in der ursprünglichen Rezeptur mit sehr hellem Malz, sehr weichem Wasser und mit Saazer Hopfen gebraut. Sollte deshalb nicht mit dem verwechselt werden, was Industriebrauereien heute unter seinem Namen verkaufen.

PORTER

Als sich Großbritannien im 18. Jahrhundert anschickte, sich als Kolonial- und Handelsmacht zu etablieren, zogen Massen an Menschen ins Drehkreuz London, um sich im Hafen und auf Baustellen zu verdingen. Mit ihnen kam die Frage ihrer Versorgung mit Lebensmitteln in die Stadt. Ein Teil der Lösung war ein neuartiges Biergetränk namens Porter – es fand als hygienisch einwandfreie, leicht transportierbare, gut lagerbare und preiswerte Kraftnahrung großen Anklang. Porter wurde zunächst nicht eigens gebraut, sondern aus drei Bieren unterschiedlicher Qualität verschnitten. 1722 soll der Londoner Brauer Ralph Harwood dann erstmals ein Bier gebraut haben, das exakt wie der Verschnitt schmeckte. Aus diesem Ur-Porter erwuchs im 19. Jahrhundert eine so breite Vielfalt an Geschmacksrichtungen, dass man seither eigentlich nicht mehr von einem einzigen Bierstil sprechen kann. Porter ist immer dunkel bis tiefschwarz und malz- bzw. röstmalzbetont. Überwiegend ist es obergärig. Meistens ist es gut gehopft und entsprechend herb, es sind freilich auch pralinensüße Sorten überliefert. Der Alkoholgehalt beginnt bei Leicht- und endet bei Starkbier. Britisches Porter wurde gerne mit Zimt, Chili, Lakritze, aber auch Abstrusem wie Austernschalen, ungelöschtem Kalk und bewusstseinserweiternden Pflanzensubstanzen gewürzt; es kam Anfang des 20. Jahrhunderts aus der Mode. Amerikanisches Porter wurde und wird häufig gesüßt. In der DDR fand Porter eine Überlebensnische. Die aktuelle Craft-Beer-Szene versteht unter Porter meist ein dunkles, obergäriges, in der entsprechenden britischen Tradition stehendes Bier.

PUMPKIN ALE

Hält exakt das, was der Name verspricht: ein Bier mit Kürbis (engl Pumpkin). US-Erfindung, die dort vorwiegend zu Halloween gebraut wird. Der Kürbis wird entweder mit dem Sud mitgekocht oder erst für den Gärprozess hinzugegeben.

ROTBIER

Im Mittelalter weit verbreitetes untergäriges Bier. Fast ausgestorben, erlebt es bei den traditionellen Brauereien in Franken, aber auch in der Craft-Beer-Szene eine große Renaissance. Erhält seine kupferrote Farbe und seine Karamell-Aromen durch speziell geröstetes Gerstenmalz, das Melanoidinmalz.

RUSSIAN IMPERIAL STOUT

Die russische Variante des →Stouts, als Geschenk der Briten an Zarin Katharina die Große im 18. Jahrhundert dorthin gelangt. Nach einer

Phase hoher Beliebtheit lange in der Vergessenheit versunken und erst mit dem Aufkommen der Craft-Beer-Kultur wiederentdeckt. Mit acht bis zehn Prozent Alkohol besonders stark. Kein Bier für den Alltag, vielmehr ein exzentrischer Paradebierstil für Craft-Beer-Brauer, die das volle Repertoire ihres Könnens und ihrer kreativen Raffinessen zeigen wollen.

SAISONBIER

Früher soll dieses kurz gelagerte, helle belgische →Ale ein leichtes Sommerbier für die Feldarbeit gewesen sein – daher der Name. Behalten hat es seinen milden Grundgeschmack, der heute aber meist mit exotischen Hopfen aufgepeppt wird. Craft Beer-Interpretationen dieses Bierstils können Bockbier-Stärke haben. Wird gerne auch als »Farmhouse Ale« bezeichnet.

SAUERBIER

Sammelbegriff für Biere mit einem gewollt säuerlichen Geschmack, die zum Teil mit Milchsäure vergoren werden. Schwer zu vermarkten, da der Unkundige beim »Erstkontakt« ein umgekipptes Bier zu trinken glaubt. In vielen Ländern dennoch durch Neuinterpretationen alter Bierstile wie →Gose, →Berliner Weisse oder belgische Einflüsse ein Trend-Craft-Beer.

STAMMWÜRZE

Wichtige Messgröße für den Brauer. Die Stammwürze bezeichnet die Menge des Zuckers, des Eiweißes und weiterer Stoffe, die sich beim Kochen der Würze aus dem Malz und dem Hopfen gelöst haben.

STOUT

Der irische Biergigant *Guinness* hat viel dafür unternommen, uns glauben zu lassen, sein öliges Dunkles wäre der einzige Vertreter dieses Bierstils. Die Wahrheit ist komplizierter. Der Ursprung des Stouts liegt in London. Dort wurde im 18. Jahrhundert für körperlich schwer beanspruchte Arbeiter ein besonders starkes →Porter kreiert, das rasch in ganz Nord- und Nordosteuropa – und damit auch in Irland – übernommen und weiterentwickelt wurde. Stouts sind obergärige, tiefschwarze Biere (ganz wenige helle Ausnahmen bestätigen die Regel) mit einem Alkoholgehalt von drei bis zehn Prozent. Ursprünglich wurden sie mit u. a. unvermälzter (also nicht angekeimter) Gerste gemaischt, weshalb ein Original Stout in Deutschland das Reinheitsgebot verletzen würde. Sehr starke Stouts werden bisweilen mit Weinhefe vergoren, charakteristisch sind eine ausgeprägte Malzsüße und die Dominanz von Schokoladen- und Kaffeearomen.

UNGESPUNDET
Bier, das in Lagertanks reift, aus denen Kohlensäure entweichen kann – und das entsprechend wenig Kohlensäure enthält. Die Bezeichnung geht auf das Spundloch zurück, eine verschließbare Öffnung an der Oberseite eines Fasses. Sie verhinderte, dass die durch die (Nach-)Gärung ansteigende Kohlensäure das Fass zum Platzen brachte. Bei ungespundeten Bieren wurde das Spundloch gar nicht erst verschlossen.

UNTERGÄRIG
Bier, das mit einer Hefe vergoren wird, die nach unten sinkt, wenn sie den Malzzucker in Alkohol und Kohlensäure umgewandelt hat. Bei allen →Lagerbieren im Einsatz.

WEIZEN / WEISSBIER
Obergäriges Bier, das nicht ausschließlich mit Gersten-, sondern auch mit Weizenmalz gebraut wird. Da Weizen als Brotgetreide wichtig war, war die Herstellung über Jahrhunderte stark durch Gesetze eingeschränkt bzw. ein Privileg des Adels (in Bayern bis 1798). Erbe dieser historischen Sonderstellung: Noch heute schreibt das Reinheitsgebot vor, dass Bier aus Weizenmalz nur obergärig gebraut werden darf. Dies und der geschmackliche Segen der mit Kräutern und Koriander gewürzten belgischen Weizensorte →Witbier sind eine Steilvorlage für Braumeister, die gerne die institutionellen Hüter des Reinheitsgebots provozieren.

WEST COAST IPA
Paradestil der US-amerikanischen Craft-Beer-Szene. Wird mit reichlichst Hopfen gebraut, was sich sowohl auf die Menge als auch auf die Anzahl der Hopfensorten bezieht. Mit gerne um die 100 →International Bitterness Units (IBU) deutlich bitterer als ein traditionell britisches →India Pale Ale (IPA).

WITBIER
Belgisches →Weizenbier, das mit Kräutern, Koriander, Orangenschalen etc. gewürzt wird.

WIENER LAGER
Das Wiener Lager, das →Pils und das →Pale Ale teilen sich eine gemeinsame Entstehungsgeschichte. Die Erfindung der Heißluftdarre

1807 machte gleichmäßig hellere Malze möglich und damit hellere Biere ohne die bis dato vorherrschenden Röstnoten. Bereits 1841 – und damit ein Jahr vor der offiziellen Erfindung der →Pilsener Brauart – entwickelte Anton Dreher, Inhaber eines Brauhauses in Schwechat bei Wien, ein helles, untergäriges Bier, das intensiv gehopft und lange haltbar war. Im Unterschied zu Pils hat das Wiener Lager/Wiener Export einen deutlich malzigeren Körper und eine eher rötliche Farbe.

WÜRZE

Ein Zwischenprodukt der Bierherstellung. Nach dem →Maischen werden Malztreber und Flüssigkeit getrennt (Läutern). Von nun an über das Hopfenkochen bis zur Vergärung nennt der Brauer diese Flüssigkeit noch nicht Bier, sondern Würze.

ZWICKELBIER / ZWICKL

Elegantere Bezeichnung für ein →Kellerbier

DIE AUTOREN

MARTIN DROSCHKE,
geboren 1972 in Augsburg, hat in Erlangen Philosophie, Geschichte und Pädagogik studiert, bevor es ihn nach Coburg verschlug. Bis 2001 war er Mitherausgeber zweier Literaturzeitschriften. Des Weiteren kann er auf zehn Jahre Erfahrung als freier Kulturjournalist, u. a. für die *Nürnberger Nachrichten*, die *taz* und die *Süddeutsche Zeitung* zurückblicken. 2011 hat er sich in der Werbebranche selbstständig gemacht. Sein ausgeprägtes Faible für eine experimentelle, von Internationalität geprägte Bierkultur hat ihren Ursprung in jenen böhmischen Wirtshäusern, in denen er während der Recherche für den mit Elmar Tannert verfassten und 2015 bei *ars vivendi* erschienenen Reiseführer *Bierland Pilsen* gestrandet war.

NORBERT KRINES
wurde die Liebe zur fränkischen Bier- und Brauereikultur fast schon in die Wiege gelegt. 1973 kam er in der »heimlichen Hauptstadt des Bieres« Kulmbach zur Welt. Für sein Studium (Germanistik, Sozialkunde und Geschichte) zog er in die »wahre Hauptstadt des Bieres« Bamberg. Seit seinem Abschluss arbeitet er als freier Texter und selbstständiger Dozent für Deutsch als Fremdsprache u. a. an der Otto-Friedrich Universität Bamberg. Im Rahmen seiner Arbeit vermittelt er Studenten und Gästen aus aller Welt immer wieder die Faszination fränkischen Bieres. Seit 2001 ist er aktiver Heimbrauer. In seinem Blog (www.bier-scout.de) beschreibt er seit Januar 2011 jeden Tag ein anderes fränkisches Bier – mittlerweile über 1 800 Stück! Ziel dieses Projekts ist es, alle in Franken gebrauten Biere zu erfassen, zu beschreiben und die Bierregion Franken somit in ihrer Gänze abzubilden.